普通高等教育财政与税收专业规划教材

编写委员会

学术指导：刘尚希

总 主 编：邓晓兰（西安交通大学经济与金融学院财政系教授，博导，全国高校财政学教学研究会理事）

编委会委员（按姓氏笔画排序）：

王满仓　王俊霞　王建喜　申嫦娥　刘　明　李兰英
李社宁　李爱鸽　张思锋　张雅丽　宋丽颖　贺忠厚
徐　谦　胡克刚　铁　卫　段玉宽　昝志宏　温海红
谭建立

策　　划：魏照民

普通高等教育"十二五"财政与税收专业规划教材
第三届国家优秀教材二等奖

政府预算管理

【第二版】

主　编　李兰英　　副主编　昝志宏　王俊霞

西安交通大学出版社
XI'AN JIAOTONG UNIVERSITY PRESS

内容提要

在市场经济体制下,社会经济活动的主体有三类——政府、企业和居民。政府预算就是反映政府社会经济活动的财务计划,是体现国家意志的财务载体。政府预算是国家制度安排的重要组成部分,政府预算管理是政府管理系统的一个重要分支。近年来,为建立适应社会主义市场经济条件下的公共财政体制的要求,政府预算管理进行了多方位的改革。

本书在全面系统阐述预算管理的基础知识、基本理论、管理程序和管理方法的前提下,更着眼于政府预算制度的改革和创新,对近年来我国预算管理进行的重大改革,如部门预算管理、国库集中收付制度、政府采购制度以及从2007年开始的政府预算收支科目的改革都进行了重点介绍,突出反映政府预算管理改革的进程和成果。

本书将规范分析作为主导方式,同时在相关章节引入了一定数量的案例,借以提高认知性、解读性与可操作性。

本书既可作为各高等院校财政与税收等专业的教材,也可作为成人教育培训的指导用书,还可作为广大从事政府预算教学、科学研究和实际管理部门工作者的参考读物。

总　序

我国作为发展中国家，正处于由计划经济向市场经济转型的历史阶段。经济转型不只是经济体制的转变，而是整个社会结构的一场深刻变革，国家、社会、市场以及个人之间的复杂关系正在被重新诠释和构建。伴随着以市场经济为基础的我国新型社会结构的形成过程，必然衍生出新的财政关系，"公共财政"这一新提法便是我国特定语境下新型财政关系的概括。在中国大地上展开的公共财政建设，无疑是借鉴人类共同文明成果基础上的一种制度创新，因为中国从来没有过"公共财政"，而发达国家的"Public Finance"也难以照搬到中国来。中国公共财政的制度建设必将带有中国的特色，那就是地域广袤、人口众多的大国特征和经济社会发展阶段性的历史印迹。

中国的改革、开放、发展进入到一个新阶段，面临着经济全球化的新形势，我们如何从理论上对纷繁、复杂、多彩的财政经济现象进行更透彻的理解与把握，如何科学地解释、解决与面对经济社会发展和改革中的问题、矛盾与挑战，是理论工作者和实际工作者共同面对的重要任务。中国的发展，中华民族复兴伟业的实现，需要一代又一代人的努力。未来是不确定的，需要我们做好全方位的准备。人才的准备则是最重要的。作为培养各类高素质财经人才的财经类院系，其首要任务就是让学生——未来的财经理论工作者和实际工作者，能够得到科学、严格的专业训练，系统而深入地掌握财经学科的基本原理、基本方法，使之具备足够的能力，为他们将来能够科学地解释和有效地解决复杂的现实财经问题奠定扎实基础。

财经人才的培养，离不开财经教材的建设。这套财政学专业系列教材正是从这一宗旨出发，在这方面做了有益的探索。在阐述西方财政基本理论、基本方法的同时，该套教材紧密结合中国财经改革的实践，从理论与现实的结合中尝试形成对中国公共财政的科学诠释和合理的学科体系构架。要做到这一点，其实是很不容易的。其困难在于社会学科是介于科学与艺术之间的学科门类，尽量往"科学"一端靠，也只能是"软科学"。社会科学具有太多的不确定性，包括以价值判断为基础的假设前提、概念的语境变化，以及被观察对象的多变性和在时间维度上的随机性等等，使之难以"放之四海而皆准"和永远"正确"。财政学科自然也不例外。例如，自从"公共财政"这个概念提出以来，争议就没有停止过，一个重要的原因就是对其语境的理解不同。"公共财政"的中国语境和"Public Finance"的西方语境有很大差异，语境不同，那么，"公共财政"就不等于"Public Finance"；反之亦然。抽象掉语境,这两个概念是可以互译的,但作为学术概念,则无法互译。因此,在教材建设中,要恰到好处地把中外学术成果融合起来,是相当困难的一件事情。

尽管如此,该系列教材还是尽可能地从"三个结合"上下工夫。

第一,中外理论与现实相结合。该系列教材尽可能地吸收了国内外同类教材的理论和方法,在此基础上,适当运用一些现实案例进行解读,以使读者有一定的感性认识,并和理性认识相融合。第二,中外已有成果与最新研究成果相结合。在一定意义上,教材是对"比较成熟"的理论和方法的系统梳理,比较稳定,而学术研究则是日新月异,教材很难处于理论前沿。该套教材在介绍已成熟理论与方法的同时,也尽力阐述相关理论、方法的创新点,以使读者感受学术研究的新动向。第三,写作范式上"国际规范"与"中国特色"相结合。学术界一直在讨论经济学在中国发展的"规范化"、国际化、现代化与"本土化"的关系问题。在没有"定论"以前,该系列教材尽力"土洋结合",以适合国人容易理解的方式来阐述基本理论和方法,努力做到深入浅出,通俗易懂。

该系列教材的作者来自全国十几所院校,他们接受过现代经济学、管理学的系统训练,大都是经济学博士,而且从事教学科研工作多年,他们对中外理论研究和我国的现实状况有较全面和深入的了解,为这套系列教材在融合中外学术成果的基础上再上新台阶提供了条件。教材建设是一个长期的动态过程,同样需要与时俱进。该套教材也许还有种种不足之处,甚至存有缺陷,但以发展的眼光来看,任何尝试都是值得的,都是对学界的一份贡献。

刘尚希
2007 年 3 月于北京

第二版前言

在市场经济体制下,社会经济活动的主体有三类:政府、企业和居民。政府预算就是反映政府社会经济活动的财务计划,是体现国家意志的财务载体。政府预算是国家制度安排的重要组成部分,政府预算管理是政府管理系统的一个重要分支。近年来,为适应社会主义市场经济条件下的公共财政体制的要求,政府预算管理进行了多方位的改革,本书在全面系统阐述预算管理的基础知识、基本理论、管理程序和管理方法的前提下,更着眼于政府预算制度的改革和创新,对近年来我国预算管理进行的重大改革,如部门预算管理、国库集中收付制度、政府采购制度以及从2007年开始的政府预算收支科目的改革都进行了重点介绍,突出反映政府预算管理改革的进程和成果。

全书由李兰英教授担任主编,负责拟定写作提纲、修改和总纂工作。昝志宏教授、王俊霞副教授担任副主编,昝志宏教授承担了部分章节的修改工作。本书写作分工如下:第一章由中央财经大学教授李燕编写(本章案例由天津财经大学李兰英教授编写),第二章由天津财经大学讲师刘辉编写,第三章由西安财经学院周宇编写,第四章由西安交通大学副教授王俊霞、西安财经学院王静共同编写,第五章由西安财经学院副教授崔巧环编写,第六章、第九章由山西财经大学教授昝志宏编写,第七章由天津财经大学教授李兰英编写,第八章、第十章由兰州商学院副教授段玉宽编写。

本书2007年9月由西安交通大学出版社出版后,2009年进行了第二次印刷。此次再版,本着科学性、时效性、实践性原则,对书中相关内容进行了修订。第二版修订工作主要由主编李兰英教授承担,刘辉副教授承担了第三章的部分修订工作。

本书将规范分析作为主导方式,同时在相关章节引入了一定数量的案例,借以提高认知性、解读性与可操作性。

在本书写作过程中,我们参阅了相关教材版本和研究专著,注意吸收了国内外本学科的最新研究成果,在此一并表示真诚的感谢。

本书既可以作为各大专院校的教材,也可以作为成人教育培训的指导用书,还可以成为广大从事政府预算教学、科学研究和实际管理部门工作者的参考读物。

政府预算管理的改革与完善正在逐步深化过程中,《中华人民共和国预算法》的修订也是迫在眉睫,加之我们水平所限,书中难免疏漏与不当,还请各位专家学者批评指正,我们将在以后的修订中改进。

编者
2014年4月

目 录

页码	章节
1	**第一章 政府预算概论**
1	第一节 政府预算的概念
5	第二节 现代预算制度的产生及原因、意义
8	第三节 政府预算的原则
12	第四节 政府预算政策手段及分析
19	第五节 政府预算的职责功能
28	**第二章 政府预算管理的技术组织措施**
28	第一节 政府预算形式选择
39	第二节 政府预算形式的发展变化
41	第三节 政府预算收支分类
68	**第三章 政府预算管理体制**
68	第一节 政府预算管理体制的概念和原则
71	第二节 政府预算管理体制的主要内容
88	第三节 政府预算管理体制的历史演变
90	第四节 现行预算管理体制的内容及评价
98	**第四章 政府预算编制基础**
98	第一节 政府预算编制的准备工作
100	第二节 政府预算编制基本原则和依据
104	第三节 政府预算收支测算的基本方法
109	**第五章 政府预算收支编制及审查批准**
109	第一节 政府预算主要收入测算
117	第二节 政府预算主要支出测算
125	第三节 政府预算编制程序和内容
135	第四节 政府预算的审查和批准
139	**第六章 政府预算执行任务与组织机构**
139	第一节 政府预算执行的任务
141	第二节 政府预算执行的机构和职责
144	第三节 国家金库
156	**第七章 政府预算执行**
156	第一节 预算收支的执行
163	第二节 政府采购

| 172 | 第三节 国库集中收付制度 |
| 178 | 第四节 政府预算执行的检查分析 |

182	**第八章 政府决算的编制**
182	第一节 政府决算的意义和组成
183	第二节 政府决算编制的准备工作
186	第三节 政府决算编制程序和方法
188	第四节 政府决算的审查和批准

194	**第九章 预算外资金管理**
194	第一节 预算外资金的性质和作用
197	第二节 预算外资金的内容
199	第三节 预算外资金的管理

210	**第十章 政府预算监督**
210	第一节 政府预算监督概述
223	第二节 政府预算监督的内容和方法

| 229 | **参考文献** |

第一章 政府预算概论

本章主要介绍和分析了政府预算的概念及内涵、现代预算制度的产生、政府预算的原则、政府预算政策手段及分析以及政府预算的职责功能等问题。现代政府预算形式上是收支计划,但它还有着从本质到内容的丰富内涵。就现代预算制度来说,它并不是随财政而产生,而是在新兴的资产阶级与封建专制统治阶级的斗争中产生的;预算原则是一国预算立法、编制和执行所必须遵循的指导思想,它随着社会经济及预算制度的发展而不断变化;政府预算政策是一定时期的财政政策得以实现的重要手段和传导机制,它随宏观经济形势的变化而有不同的类型;现行政府预算的主要职责功能主要有财政分配、宏观调控和监督控制。

第一节 政府预算的概念

什么是预算?从形式上看,预算是一个有关收支计划的报告或报告汇编,它涉及一个组织(家庭、企业、政府)的财务状况,包括收入、支出、活动及目的等信息。与会计报表相比,预算是前瞻性的,涉及未来期望的收入、支出和业绩,而会计报表是回顾性的,涉及已经过去的状况。在历史上,"预算"的英文词是"budget",意指皮质的钱袋、皮夹或手提包。在英国,该词曾用来描述财政大臣用来装向议会提交的政府开支需求和收入来源报告的皮包。后演变为政府提交立法机构审批的财政收支计划。

一、政府预算的概念及内涵

(一)政府预算的含义

1. 政府预算的概念

政府预算作为一种管理工具,是任何国家政府进行财政管理所必须的。国家的政府预算一般都要包括三方面的内容:第一,收入和支出的种类和数量,以及这些种类和数量所表现出来的收支的性质和作用;第二,各类国家机关和部门在处理这些收支问题上的关系,及其所处的地位和所承担的责任;第三,在收入和支出的实现上所必须经过的编制、批准、执行、管理和监督等预算过程。

就公共财政而言,政府预算就是指经法定程序审核批准的具有法律效力的政府年度财政收支计划,是政府筹集、分配和管理财政资金的重要工具。狭义的预算指预算文件或预算书;广义的预算指编制、批准、执行、决算、审计结果的公布与评价等所有环节,实际上是整个预算制度。

2. 政府预算的内涵

作为政府公共财政收支计划的政府预算有如下含义:

(1)从形式上看,政府预算是以年度政府财政收支计划的形式存在的。政府预算是政府对年度财政收支的规模和结构进行的预计、测算和安排,是按国家一定的政策意图和制度标准将政府预算年度的财政收支分门别类地列入各种计划表格,通过这个表格反映一定时期政府财政收支的具体来源和使用方向。

(2)从性质上看,政府预算是具有法律效力的文件。政府预算不仅仅是计划,市场经济体制下的政府预算,本质上是法律,是纳税人和市场通过立法机构对政府行政权力的约束和限制,是政府必须接受的立法机构对其作出的授权和委托,其整个活动过程要受到法律及立法机构的严格制约。政府预算的形成过程实际上是国家立法机关审定预算内容和赋予政府预算执行权的过程。即政府必须将所编预算提交国家立法机关批准后才能据以进行财政活动。各国宪法一般规定,政府预算经立法机关批准公布后便成为法律,政府必须不折不扣地贯彻执行,不允许有任何不受预算约束的财政行为。在预算执行中由于客观情况的变化必须修改预算,也必须经过一定的法律程序;紧急情况的处理要补报审批手续。行政部门对立法机构及其代表的广大民众负有法律责任。

(3)从内容上看,政府预算反映政府集中支配的财力的分配过程。从预算收支的内容上看,政府预算的各项收入来源和支出用途体现了政府的职能范围,全面反映了公共财政的分配活动。从预算收入方面看,政府通过预算的安排,采用税收、利润、公债、收费等手段参与国民生产总值的分配,把各地区、各部门、各企业及个人创造的分散的一部分国民生产总值集中起来,集中收入的过程也反映和协调着政府与企业、部门及公民个人的分配关系;从预算支出方面看,通过预算安排,把集中的财政资金在全社会范围内进行分配,以保证政府行使其公共职能的需要。因此,政府预算收支体现着政府集中掌握的财政资金的来源、规模和流向,预算规模和结构又直接反映了公共财政参与国民生产总值分配及再分配的规模和结构。

(4)从程序上看,政府预算是通过政治程序决定的。从政治角度看,政府预算是纳税人及其代议机构控制政府财政活动的机制。政府在社会中的本来角色是政治主体,而非经济主体。但政府为了进行政治活动,为社会提供一定的公共产品和服务,也要参与经济活动,进行资源配置、产品分配。但是政府在根本上还是在公共领域活动的政治主体,其经济活动就不能像民间部门的经济活动一样由市场控制,而必须有一个由政治过程决定的控制系统。这个控制系统不同于一般的政治过程,它要有把政治决定转换成经济决定的特别的系统,这种以政治决定为基础的控制政府经济活动的系统就是预算或预算制度。

必须构造控制政府预算机制的深刻根源在于,具有独立财产权利的纳税人担负着政府的财政供应,就必然要求控制政府的财政,以政治、法律程序保证政府收支不偏离纳税人利益,保障个人的财产权利不受政府权力扩张的侵犯。政府财政是政府花众人即纳税人的钱为众人办事,成本和效用都是外在的。如果没有预算约束,或预算没有法律约束效力,政府官员就不会对公共资金的使用后果承担责任,公共资金就不会基于公众的利益而合理、有效和正当地使用,就不可避免地出现效益低下,或贪污、腐化、挥霍、滥用。

(5)从决策管理体制看,预算是公共选择机制。预算由编制、审议通过、执行实施、决算审计、向社会公布等一系列环节组成,通过这些环节保证财政活动能够满足公共需要。这个过程的实质是公共选择机制。第一,预算编制是公共利益的发现过程。预算的提出和协调,首先是通过专门机构对国内外的经济、政治和社会形势做出分析、评估和预测,发现社会的主要矛盾和问题。在此基础上,通过一定的政治程序提出政府的任务和目标。财政部门据此提出预算指导方针和技术要求,政府各部门据此提出预算请求,并排列出先后次序。财政部门在最高行政机构领导下进行多方的充分协调,按重要性或紧迫性排序,形成预算草案提交给代议机构讨论。第二,预算在代议机构讨论和批准的过程是公共利益的继续发现和确认。代议机构对政府提交的预算草案进行辩论、听证、修改、宣读、投票批准等,是公共最大利益的继续寻找过程,公众代表和党派从中表述意愿,反映各自所代表的阶层或集团的要求,最后批准预算,公众利益被最后确认。第三,预算的实施和完成是公共利益的实现过程。预算实施依据严格的程序:各支出部门的领导对使用的资金负责,财政部门对其进行审核后批准拨款,遵循政府采购、中期报告、绩效审计等制度,最终执行结果要经过审计部门的审计,审计结果及其详细的说明材料报立法机构确认,并向社会公布。

3. 政府预算与财政的关系

从预算与财政的关系看,它是公共财政的运行机制或基本制度框架。

财政是以公共权力进行的资源配置。公共性是财政的一般特征。这是由公共权力的性质决定的。财政公共性具有三个层次:①从活动的目的看,财政活动的价值在于满足整个社会的公共需要,它是满足公共需要的手段,这与私人行为是为了追求个人利益最大化不同。②从活动范围上看,由满足公共需要的目的所决定,财政活动范围应定位于私人不愿意干或没有能力干、干不好的事情。在理论上一般主要是指非营利领域、公共产品或半公共产品,在实践上财政活动范围要看当时的社会公共需要如何,公共意志如何表达和贯彻。③从运行机制上看,由前两个规定性决定,财政运行机制基于公众意志,体现社会绝大多数人的偏好;应该是公开透明的、民主法治的、程序规范的,而不应该是隐性的、人治的、随意性的。

满足公共需要是财政的根本,由此决定财政必须把资源配置到能最大限度地满足公共需要的领域中去。这就需要有一个能够保证达到上述目的和要求的公共运行机制。反过来说,财政就是在一定的制度框架内运行的,运行机制的公共性如何,决定着财政对于公共需要的满足程度,财政活动范围是否合适以及财政效率高低。这个具有决定作用的财政制度或运行机制,其实质是如何运用公共权力,公共权力依据什么规则进行资源配置。正是公共权力的运行规则决定了不同的财政制度。不经公众的同意、不按法定的程序、随意性地取其钱用其钱者,是专制财政;经公众同意、按法定程序、公开透明地取其钱用其钱者,是公共财政。所以公共财政应该是民主财政,是法治财政。

建立公共财政的基本框架,就是要构造公共财政的运行机制——现代政府预算,要树立起正确的"预算观"。对于预算产生来说,是先有财政活动,后有预算;对于公共财政而言,应是先有预算,后有财政活动。预算规范到哪里,财政才能活动到哪里,不允许有任何超过预算边界的财政收支。不真正建立起具有法律效力的预算规范,就无法建立真正的公共财政。

二、政府预算的基本特征

政府预算作为一个独立的财政范畴,是财政发展到一定历史阶段的产物,从预算的产生到发展为现代预算制度,其内涵不断得到完善和充实,并形成区别于其他经济范畴和财政范畴所特有的共性。政府预算的基本特征主要如下:

(一)公共性

相对于其他预算主体和传统的国家预算来说,政府预算具有很鲜明的公共性。所谓的公共性是指预算分配的内容要满足社会公共需要,预算的运行方式要公开、透明、规范。

1. 与其他预算主体相比较

在现代社会当中，人们对时间、金钱的分配都要做预算，个人要做预算，公司要做预算，政府也要做预算。个人、私营部门与政府预算的重大不同在于预算决策背后的动机不同，即个人及私营部门是用自己的钱为自己办事，而政府是在用众人的钱为众人办事。因此，个人预算的目的是如何在可获取资源的能力范围内及各种私人需要之间更合理、有效地分配，私营部门的预算决策往往建立在能否给企业带来预期效益的基础上，即私营部门预算的主要特征是要受利益的驱动；而由于政府职能的作用范围主要是提供对全社会有益的产品和服务，经济学家称这类产品和服务为公共品，它具有效用的不可分割性、消费的非竞争性和受益的非排他性特征，政府提供的目的在于弥补市场缺陷带来的不足。由于公共品在社会中存在的必要性以及它的特征，决定了政府在为提供这类产品和服务进行预算决策时更多考虑的是其为全社会带来的利益而不是利润。当然这并不否定在政府预算决策时借助企业预算决策中的成本效益分析的思路和方法，而实践恰恰说明将绩效评估的方法引进政府预算是改进支出结果的一种有效的责任制度。

2. 与传统的国家预算相比较

我国政府预算相对于传统的国家预算不只是简单的名称改变，而是一种新的预算模式。这种新既有预算理念上的转变，又有预算编制方式及运行方式的不同。第一，从预算理念上看，随着政府职能的转变，预算的支出结构发生了重大的变化，生产性和盈利性的投资支出在逐步缩小，而用于提供公共品的公共性支出比例迅速上升，即支出的重点主要集中在四大公共领域：国家政权建设、公共事业发展、公共投资支出和收入分配调节。政府预算理念日益表现出其公共性。第二，从预算编制和运行方式上看，政府预算的公共性必然要求其规范和透明。因此，原有不适应的预算制度正被充分体现预算公共性理念的一套制度所取代：预算编制基础采用部门预算，预算支出实现方式采用政府采购，预算资金的运行采用国库集中收付。

(二)法律性

与封建专制的预算相比较，现代预算的一个鲜明的特征就是它的法律约束性。所谓法律性是指政府预算的形成和执行结果都要经过立法机构审查批准。政府预算按照一定的立法程序审批之后就形成反映国家集中性财政资金来源规模、去向用途的法律性规范。政府预算的法律性具体体现在有关预算级次划分、收支内容、管理职权划分等，都是以预算法的形式规定的；预算的编制、执行和决算的程序也是在预算法的规范下进行的；政府预算编制后要经国家权力机构审查批准方能公布并组织实施；预算的执行过程要受严格制约，不经过法定程序审查批准，任何人无权改变预算规定的各项收支指标。这样就使政府的财政行为通过预算的法制化管理被置于社会公众的监督之下。

现代预算制度产生以来，任何国家的预算成立都必须由立法机构审核批准，并接受立法机关的监督，这突出地表明了政府预算的法律性。政府预算的法律性是预算计划性的前提和保证，缺乏法律约束的预算还不能称之为真正意义上的现代预算制度。为适应建立公共财政的需要，必须把预算定位在"法律的本质上"，赋予预算以法律效力。这就需要对原有预算在制度上进行改造，提高立法机构的财政法治能力，同时要在全社会培养纳税人意识、公共意识和法律意识。

(三)计划性

预算从名称上就可以看出它是与未来相关的。所谓计划性是指政府通过编制预算可以对预算收支规模、收入来源和支出用途作出事先的设想和预计。各级政府及有关部门在本预算年度结束以前,都需要对下一年度的预算收支作出预测,编制出预算收入计划和预算支出计划,并进行收支对比,以便从宏观上掌握计划年度收支对比情况,进而研究对策。这种建立在预测基础上的计划是否符合实际,最终是否能够实现,一方面取决于预测的科学性和民主化程度,另一方面也决定于在计划成立后的预算执行中,客观条件变化后的应变措施以及预算管理水平。因此,为适应预测与实际的差异,在预算制度中,对于因某些原因引起的预算调整的内容以及相应的法律程序做出了规定。

(四)集中性

所谓集中性是指预算资金作为集中性的政府财政资金,它的规模、来源、去向、收支结构比例和平衡状况,由国家按照社会公共需要和政治经济形势的需要,从国家全局整体利益出发进行统筹安排,集中分配。即收入的来源是按照国家法定征收对象和标准在全社会范围内进行筹集,任何部门、单位或个人不能截留、坐支、挪用,以保证预算收入能及时、足额地缴入国库;预算资金是政府履行其职能所必需的财力,各地区、各部门、各单位必须按国家统一制定的预算支出用途、支出定额、支出比例等指标执行,不得各行其是。这主要是因为要保证实现政府基本职能,满足全社会的共同需要,必须建立集中性财政资金,在全社会范围进行集中分配。

(五)综合性

所谓综合性是指政府预算是各项财政收支的汇集点和枢纽,综合反映了国家财政收支活动的全貌。即预算内容应包含政府的一切事务所形成的预算收支,全面体现政府年度整体工作安排和打算,为了综合反映政府收支活动的全貌,预算应该包括一切收支,并以总额列入预算,而不应该以收抵支,只列入收支相抵后的净额。在收支范围上,政府预算收支比其他财政环节涉及的范围要广泛得多。比如工商税收计划、投资拨款和贷款计划,只是预算计划的某些单项收支,不能全面反映国家的全部收支的整体状况。由于政府预算全面地反映了国家的方针政策,因而通过计划就可以了解到政府在这个年度里的整体工作安排和打算。正如美国政府在年度预算中写到,要发现联邦政府将要干些什么,看一看美国政府预算就够了。

第二节 现代预算制度的产生及原因、意义

一、现代预算制度的产生

政府预算是财政体系的重要组成部分,但现代预算制度与财政两者并不是相伴而生的,历史上最早出现的财政范畴是税收。

(一)现代预算制度在世界范围的产生

从世界范围看,现代政府预算制度产生于商品经济发展和资本主义生产方式出现时期,是新兴资产阶级向封建专制统治阶级进行斗争中,作为一种斗争手段和斗争方式产生的。

在资本主义以前,从奴隶社会开始,就出现了国家的财政收支活动。但是,在当时的"普天之下莫非王土,率土之滨莫非王臣"的社会背景下,国家的生产资料基本上属于统治帝王所有,这样,统治者个人的财务收支活动和国家的财政收支活动就很难严格地区分,因此,不可能有完整、系统的国家财政管理制度。另外,在商品货币关系尚不发达的财政分配中,也不可能事先进行详细的收入和支出的计算,在组织收入和安排支出方面,也不可能有规范的程序和手

续,而且封建统治阶级国家的各级政府机构在财政活动中所处的地位也是不明确的。因此,即使当时有些个别的政府收支预计,也尚未形成现代国家的预算制度。

在西欧封建社会末期,资本主义生产方式开始出现,商品货币关系也逐渐发展起来。随着商品经济的发展,新兴资产阶级阶层开始出现,社会财富逐渐向新兴资产阶级阶层聚集,如英国从最初的商业高利贷资本、商业资本,再到商业资本拥有产业资本,到制造业独立为产业资本等。随着城市的发展,各地区间的经济联系日益加强,中世纪封建割据和关卡林立的局面严重妨碍商品的生产和流通,成为当时社会生产力进一步发展的阻力。经济的发展,生产关系的变化和统一市场的逐步形成导致了社会的变革,从 14 世纪起,西欧有些国家已出现政治统一和中央集权的趋势。在国家政权集中化过程中,国家机关的扩大,常备军的建立,封地制度的取消,国家机关官吏薪金俸给的增加,都使得国家的财政支出大量增加,于是产生了筹集经常性收入来源的要求。因此,掌握着国家政权的封建统治阶级,对新兴资产阶级和农民横征暴敛,而自己却挥霍浪费,不负担任何捐税,从而严重地损害了新兴资产阶级和广大劳动大众的利益。在这种情况下,从封建社会里成长起来的新兴资产阶级为维护自身的利益,以议会制度为手段与封建统治阶级展开尖锐的斗争。国家的预算制度就是在新兴资产阶级同封建专制统治阶级进行较量的过程中,作为一种经济斗争手段而产生的。这场斗争最初集中在限制国王的课税权上,即国王要开征新税种或增加税负,必须经议会的同意和批准;继而扩大到限制国王的财政资金支配权;最后发展到要求取消封建统治阶级对财政的控制权和在财政上享受的特权,国家财政与王室财政被分离,国家的岁入岁出受到议会的监督,现代意义上的预算制度基本形成。

可以看出,利用议会审议监督王室财政收支是新兴资产阶级从经济上制约封建王朝的重要手段,现代政府预算制度的产生过程就是国家财政收支法制化的过程。

现代政府预算制度最早出现在英国。英国是资本主义发展最早、议会制度形成也最早的国家。在 14～15 世纪,英国的新兴资产阶级、广大农民和城市平民就起来反对封建君主横征暴敛,要求对国王的课税权进行一定的限制,即要求国王在取得财政收入开征新税或增加税负时,必须经代表资产阶级利益的议会同意和批准。随着新兴资产阶级力量的逐步壮大,他们充分利用议会同封建统治者争夺国家的财政权。他们通过议会审查国家的财政收支,政府各项财政收支必须事先做计划,经议会审查通过才能执行,财力的动用还要受议会的监督,从而限制了封建君主的财政权。1640 年资产阶级革命后,英国的财政权已受到议会的完全控制。议会核定的国家财政法案,政府必须遵照执行。在收支执行过程中,还要接受监督。最后,财政收支的结算还必须报议会审查。到 1688 年,英国资产阶级议会还进一步规定皇室年俸由议会决定,国王的私人支出与政府的财政支出要区分开,不得混淆。1689 年还通过了《权利法案》,重申财政权永远属于议会;君主、皇室和政府机关的开支都规定有一定的数额,不得随意使用。政府机关和官吏在处理国家的财政收支上,都规定其权限和责任,必须遵守一定的法令和规章。这样,国家在财政工作上与各方面所发生的一切财政分配关系,都具有法律的形式,并由一定的制度加以保证。这种具有一定的法律形式和制度保证的财政分配关系,就是现代政府预算,其具体表现形式是政府年度财政收支计划。

但作为一个较为规范的现代预算制度,还需经过很长时间才能建立起来。到 18 世纪末,英国首相威廉·皮特于 1789 年在议会通过一项《联合王国总基金法案》,把全部财政收支统一在一个文件中,至此才有了正式的预算文件。至19世纪初,才确立了按年度编制和批准预算的制度,即政府财政大臣每年提出全部财政收支的一览表,由议会审核批准,并且规定设立国库审计部和审计官员,对议会负责,监督政府按指定用途使用经费。

英国的预算制度从14世纪出现新兴资产阶级后,经过几百年的时间,到19世纪才发展成为典型的资本主义类型的政府预算。新兴资产阶级向封建专制君主夺取财权的斗争,是资产阶级革命斗争中的一项重要内容,是现代国家的预算制度产生、建立和发展的前提条件;现代预算制度的产生是资本主义生产方式发展的必然结果。

(二)现代预算制度在我国的产生

在中国,现代预算制度在清朝末期才开始建立。清朝末年,西方的一些思潮,包括西方的理财制度开始传入我国,受其影响,清光绪三十四年(1908年),清政府颁布《清理财政章程》,宣统二年(1910年)起,由清理财政局主持编制预算工作,这是我国两千多年来的封建王朝第一次正式编制政府预算。第一个预算是先由各省汇报,然后由度支部加以审核,资政院加以修正,奏请施行。与此同时,又拟定《预算册式及例言》,规定以每年1月到12月底为预算年度;预算册式方法是先列岁入,后列岁出;预算的执行有月报、季报;执行机关是大清银行。预算虽形似统一,但实际上,那时清政府统治已摇摇欲坠,各省形成割据状态。所谓统一,仅是账面上的统一而已。1911年的辛亥革命推翻了清政府,因此,我国历史上的第一部现代意义上的政府预算只有预算而无决算。以后,北洋军阀和国民党政府也有其政府预算,但都属于半封建、半殖民地性质的预算。

二、现代预算制度产生的原因、条件及意义

(一)现代预算制度产生的原因和条件

1. 现代预算产生的根本原因——资本主义生产方式的出现

从西方国家看,资本主义生产方式出现后,新兴资产阶级登上历史舞台,资产阶级强大的政治力量才有可能通过议会控制全部财政收支,要求封建君主编制财政收支计划。从中国看,也正是由于西方资本主义生产方式的发展,其理财的思潮影响我国,由此,在我国产生现代预算制度。

2. 现代预算发展的决定性原因——加强财政管理和监督的需要

现代预算随资本主义生产方式产生后,又因财政管理监督的需要而得以进一步发展。在资本主义生产方式下,社会生产力迅速发展,财政分配规模日益扩大,财政收支项目增加,收支之间的关系也日益复杂,财政收支的发展变化客观上要求加强财政的管理和监督,要求编制统一的财政收支计划。因此,现代预算是适应财政管理的需要而发展的。

3. 现代预算产生的必备条件——财政分配的货币化

随着商品经济的高度发展,货币关系渗透到整个再生产领域,财政分配有可能充分采取货币形式。只有在财政分配货币化的条件下,才能对全部财政收支事先进行比较详细的计算,并统一反映在平衡表中。这样不仅能完整反映国家财政分配活动,而且也有利于议会对国家预算的审查和监督。

(二)现代预算制度产生的意义

1. 实现了新兴资本势力代替封建没落势力的社会变革

现代预算制度是作为新兴资产阶级与封建统治阶级进行斗争的一种经济手段而产生的。

如英国现代预算制度是以君主为代表的没落封建势力和以议会为代表的新兴资本势力之间,长达数百年的政治角逐与较量的结果,体现着新兴资产阶级在其发展壮大的过程中,逐步形成的以独立的经济主体维护自身利益的要求。

政府预算制度形成的表象是争夺经济利益的产物,但直接结果是国家政治权力格局的变动。

2. 实现了政府财政制度与社会政治制度变革的衔接

从世界范围看,政府预算制度的产生是国家政治权力和财政权力在国王和议会之间争夺的最终结果。这场斗争,最初集中于课税权上,以后扩大到财政资金支配权,最终发展到取消封建统治阶级对财政的控制和在财政上的特权。政府预算制度的产生实现了国家财政权由封建王权制向有产者议会控制的转变,使国家财政管理与经济结构转变和社会结构转变相适应,实现了政府财政制度与社会政治制度变革的衔接。

3. 确立了现代国家理财的法制管理模式

现代预算制度是政府管理财政资金的一项重要财政制度,它是具有一定的法律形式和制度保证的财政分配关系。从这一制度形成所经历的数百年的发展演变过程来看,只有现代预算制度产生后,才把封建统治阶级的皇室收支同国家的财政收支界限严格划清楚,从而奠定了现代国家财政分配制度的基础。确立了与以法治国相适应的以法治财制度,赋予了财政管理更适应现代社会及经济发展的方法体系。因此,政府预算制度不只是资本力量发展壮大的被动产物,它反过来又积极推动着新兴资本力量和市场经济的发展,奠定了现代国家制度的经济基础。

4. 确立了社会公众与政府的委托-代理关系

政府预算体现的是公民将赋税委托政府代理的关系,以解决市场或个人不能解决或不能有效解决的社会公共事务。

政府预算经立法机关审议批准,意味着纳税人授权政府按纳税人意愿使用其提供的资源。政府预算制度确保了政府开支向纳税人负责,并为立法机关监督约束政府财政提供了一种制度安排。

第三节 政府预算的原则

政府预算的原则是国家选择预算形式和体系的指导思想,是一国预算立法、编制及执行所必须遵循的。预算原则是伴随着现代预算制度的产生而产生的,预算制度的建立和完善,又需要遵循一定的原则,并且随着社会经济和预算制度的发展变化而不断变化。早期的预算原则比较注重控制性,即将预算作为监督和控制政府的工具;而后随着财政收支内容的日趋复杂,开始强调预算的周密性,即注重研究预算技术的改进;自功能预算理论发展后,政府预算的功能趋于多样化,由此,预算原则又更注重发挥预算的功能性作用,即正确合理地运用预算功能来实现国家的整体利益。

一、西方政府预算原则的介绍

现代预算制度产生后,各国预算学者对预算原则进行了一系列的探索,较有代表性的成果是意大利学者尼琪和德国学者诺马克提出的预算原则,对预算实践产生了较大的影响。西方财政预算理论界对这些原则加以归纳总结,形成了一套为多数国家所接受的一般性预算原则,主要包括:

(一)预算必须具有完整性

即要求政府的预算包括政府全年的全部预算收支项目,完整地反映政府全部的财政收支活动。

(二)预算必须具有统一性

即要求预算收支按照统一的程序来编制。

(三)预算必须具有年度性

所谓年度性是指政府预算的编制、执行、决算,这一完整的工作程序是周期性进行的,通常为一年。要求政府预算按年度编制,预算中要列明全年的预算收支,并进行对比。不容许在预算收支上有跨年度的规定。这里的一年是指预算年度,预算年度指预算收支的起讫时间,它是各国政府编制和执行预算所依据的法定期限。预算年度有历年制和跨年制两种形式:历年制是按公历计,即每年的1月1日起至12月31日止,如我国及法国等国的预算年度均采用历年制;跨年制是指一个预算年度跨越两个日历年度,主要考虑与本国立法机构的会期、预算收入与工农业经济的季节相关性,以及宗教和习俗等因素,如英国、日本、印度等国家将预算年度定为本年的4月1日至次年的3月31日,美国则将预算年度定为本年的10月1日至次年的9月30日。

(四)预算必须具有可靠性

该项原则就是要求编制预算中,正确地估计各项预算收支数字,对各项收支的性质必须明确地区分。

(五)预算必须具有公开性

所谓公开性是指各级政府预算及决算不仅要经过各级权力机关审批,还须向社会公众全面公开。即预算属于公开性的法律文件,所以其内容必须明确,以便于社会公众能了解、审查政府如何支配纳税人的钱,并进行监督使用。

(六)预算必须具有分类性

该项原则就是要求各项财政收支必须依据其性质明确地分门别类,在预算中清楚列示。

一种预算原则的确立,不仅要以预算本身的属性为依据,而且要与本国的经济实践相结合,要充分体现国家的政治经济政策。

资本主义发展到垄断阶段,西方国家政府加强了对经济的干预,在预算上明显地表现出主动性,传统的预算原则已不适应当时的经济形势和政府职能的转变。因此,就需要规定与以前不同的预算管理原则。最具代表性的就是美国联邦政府预算局局长史密斯为了适应联邦政府加强对经济干预的需要,于1945年提出的旨在加强政府行政部门预算权限的八条预算原则。即:

(1)预算必须有利于行政部门的计划。说明美国联邦预算必须反映总统的计划,在国会通过后,就成为施政的纲领。

(2)预算必须加强行政部门的责任。说明国会只能行使批准预算的权力,至于预算中已经核准的资金如何具体使用,则是总统的责任。

(3)预算必须加强行政部门的主动性。说明国会只能对资金使用的大致方向和目标作原则性的规定。至于如何达到目标,要由总统及其所属各个部门来决定。

(4)预算收支在时间上要保证灵活性。说明国会通过的预算收支法案必须授权总统在一定范围内可以进行调整,有权把本年度预算中的拨款,在以后年度的适当时机随时支用。

(5)预算应以行政部门的情况报告为依据。说明当总统对国会提出预算草案及执行情况报告时,应当提供国内外的情况资料作为国会立法的依据。

(6)预算的"工具"必须充分。说明在总统领导下必须有预算编制和执行的专职机构和众多的成员,总统有权规定季度和月度的拨款额,有权建立准备金并在必要时使用。

(7)预算程序必须多样化。说明政府的各种活动在财政上应当采取不同的管理方式,财政收支数字上也应当采用不同的预算形式。

(8)预算必须"上下结合"。说明无论在编制还是执行预算时,总统必须充分利用他所领导的各种机构和成员的力量。

可以看出,上述八项原则总的精神是加强总统的财政权,缩小国会的权力。这一方面反映了政府加强对财政的控制;另一方面也反映了西方国家充分运用财政作为调节经济的手段的倾向。

一个国家的预算原则一般是通过制定政府预算法来体现的。

二、我国的政府预算原则

在我国目前的《预算法》中,虽然没有明确规定预算管理的原则,但从我国的预算实践和建立社会主义市场经济体制的总体要求看,我们应该借鉴上述各国预算原则的精华,并结合我国实际赋予新的内容。

(一)完整性原则

预算完整性原则要求政府的预算应包括政府的全部预算收支项目,完整地反映以政府为主体的全部财政收支活动,全面体现政府活动的范围和方向,不允许在预算规定范围之外还有任何以政府为主体的资金收支活动。预算的完整性有利于政府控制、调节各类财政性资金的流向和流量,完善财政的分配、调节和监督职能;预算的完整性也便于立法机关的审议批准和广大公众的了解,对政府预算收支起着监督和控制作用。

要保证预算的完整性,其重要的标准是预算文件的全面完整。一是各级政府预算应包括本级和所属下级政府的财政信息;二是政府预算应是各级政府预算内与预算外财政信息的集合;三是财政政策目标、宏观经济筹划、预算的政策基础和可确认的主要财政风险等财政决策依据要完整。总之,预算报告要以量化了的经济收入可能和支出需要等预算信息,从政府对资源的消费、工作的履行以及外部影响的角度为社会公众提供一幅完整具体的财政分配画面。一般来说,预算文件所包括的内容和所提供的说明材料越完整,表明政府对所花费的资金支出、由这些支出所支持的活动以及这些活动所产生的外部效果的责任心越强。

目前,许多国家都在致力于扩展预算的范围,加强预算的完整性。如在预算报告中对税收支出、或有负债及贷款担保加以反映。我国进行的预算外资金管理的改革,实行部门预算和国库集中收付的制度性改革也反映了预算完整性原则的要求。

(二)公开性原则

公开性原则是指政府预算应该是对全社会公开的文件,其内容应为全社会了解。政府预算的本质内涵表明它始终都承担着公开政府财政的职责。预算过程本身就要求政府向立法机关说明并辩护其决策与行动。预算作为政府财政公开的有力说明，表明其财政活动的责任，是政府政绩的报道与政治职责的交代。通过预算将政府财政决策公之于众，可以加强政府与公众的沟通，使公众了解政府的决策，了解他们提供给政府的收入用于何种支出，是否有利于国计民生，从而更好地配合政府落实有关决策。不仅如此，通过预算向公众公布政府决策的过程，也体现了民主化、科学化的决策方法，这种决策程序的公开化反过来更能促进决策程序的民主化，更能充分地发挥预算的监督约束作用。如政府不对负担公共支出的公众作出公开的预算说明，必然会引起公众对政府信任的危机。

美国是以立法的形式保证预算公开性原则的贯彻。如《信息自由法》、《阳光下的联邦政府法》就要求将政府预算和财政支出项目及金额公开，以利于舆论和民众的监督。

公开性原则要求公众不仅知其然，而且知其所以然。即公众不仅要知道政府做出了什么决策，而且要知道为什么要这样做以及怎么做。这不仅是保证知情权问题，更是要据此判断决策程序是否规范，决策结论是否正确。因此，政府预算的结构、内容要易于为公众所理解以及便于其审查。这就在技术上要求预算收支的分类要科学、详细。如将财政收支采用按部门分类、按功能分类和按经济性质分类的方法逐步细化的方法；采用预算附件的形式对基本预算文件进行详细说明等。

（三）效率性原则

效率是对行为效应的一种评价，是经济学中的一个重要概念。经济学迄今给予明确界定的经济效率概念就是"帕累托效率"，效率的标准就是资源配置的帕累托状态，是指资源配置达到了这样一种状态，如果再改变它，就不可能使任何一个人的利益有所增加而不影响其他人的利益，这就是最有效的状态。政府预算行为中的帕累托状态就是效率，它要实现以最低的投入取得既定的产出，或以既定的投入得到最多的产出。

首先，现代预算是源于效率产生的。从古今中外预算制度的产生和发展来看，都是为了适应国家加强财政收支管理的需要，提高"效率"而产生的，并围绕"效率"而不断进行改进和完善。从资本主义制度下形成的预算制度到当今我国进行的部门预算、国库集中收付以及实施政府采购的预算制度改革都基于此。其次，政府是通过非市场机制提供公共产品，进行资源配置。要使社会资源能够得到有效配置，就要使政府提供的公共产品符合消费者整体的偏好，而政府预算则是对政府决策偏好的表达。如何在不同产品和服务之间分配资源反映了资源分配者的偏好，它实际上是资源分配者在经过复杂的决策过程后形成的集体偏好，这就要求政府预算决策必须建立在认真考察政府的政策设计上，从而力求把政府干预引起的资源配置的无效和低效降低到最低程度。如果公共产品的供给是由消费者整体的偏好选择决定的，那么公共产品的供给也是有效率的。另外，还要以政府预算决策的社会机会成本作为评价预算决策效率的重要依据，即只有当一笔资金交由公共部门使用能够创造出比私人部门使用更大的效益时，这笔资金的预算决策才是具有效率的。所以，由于公共部门存在效率机制，公共选择存在交易成本，因此，政府预算客观上存在效率问题，它要求政府在预算决策过程中要考虑各个施政方案的效率，作出理性的抉择，以对有限的资源作出最有效的配置。这也是西方财政学的研究始终沿着如何使社会资源有效配置的主线进行的原因所在。世界各国所进行的预算改革，如施行"绩效预算"、"规划-项目预算"、"零基预算"等，都是以这一原则为主导的。

由于财政分配活动与一般的经济活动有所区别，它是以国家为主体，为满足社会公共需要而进行的分配活动，效率的主体是公共部门。因此，政府预算效率不同于一般的经济效率，有其特殊性。主要表现在,效率指标存在多元性,即政府预算的效率指标既有经济效率指标,又有社会效率指标,以至政治效率指标。由于效率指标的多元性,决定了政府预算效率的测算和评价的复杂性。即单纯的以货币为尺度并不能对许多政府活动领域进行有效的分析,因此,在对政府预算进行效率评价时,应对不同的预算项目采用不同的评价方法。如成本-效益分析法可用于那些效益是经济的、有形的、可用货币计量的公共支出项目,如电站、水库的投资;最低费用选择法则多被用在成本易于计算,但效益难以衡量的项目上,如军事、政治;对于成本易于计算,效益不易衡量,但通过支出所提供的产品和服务,可以部分或全部进入市场交易的项目,则可以采用公共定价法,如公路、邮电等。

(四)年度性原则

预算的年度性原则是指各国政府编制和执行预算所依据的法定期限,通常为一年。具体形式一般有历年制(公历1月1日至12月31日)和跨年制。预算工作按时序通常包括预算编制、执行和决算等环节,各环节在预算年度内依次递进,在年度间循环往复。

传统的年度预算存在一些缺陷,一是年度预算容易忽略潜在的财政风险。因为在年度预算的框架下,对一些预算决策在年度间的实施不易做到瞻前顾后,容易在决策的合理性和资金保证上出现偏差;二是在年度预算中,各项收支已由预算确定好了,具有法律性,这样,在一个预算年度内进行收支结构的调整就受到了限制,与年度内的不确定因素产生矛盾;三是年度预算限制了政府对未来的更长远的考虑。鉴于此,许多国家已采用了3~5年甚至更长期的多年预算,以弥补年度预算的不足。多年预算并不是一个法定的多年期预算资金分配方案,而是将年度预算纳入一个带有瞻前顾后特点的中长期财政计划中,并不断根据经济和财政情况的变化进行修订。其突出的优点就是有利于当前政策的长期可持续性,使决策者能够尽早发现问题,鉴别风险,采取措施,防患于未然。

在我国,国民经济和社会发展计划是决定预算年度性的先决条件,因为政府预算是国民经济和社会发展计划实现的重要资金保证。国民经济和社会发展计划每年都要在中长期计划的基础上编制年度计划,这也决定了政府预算必须具有年度性。

(五)统一性原则

预算的统一性是要表明一国或一级政府预算应按照统一的政策和程序进行,而不论是集权制国家政府预算亦或是联邦制国家。

具体到我国来说,全国性的财政预算的方针政策必须由中央制定,全国重要的财政规章制度,如预、决算制度、税收制度、企业成本开支范围等主要财务制度,必须由中央统一制定,各地区、各部门要保证贯彻执行,不得自行其是,任意改变;中央预算和地方预算要按照规定的程序编制,经各级人民代表大会批准以后,各地区、各部门必须坚决执行;如遇特殊情况需调整预算,要根据法定的程序进行,统一性还应体现各级政府只能编制一个统一的预算,不应当以临时预算或特种预算基金的名义另立预算。

第四节 政府预算政策手段及分析

一、财政政策与预算政策手段

(一)财政政策的概念

20世纪60年代初,美国财政学者V·阿盖笛给财政政策作了如下解释:"财政政策可以认为是税制、公共支出、举债等种种措施的整体,通过这些手段,作为整个国家支出组成部分的公共消费与投资在总量和配置上得以确定下来,而且私人投资的总量与配置受到直接或间接的影响。"这一定义是从财政政策手段的运用及其影响方面对财政政策进行界定的。

另一位美国财政学家格劳维斯教授认为:"财政政策一词业已形成一种特殊的思想和研究领域,即研究有关国家资源的充分、有效利用以及维持价格水平稳定等问题。财政政策的短期目标是消除经济周期波动的影响;而它的长期目标则是防止长期停滞和通货膨胀,与此同时,为经济增长提供一个有利的环境。"这个定义已经从强调财政政策手段转移到强调财政政策目标方面。

对财政政策概念所作界定的侧重点转移的原因主要是,随着经济、社会的发展和政府职能的扩展,宏观经济学理论的兴起,财政政策的各种手段越来越多地被应用,因此,人们更关心的领域自然是财政政策所能达到的政策目标。

对财政政策的这种理解的转变经历了一个阶段。在自由资本主义时代,国家在社会经济活动中的职能被限定为"守夜人"的角色。亚当·斯密主张:国家应当尽量少地从社会经济中取走财富,以利于民间资本的形成,促进国民财富的增长;国家不应当干预经济,市场足以能协调经济的发展;国家只应负担三项任务,即履行三种职能,亦即著名的国防、司法、公共工程和公共机关三项职能。在这种"夜警国家"观之下,各国都固守着财政收支平衡的原则,反对财政赤字和发行公债。因此财政政策目标也就只限定在自身的收支平衡上。在这种情形下,财政政策的目标当然是极其有限。

在1929～1933年的资本主义经济大危机之后,凯恩斯主义经济学成为西方经济学的主流。凯恩斯主张放弃自由放任的经济原则,力主通过政府的财政-货币政策调节消费需求和投资需求,来实现充分就业的均衡。这时候政府的宏观经济管理职能被突出,财政政策的目标得以确立,只有在这时候财政政策手段才被视为是实现政策目标的工具。

因此,对于财政政策的界定,可以认为:财政政策就是通过政府预算、税收和公共支出等手段,来实现一定的经济、社会发展等宏观经济目标的长期财政战略和短期财政策略。

(二)预算政策手段

财政政策目标的实现离不开一些政策手段。为实现财政政策目标,必须有一定的手段可供操作,一定的财政政策手段是财政政策效果的传导机制。

经济学家一般把财政政策手段分为三大类,即预算、公共收入和公共支出。公共收入包括税收和公债;公共支出(广义公共支出)包括一般性公共支出(狭义公共支出)和政府投资。因此,财政政策手段主要包括预算、税收、公债、公共支出和政府投资等五大类。

预算作为一种控制财政收支及其差额的机制,在各种财政政策手段中居于核心地位,它能系统地和明显地反映政府财政政策的意图和目标。预算政策作为一种财政政策工具,主要通过年度预算的预先制定和在执行过程中的收支追加追减变动,来实现其调节功能。从预算的不同级次来看,中央预算比地方预算担负着更为重要的宏观调控任务。作为国家财政政策手段的预算,一般是中央预算或联邦预算。中央预算政策通过对政府财政集中性的分配,决定着全国主要公共设施投资、消费性支出的总量及结构,决定着国家物资储备的数量等,因此对整个社会的供求总量及结构有着重要的影响。

预算政策手段的调节功能主要体现在财政收支规模、收支差额和收支结构上。预算通过对国民收入的集中性分配与再分配,可以决定民间部门的可支配收入规模,可以决定政府的投资规模和消费总额,可以影响经济中的货币流通量,从而对整个社会的总需求以及总需求和总供给的关系,产生重大影响。

预算收支差额包括三种情况:赤字预算、盈余预算和平衡预算。赤字预算对总需求产生的影响是扩张性的,在有效需求不足时可以对总需求的增长起到刺激作用;盈余预算对总需求产生的影响是收缩性的,在总需求膨胀时,可以对总需求膨胀起到有效的抑制作用;平衡预算对总需求的影响是中性的,在总需求和总供给相适应时,可以维持总需求的稳定增长。预算手段有两个显著的特点:首先,预算手段既影响收入(税后收入),又影响支出和收支差额,所以,预算手段的作用范围和途径更广泛;其次,预算手段只涉及对经济总量的调节,不涉及对个量(如相对价格)和个体的经济行为的调节。

预算政策表明了一定时期内政府的施政方针和国计民生状况,所以其目标在于提高就业水平,稳定物价,促进经济增长,以及约束政府的不必要支出和提高政府效率。

二、预算政策的类型及分析

政府预算包括了政府每一财政年度的收入与支出,预算是否保持平衡,会对宏观经济产生扩张或紧缩作用。因此,政府可以根据宏观经济形势运用预算政策,有计划地使政府预算产生赤字、盈余或实现平衡,来达到有效调控国家宏观经济的政策目标。预算政策来源于实际,在20世纪以前,由于战争和经济危机等原因,预算赤字在一些国家中已经不同程度地存在着。而且在有些国家中已经有了较长的历史。例如,法国由于拿破仑时期的不断战争,就经常出现预算赤字,但在传统理念上仍然力求要保持预算收支的平衡,并且认为预算的收支平衡是检验一个国家财政是否健全的标志。进入20世纪以后,特别是20世纪30年代的经济大危机以后,凯恩斯主义风行于西方各国,预算政策被作为政府干预经济的手段加以运用。这样,不仅在战争和经济危机时期发生预算赤字,即使在平时,也不能维持预算收支的平衡状态,因而,经济学家们提出了不同的预算政策。

(一)年度平衡预算政策

年度平衡预算是指每一年的财政收支结果都应是平衡的预算。这一理财思想基于政府预算行为应"量入为出"这一观念上,即政府预算应根据收入能力安排支出,不能出现赤字,认为预算的平衡就能表明政府是具有责任感和高效率的。这一理论是健全财政政策的具体反映。

年度预算平衡政策是古典学派经济学家的一贯主张。在资本主义自由竞争时期,经济学家主张尽量节减政府支出,力求保持年度预算收支的平衡,并以此作为衡量财政是否健全的标志。上述观点一直延续到20世纪初期。在此期间内,虽然有些国家的预算存在赤字,但舆论认为这是财政的不健全,而健全财政的标志是保持预算平衡。

古典经济学家亚当·斯密曾经把国家的收支和个人家庭的收支相比拟,认为个人平衡收支的节俭行为同样适用于国家,不允许国家无益地耗费由个人节俭而形成的一切财富。但同时也承认国家的作用,即认为国家在发生诸如战争那样的特殊事故时可以去借债。

英国经济学家巴斯坦布尔19世纪末曾就预算平衡问题作如下的表述:"在正常情况下,在财务活动的……两方之间应该存在平衡,支出不得超过收入。税收收入应该保持有支付支出需要的数量。"并提出:"实践中最安全的法则是规定估算适度盈余的策略,从而使赤字的可能性减少到最小。"

古典经济学家将年度预算平衡作为政府预算行为准则的主要理由是:第一,政府通过发行公债弥补赤字,使得私人部门能够用来取得资本产品的资金转移到了公共部门,会造成公共部门相对扩张,从而阻碍了私人部门的经济发展,即认为公共部门的发展是以牺牲私人部门为代价的;第二,政府施行赤字预算会导致国家债务累积额增加,进而引发通货膨胀和财政危机。

从经济资源合理配置的角度看,古典经济学家关于政府预算年度平衡的理论有其合理性,因为,在以市场为导向进行资源配置的社会里,年度预算平衡政策具有控制政府超额支出、防止公共部门过度扩张而造成社会发展不平衡的作用。但到了20世纪中叶,由于社会的高度工业化、市场失灵和宏观经济的失衡,以及公众要求公共部门所应提供的服务范围的不断扩大,使得政府支出呈现不断增长的趋势。这些情况与年度预算平衡的政策发生了较大的冲突,各国政府发现年度预算平衡政策对经济波动的调节作用十分有限。所以,尽管年度预算平衡政策在相当长的时期在约束政府财政行为上发挥了重要作用,但随着资本主义市场经济的发展,它也受到了与之相反的观点的冲击。该观点认为,在市场经济条件下,为实现经济稳定和发展的目标,政府可以将预算政策作为调节工具加以运用。比如,凯恩斯学派经济学家认为,年度平衡预算政策的缺陷主要表现在:①政府实行年度预算平衡,将会加大经济的波动幅度,使经济更加不稳定。在累进税率制度下,经济繁荣会导致税收收入自动增加,按预算平衡政策,财政支出必须随之增加,结果无疑要增加通货膨胀压力;相反,经济衰退将导致税收收入自动减少,按这种政策,财政支出也必须相应减少,结果必然是加重经济萎缩。因此,这种试图保持年度预算平衡的政策更会使经济走向萧条或膨胀。②由于政治经济制度的限制,使年度预算平衡政策无法实现。如经济高度发展和实行高福利制度的发达资本主义国家,年度预算很难维持平衡;在资本主义国家政党竞选中,习惯采用减税、增加公共支出以刺激经济发展的策略,其结果也使年度预算平衡的政策的控制效果无法实现。凯恩斯学派的经济理论使各国政府摆脱了年度预算平衡观点的约束,从隐瞒预算收支不能平衡的实际情况转为公开推行赤字预算政策,即政府在编制预算时有意使预算支出大于收入的一种政策。一些经济学家也提出政府的预算,特别是中央政府的预算是国民经济的一个重要组成部分。预算收支的对比关系不能仅仅就预算本身来考虑,而是应当从整个国民经济的平衡来考虑。经济学家依据不同时期的经济发展状况,提出了不同的预算理论。

(二)功能财政预算政策

功能财政预算是指应以财政措施实施的后果对宏观经济所产生的作用为依据来安排政府的预算收支。功能财政预算政策是与年度平衡预算政策截然相反的预算政策。年度平衡预算政策强调的是对政府财政活动实施"控制"和"管理"的重要性,功能财政预算政策强调的是实现宏观经济"目标",保持国民经济整体的平衡的重要性,而不单纯强调政府预算收支之间的对比关系,保持预算收支的平衡。前者关心的是分配和配置问题,后者则特别注重总体经济运行和经济增长目标。

功能财政概念创建于凯恩斯时代之初,以凯恩斯经济理论为基础。该政策的早期表述主要考虑的是稳定,强调的是消除20世纪30年代存在的失业,并没有强调经济增长的功能。著名经济学家勒纳于20世纪40年代提出了较为完整的功能预算政策观点,勒纳认为政府不应只保持健全财政的观点,而是应当运用公共支出、税收、债务等作为调节经济的重要工具。当整个社会的需求不足,以致失业率过高,政府就应当增加支出和减少税收;当社会上需求过多,导致通货膨胀发生时,政府就应当减少财政支出和提高税收;当社会上借贷资本过剩时,就应当出售政府债券;当社会上现金不足时,就应当收回政府债券。即按照功能财政预算政策的要求,政府行政部门和立法部门应当根据经济周期的不同状况,采取恰当的预算收支策略:①为消除失业和通货膨胀,政府可以采取赤字预算或盈余预算,以实现政府政策目标。即当经济萧条时,以赤字预算的方式主动刺激经济的复苏;当经济繁荣时,采取盈余预算方式主动削减过度的需求,以抑制通货膨胀的发生。②为达到社会最佳的投资水平和利率水平,政府可以利用公债的发行和清偿,来调整社会货币或公债的持有水平。即当市场利率水平偏低或投资压力过大以至可能发生通货膨胀时,需要减少私人部门的货币支出而增加公共部门支出,政府则应发行债务;反之,政府则应偿还一定数量的债务。③当政府的公共支出大于税收收入和债务收入时,其差额应采取向中央银行借款或增发货币的方式弥补,反之如政府税收收入超过公共支出时,其预算盈余应用于偿还以往政府借款、买入公债等方式,将超额收入以货币形式重新流入社会。以上措施的选择应以价格稳定和充分就业的政策目标为依据,采用相机抉择方式来实现政策目标。

所以,功能财政预算政策是把政府的课税、支出、举债等行为作为一种具有调节经济功能的工具加以采用。

功能财政预算政策在实际应用时,存在着以下困难:①政府是根据对经济趋势的推测,决定预算支出和税收的增减,由于对未来的经济情况很难做出完整准确的预测,往往不易及时地和恰当地适应社会经济情况的变化而采取措施。②政策的实施与产生效果之间存在着时滞,通过政府预算调节经济的政策,可能会引起人为的通货膨胀或经济紧缩而产生不利后果。在经济繁荣时期,如果政府过早为防止经济过度扩张而紧缩支出和增加税收,就会使生产过早收缩,使得经济由原来的繁荣转向萧条的自然变动趋势过于急剧;而在经济萧条时期,如果政府为促使经济恢复而扩大支出和减少税收的措施不及时,则无助于经济的恢复,但如措施力度过大,也可能使经济从原来萧条转向复苏的自然变动趋势过度扩张,从而使得所采用的预防经济衰退或膨胀的措施达不到预期效果。③一些财政政策的实施需要立法程序,通常耗时长,甚至不能通过,从而影响了政策实施的适当时机。

(三)周期平衡预算政策

周期平衡预算是指在预算收支的对比关系上,应在一个完整的经济周期内保持收支平衡,而不是在某一个特定的财政年度或一个日历时期内保持平衡。

周期预算平衡政策是美国经济学家阿尔文·汉森于20世纪40年代提出的。他主张预算的平衡不应局限于年度预算的平衡,而是应从经济波动的整个周期来考察预算收支的平衡。政府应以繁荣年份的预算盈余补偿萧条年份的预算赤字。在经济发展下降的阶段上,政府应当扩大支出(包括购买支出和转移支出)和减少税收,以增加消费和促进投资,恢复经济的活力。这时从预算收支的对比关系上看,表现为支大于收,在年度预算上必然会产生赤字;当经济已经复苏,在投资增加和失业减少的情况下,政府可以适当减少支出,或酌量提高税率以增加税收,以减轻通货膨胀的压力。这时在年度预算上就会出现收大于支的盈余,这样就可以用繁荣年份的盈余补偿萧条年份的赤字,预算盈余和预算赤字会在一个周期内相互抵消。因此,从各个年度来看,预算不一定是平衡的,但从整个经济周期来看,则是平衡的,即所谓"以丰补歉,以盈填亏",从而可以达到维持和稳定经济的目的。

周期预算平衡政策突出的优点表现在以下两个方面:①该政策接受了功能财政预算政策的合理要素,即肯定调整预算收支会对宏观经济产生积极的影响,有助于宏观经济目标的实现;②它仍然保持了有效配置经济资源的预算控制机制,继承了年度平衡预算政策的主要优点。

但是,这一政策在实际应用时,也产生了一些问题:①经济周期波动不一定是对称的,也就是说,经济繁荣与衰退的时间长短不一,影响程度不同。所以,在繁荣时期为抑制通货膨胀产生的盈余不一定等于在衰退时期为刺激经济复苏所出现的赤字,因此,在一个经济周期内预算并不一定能维持平衡,收支差额可能依然存在。严格的周期平衡只能是一种巧合,经济体系没有一种能够确保周期对称出现的内在机制,使得周期预算平衡政策缺乏实践性。②在经济周期处于波峰时,即经济处于繁荣时期,有时社会生产能力不一定能满足充分就业条件下所需要的就业水平,经济中也不一定存在严重的通货膨胀。此时,如立即采取盈余预算政策,反而会加剧经济的波动。③有些制度因素也妨碍周期平衡预算政策的实现。如在资产阶级民主政治制度下,各利益集团对立法有很大影响。由于政府高公共支出、低税收负担的政策更容易受到欢迎,结果存在着一种内在的支持赤字预算而反对盈余预算的倾向。因此,政治制度对盈余预算的阻碍也使周期平衡的预算政策难以实施。

(四)充分就业预算平衡政策

所谓充分就业预算就是要求按充分就业条件下估计的国民收入规模来安排预算收支,这样达到的预算平衡,就是所谓充分就业预算平衡。

所谓充分就业预算就是设想在现有的经济资源能够得到充分利用的条件下,国民生产总值可以达到最大值,税收收入也随着国民生产总值的增长而增长。此时,政府在安排预算时,为了达到充分就业水平,就必须增加财政支出以刺激生产和增加就业。但由于当年的实际国民生产总值要低于希望达到的充分就业水平,所以在预算上就会出现赤字。安排这样的赤字有利于实现充分就业预算平衡,也是达到充分就业水平所必需的。

这一政策是由美国企业领导人的一个组织——美国经济发展委员会——于1947年首先提出来的。该政策要求政府在确定税率水平时,不仅要考虑平衡预算收支,而且还要考虑创造充分的就业水平。在适当的国民收入水平上,税收应为政府偿还债务提供一个盈余的预算。税率一旦被确定下来,就不应频繁改变,除非国家政策和社会经济情况发生较大的变动。由此可以看出,充分就业预算平衡政策认为政府不一定在每一年度或每一经济周期都保持预算收支平衡,在实现充分就业以前,预算可以永远是赤字。但该政策原则上要求在整个经济周期过程中产生一个平衡的预算,以充分繁荣时期的结余抵消衰退时期的赤字;而且,为了偿还债务,预算在充分就业收入水平上最好还是"略有盈余"。

那么,税率确定的依据是什么?凯恩斯学派经济学家认为,税率的制定应使在充分就业条件下的税收收入能满足支出的需要。什么是充分就业?凯恩斯学派的经济学家提出了"充分就业"的假定。所谓充分就业是指在一定的货币工资水平下,所有愿意工作的人都得到了就业。实际上由于种种原因(如结构性失业等),充分就业并不是失业率等于零。美国在20世纪60年代将4%的失业率定为充分就业的标准,以后又认为5%或6%左右的失业率接近于充分就业水平。他们认为在充分就业条件下,一个国家的国民生产总值可以达到相对高的水平。因为在现代工业社会中,劳动力的失业总是伴随着其他经济资源(如厂房、机器设备等)的未能充分有效的利用,如设备利用能力和开工率不足等。在低于充分就业水平的条件下,国民生产总值只能达到一个较低的水平。

充分就业预算平衡政策的突出特点是,以财政自动稳定器理论为基础。由于政府的主要税种,如所得税、消费税等,都与国民收入水平有密切联系,所以税收收入与国民收入的升降呈正相关的关系。与周期性预算平衡政策不同的是,其预算收支的调整是自动发生的,并不取决于对税率的人为变动。即随着国民收入的不断提高将伴随着税收收入的增加,同时,由于失业人数的减少,失业保险等转移性支付也将随之减少;相反,国民收入的下降将伴随着税收收入的减少,而失业保险支付将增加。所以无论是在经济繁荣亦或是衰退时期,税收与政府转移性支出都具有自动调整预算收支的内在机制,进而可以起到熨平经济周期的波动,促进经济增长的作用。

可以看出,充分就业预算平衡政策正是依靠财政的内在稳定器特征,以合理的反周期调节方式起作用:即在经济扩张时期,总需求会自动受到"抑制";在经济衰退时期,总需求会自动得到"激励"。从而达到在充分就业和价格稳定的目标条件下,仍可以保持预算的平衡并有一定的盈余,以作为调节公债的需要。因此,充分就业预算平衡政策与功能预算政策及周期平衡预算政策有很大不同,在实现预算政策目标及达到一定经济周期内预算收支平衡的方式上,后者主张充分利用人为的财政措施,而前者则主张主要利用自动稳定机制。

充分就业预算平衡政策利用的是税收和支出的自动反应,表现出两方面的优点:①自动稳定机制可以避免对经济波动预测可能出现的不准确,也无需政府组织大量人力、物力去研究经济形势的走向,而只要安排好税收、支出等自动稳定机制,财政政策的调节作用就能发挥。②自动稳定机制也克服了税收与公共支出措施在通过立法程序上,以及在执行部门具体实施上,在时间上的滞后问题。

一些经济学家对充分就业预算平衡政策提出了质疑:①这种预算机制的建立、执行、修改以及取消都要求通过"人为决策"来完成,因此,真正的自动稳定机制是否存在很难说。②财政自动稳定器的能量有限,不足以应付重大的经济波动或私人部门开支的变动,以确保充分就业的实现。③衡量是否达到充分就业的指标数值经常变化,难以确定预算在什么时候应该平衡。④在充分就业状态下,由于累进税的作用,税收收入会随着国民收入的增长而增加,充分就业预算盈余将会发生。这虽然有抑制通货膨胀的作用,但另一方面却阻碍了经济增长。

实际上,政府应利用充分就业平衡预算政策所主张的自动稳定机制,但在一些情况下相机抉择的财政措施也是需要的:①当人口的不断增长和劳动生产率的持续提高,引起就业水平和国民收入不断提高以及税基的不断扩大时,可以采取适当的相机抉择措施,如以人为的方式重新调整税率等。②在一些偶然情况或紧急情况下,造成支出用途异常而且数额较大时,可以采取适当的人为措施。由于这种情况所造成的超支短收,一般数额都大,而且具有临时性,因此采取在超支时大幅度提高税率,在减支时大幅度降低税率的做法不太现实。在这种情况下,这类支出可以通过增加一段时期的而不是一年的税收收入来满足。所以,任何预算政策的实施都不能摒弃必要的人为的财政手段,如出现严重的经济萧条或通货膨胀,仍需采用相机抉择的财政政策,而且最好的办法就是调整税率。

(五)综合性的预算政策

可以看出,以上各种预算政策都存在着各自的优点及缺陷。为了取得"稳定"和"增长"的宏观经济目标以及"配置"和"分配"的微观经济目标,一种有效而合理的经济政策应包括各项预算政策的合理因素。

年度平衡预算政策,其目标在于限制或控制预算或财政,这对于主要以市场配置资源的社会尤为重要。但是,过分强调这种"财政纪律"预算政策,很可能导致经济稳定和增长的巨大牺牲。另一个是功能财政预算政策,它的目标在于在市场经济中实现充分就业、稳定物价、经济增长以及国际收支平衡等宏观经济目标。但是,这个政策的最大缺陷是忽视了"财政纪律",也就是说不受预算控制,把部门间的资源配置问题放在了次要位置上。经济学家认为,上述两个政策都走向了极端。合理的财政政策应包括"控制"和"宏观经济目标"两方面因素。所以,后来的周期平衡预算政策和充分就业预算平衡政策都包括了有关实现资源配置的预算控制和改善总体经济运行的预算行为这两方面的内容。

因此,必须设计一种兼具上述各种预算政策优点的综合性预算政策,其政策内容除包括上述各种预算政策的特点外,还应合理运用自动稳定和相机抉择政策措施以及协调运用财政政策与货币政策。

总之,为实现充分就业、物价稳定、经济增长及国际收支平衡等综合的国民经济发展目标,建立一种能够综合而富有弹性、灵活的预算政策是必要的。它有助于促进资源的合理配置,实现宏观经济的健康运行。

第五节　政府预算的职责功能

准确理解预算职责功能的前提是把握预算与财政的关系。财政收支活动是预算的执行过程。因此,预算的职责功能是就预算与财政的关系而言的,是预算对财政以及对经济的影响和作用。

按照预算职责功能的历史演进,预算发展的早期阶段,主要是分配和监督。如在欧洲,预算的主要目的是确立立法机关的职责。首先使立法机关控制税收,在取得课税权、批税权之后,预算又把注意力转移到控制支出上,要求每年提送既包括支出说明书也包括为此组织收入的预算报告,在此基础上形成制度。逐步确立起规范与节约等有关收支的原则,在政府内部建立起相关机构,控制、监督政府资金管理。即预算在分配中还担负起两个职责:首先是法律控制职责,通过控制税收来控制支出,实际上是监督、限制财政"不能干什么";接着是管理职责,即行政管理凭预算展开,预算及其执行结果直接地表明政府活动的成本、效率,其作为政府确立行政标准的依据,目的是提高行政效率和管理水平。因此,分配和监督是公共财政制度确立及自由市场经济时期产生的预算职责功能,是基本的职责功能。

在政府职能日益扩大,尤其是第一次世界大战以后各国政府支出剧增,经济大萧条影响到就业与稳定,此时财政负担起更多的职责,成为政府调节经济、实施经济政策的手段,预算的职责功能随之发生了变化,派生出积极的调节经济的职责功能,决定财政应该"干什么"——主要是树立财政政策甚至货币政策的结构框架。为了达到某项政治、经济、社会目标,政府制定政策;为了实现政策,政府选择行动方案;为了实现方案,政府统筹资金的获得和使用,所以方案一经决定,政策就在预算框架中反映出来并通过预算实施得以实现。首先,从政策操作角度来讲,预算要分析、判断经济变化趋势,表达有效利用社会资源的意向,决定政府预算规模在国民收入中的份额。更具体地说,就是政府通过税收、消费、转移支出及投资支出等手段,决定资源在各个部门之间的配置。第二,预算要确定促进宏观经济平衡的财政政策。要求对收入、支出和货币政策作通盘考虑,作出与就业、价格稳定、国际收支平衡相协调的经济增长的政策选择;预算必须力求使支出的社会效益与向私人部门抽取资源的社会成本相等;预算要对政府债务做谨慎评估。第三,预算已成为减少不公平的工具。税收和财政支出的作用及其对分配产生的影响及影响方式,必须由预算进行筹划。尽管分配目标须通过各种手段来达到,但预算是一个重要的手段。第四,财政政策对国民经济总体的影响,预算要作出接近实际的评价。进入这样的历史时代以后,政府的主动性大大提升,无论在客观上还是在主观上都产生了弱化立法机构控制的倾向。

通过预算制度发展的历史,可以看出现行政府预算职责功能包括财政分配、宏观调控、监督控制。

一、政府预算的分配功能

政府预算是财政分配资金的主要手段。财政分配是指财政参与国民生产总值的分配和再分配集中必要的资金,用以满足社会的公共需要。财政分配职能需要由财政部门运用预算、税收、财政投资、财政补贴、国有企业上缴利润等一系列分配工具来实现,其中主要是通过预算进行的。这是因为,政府预算集中了我国财政的主要财力。政府总预算直接集中了相当数量的以货币表现的社会资源,国家通过税收、公债、上缴利润等分配工具把分散在各地区、各部门、各企业单位和个人手中的一部分国民生产总值集中上来,形成政府预算收入。

政府预算集中资金只是手段,分配资金满足国家各方面的需要才是目的。由于公共产品的特性决定了市场不能有效地提供,往往需要政府预算对其进行资源的配置,因此,国家根据社会共同需要,将集中的预算收入在全社会范围内进行再分配,合理安排各项支出,保证重点建设、行政、国防和科教文卫等方面的需要,为公共产品提供必要的财力保证。因此,政府预算的收入来源和支出用途能够全面反映财政的分配活动,体现集中性财政资金的来源结构和去向用途,即政府预算收入的来源结构、数量规模和增长速度能够反映国民经济的收支结构、发展状况、经济效益、积累水平和增长速度;政府预算支出的比例结构、支出流向体现国民经济和社会发展以及政府各部门之间的比例关系。

二、政府预算的调节功能

之所以说政府预算是政府进行财政宏观调控的重要手段,是因为政府预算作为财政分配的中心环节,在对财政资金的筹集、分配和使用过程中,不仅仅是一般的财政收支活动,如果通过收支活动有意识地为财政的调控功能服务,那么收支手段就又成为对经济进行宏观调控的重要工具。虽然调控离不开分配,但调控也是财政分配对经济能动作用的具体表现。

从范围上讲政府预算分为中央预算和地方预算,作为国家财政政策工具的预算一般是指中央预算或联邦预算。它主要通过年度预算的预先制定和在执行过程中的收支平衡调整,实现其调节国民经济的功能。

在市场经济条件下,宏观调控也是不可缺少的,因为,单靠市场调节往往会造成资源配置浪费,也会失去社会公平,所以,当市场难以保持自身均衡发展时,政府可以根据市场经济运行状况,选择适当的预算政策,以保持经济的稳定增长和社会的公平发展。政府预算的调控功能主要表现在以下方面:

(一)通过预算收支规模的变动,调节社会总供给与总需求的平衡

在市场经济条件下,社会总供给与总需求平衡的控制是国民经济正常进行的基本条件。社会总供给是指已经生产出来并进入市场交换的全部商品总和,而总需求是指有货币支付能力的对商品物资的需求总和。只有在商品经济中,商品价值形态和使用价值形态运动相分离,

才产生了总供给与总需求的平衡问题。在两者的平衡关系中,预算宏观调控基本上是作用于社会总需求的。这是因为,在市场经济下,企业和个人的经济活动是市场主要和基本的活动。企业和个人的生产或劳务活动直接由市场机制所支配。对于他们来说,只要存在着市场需求,为满足这些需求的生产经营活动具有获得平均利润率的合理预期,他们就会在市场价格的引导下提供市场所需要的产品和劳务。此时政府对企业和个人的活动是不能直接以计划安排的,预算也不能替代企业和个人去直接从事市场经营活动。因此,预算对宏观经济的调控,就应主要作用于社会总需求。即要求预算通过自身收支的运作,去影响社会总需求,作用于市场的运行。

由于预算收入代表可供政府集中支配的商品物资量,是社会供给总量的一部分;预算支出代表通过预算分配形成的社会购买力,是社会需求总量的一部分。因此通过调节政府预算收支之间的关系,就可以在一定程度上影响和调节社会供求总量的平衡。具体表现在:当社会总需求大于社会总供给时,预算可采取紧缩支出和增加税收的办法,采取收大于支的盈余政策进行调节,以减少社会总需求,使供求之间的矛盾得以缓解;当社会总需求不足时,可以适当扩大预算支出和减少税收,采取支大于收的赤字政策进行调节,以增加社会总需求;当社会供求总量基本平衡时,预算可实行收支平衡的中性政策与之相配合。即预算调节经济的作用主要反映在收支规模和收支差额的调节上。赤字预算体现的是一种扩张性财政政策,在有效需求不足时,可以对总需求的增长起到刺激作用。盈余预算体现的是紧缩性财政政策,在总需求过旺时,可以对总需求膨胀起到有效的抑制作用。平衡预算体现的是一种均衡财政政策,在总需求和总供给相适应时,可以保持总需求的稳定增长。

(二)通过调整政府预算收支结构,进行资源的合理配置

资源配置,是社会可利用的经济资源在公共部门和民间部门之间以及在它们各自的内部各领域之间的分配。其中,民间部门资源的最优配置是通过市场价格机制实现的,公共部门和民间部门之间的资源配置和公共部门内部的资源配置是通过政治程序编制预算实现的。政府预算首先决定整个资源在公共部门和民间部门之间分配的比例,即各自的规模,然后决定被分配在公共部门的资源规模的内部配置,即配置结构。可以说,在现代市场经济国家,市场是资源配置的基础机制,而政府预算则是整个社会资源配置的引导机制。

1. 调节公共部门与民间部门的资源配置

我国的经济体制改革的着力点之一,就是资源配置机制的重构问题。即由计划经济体制下的政府一元化配置资源,转变为现代市场经济体制下的政府与市场,也即公共部门与民间部门的二元化资源配置。政府配置资源的机制是预算,市场配置资源的机制是价格。社会可利用的经济资源通过预算在公共部门与民间部门之间如何分配,实际是政府财政参与国民生产总值的分配比例问题。在对国民生产总值的分配中,通过政府预算集中资金的比重究竟应占多少,应当有一个比较符合我国国情的合理的数量界限。在国民生产总值一定的情况下,政府集中多了,会挤占社会其他方面的利益,不利于国民经济和社会的发展;集中少了,资金过于分散,政府掌握不了足够的财力,会影响政府职能的充分发挥。因此,应合理确定符合我国国情的政府预算收入占国民生产总值比重的数量界限,确定的依据是以政府预算支出的范围为导向,而政府预算支出的范围又取决于市场经济条件下政府的职能范围。在我国传统的计划经济体制下,政府是社会资源配置的主体,财政作为以国家为主体的分配,必然在社会资源配置中居于主导的地位。因此,形成了大而宽的财政职能范围,覆盖了社会生产、投资、消费的各个方面。在市场经济条件下,社会资源的主要配置者是市场,而不是政府,西方财政理论认为,政府不仅是纯消费的单位,也是一个创造价值的生产部门,是同私人部门和企业部门等民间部门相对应的一个重要的经济部门,即公共经济部门。这个部门的任务就是提供公共产品,满足社会公共需要,即政府财政只应在社会资源配置中起补充和配角的作用。财政所要解决的只能是通过市场不能解决,或者通过市场不能得到满意解决的事项,诸如提供公共产品和部分准公共产品、纠正外部效应、维持有效竞争、调节收入分配和稳定经济等等。在这一理论基础上,各国政府配置资源的领域通常是:政权建设、事业发展、公共投资、收入分配调节等领域。在我国市场经济条件下,就需要转变政府职能,重新认识在市场经济条件下我国财政职能的范围。并在此基础上,调整作为财政分配重要手段的政府预算集中社会资源的比例,以调节社会资源在公共部门和民间部门的配置。

2. 调节国民经济和社会发展中的各种比例关系结构

民间部门的经济活动通过市场由价格机制确定其活动方向,即价格机制引导私人部门的资源配置;财政活动通过政治程序编制预算,决定其活动方向,调整各种利益关系,即预算机制引导政府部门的资源配置,如预算支出增加对某个地区和部门的投资,就能促进该地区和部门的发展;相反,减少对某个地区和部门资金的供应,就能限制该地区和部门的发展。因此,调整政府预算的收入政策和支出结构,就能起到调节国民经济各种比例关系和社会发展结构的作用,并且这种调节具有直接、迅速的特点。

(1)调节资源在地区之间的配置。在世界范围内,地区之间经济发展不平衡是普遍现象,这一问题在我国显得更加突出,这有自然和历史等多方面的原因。解决这一问题,仅仅依靠市场机制是难以完全奏效的,有时利用市场机制还会产生逆向调节,使资源从经济落后地区向经济发达地区转移。这与整个经济和社会的发展与稳定是相悖的。因此,要求财政资源配置职能发挥作用,其主要手段是通过预算安排,以税收、投资、财政补贴和转移支付等政策形式来实现。

(2)调节资源在经济和社会各部门之间的配置。合理的部门结构对提高宏观经济效果,促进国家健康发展具有重要意义。预算调整部门结构有两条途径:一是调整投资结构。如增加对国家需要优先发展的部门的投资,则会加快该部门的发展;相反,减少对某部门的投资,就必然会延缓其发展。二是改变现有产业部门的生产方向。即调整资产的存量结构,进行资产重组,来调整产业结构。政府预算在这两个方面发挥着调节作用:一是调整预算支出中的直接投资,如增加教育、能源交通和原材料等基础产业和基础部门的投资,减少一般加工部门的投资;二是利用预算收支,安排有利于竞争和对不同产业区别对待的税收、财政补贴等引导企业的投资方向,以调整资产存量结构。

(三)公平社会分配

改革开放以来,由于打破旧的分配格局以及进行经济结构调整,加之市场经济的消极作用,我国出现了地区之间收入相差悬殊和个人之间的分配不公的问题,这种状况将影响经济的持续、均衡发展及社会的安定。因此,可以充分利用政府预算在财政分配中的中心地位,采取税收、财政转移支付及财政补贴等手段,调节社会分配,调节中央与地方之间、地区之间、行业之间以及公民个人间的收入分配。

政府预算调节经济功能的特征:一是具有直接调控性。因为政府预算是由收支两类指标组成的,这些指标一经权力机构即各级人民代表大会通过,都具有指令性,带有强制执行的效力。二是调节力度强。这不仅是因为政府预算是一种直接调控手段,而且因为它是政府集中对社会产品的分配。预算资金的统一安排使用,对于解决国民经济和社会发展中迫切需要的重大项目资金来源,可以做到时效强、收效快。

三、预算的反映和监督功能

(一)反映国民经济和社会发展状况

政府预算具有综合性强的特点,即预算收入可反映国民经济发展规模、结构和经济效益水平,预算支出可反映国家各项经济及社会事业发展的基本情况。而这些综合情况可通过国民经济各部门、各企事业单位、国家金库以及财政部门内部各职能单位的预算报告制度,按照一定的信息渠道及时反映到预算管理部门。也就是说,通过预算收支指标及其完成情况,可反映政府活动的范围和方向,反映国家经济和社会发展各方面的活动状况以及政府各部门的情况。这就使预算的编制及执行情况本身成为整个国民经济和社会发展的观察哨,通过它可以掌握国民经济和社会发展的趋势,发现问题,及时采取对策,以使国民经济和社会发展植根于稳固的基础之上。

(二)监督各方依法理财

预算监督是预算对财政活动的规范和控制,是对预算履行其职责的状况及其结果的检验,是预算的最终目的。内涵于预算之中的法律控制职责始终支配着预算:一方面,预算本身具有法律效力;另一方面,预算是在法令规章的网络中形成和执行的。检验预算的优劣,不仅在于预算本身形式或内容如何完善,而更重要的是在于它能否起到对财政活动的控制作用。在政府财政活动的每一阶段上都有政府行为是否合法问题,而且随着社会、经济、技术的发展越来越突出,尤其表现在防止滥用职权或转移公款方面,因此,预算的监督控制职责也日益加重。

预算监督的理论依据是,政府与公民之间存在着一种社会契约关系,在这种契约关系中,政府向公民提供公共产品及服务,而公民则向政府缴纳政府提供公共产品的价值补偿——税收。作为财政资金的提供者——公民,有权全面了解政府是如何花费自己所缴纳的税款的。历史实际也说明,实行代议制的政体比实行专制王权的政体更有利于取得财政收入。原因无非是前者给公民参与决策与监督的机会,公民相信由代议机构做出的决定具有合法性,因此更愿意依法纳税。反之,在专制王权下,如何征税、税款如何使用,都是统治者说了算,因此,人们千方百计地逃税,致使政府税收征管代价高而成效低。由此得出的结论是:民主决策与监督有利于政府财力的动员,原因在于,公民通过行使民主决策与监督权,可以使政府将有限的资金投向人们最需要的公共产品;可以有效防止政府官员对公共财产的侵蚀,而其监督政府对公共资金使用情况的一个重要工具就是政府预算。

预算作为财政的控制系统,本身是制度体系。预算的监督控制效力乃是制度效力问题。美国的预算管理者进行预算改革的理论观点认为,腐败现象的根源不是出在人品上,而是出在制度上。从此意义上看,预算实际上是一种对政府及政府官员实施的制度控制方法。因此,应通过一系列的制度建设来保证预算监督效力的发挥,我国近年来借鉴国外的先进做法进行的部门预算制度、政府采购制度、国库集中收付制度等预算制度性改革,其目标就是要把"看不见的政府"变为"看得见的政府"。因为,只有看得见,公民才能进行有效的监督。

[专栏 1-1]　　　　　我国1998积极财政(预算)政策运行案例
——积极财政(预算)政策启动背景

1. 受东南亚金融危机的影响,出口受阻,内需不振

以1997年泰国政府宣布放弃联系汇率制为标志而爆发的东南亚金融危机,引出一浪又一浪的冲击波,到1998年已席卷了几乎整个亚洲,并扩展到俄罗斯,波及拉美,进而使欧洲和美国也受到影响。中国经济在此次危机中被评价为在亚洲表现最好,受影响最小。但到1998年,外贸的增长幅度明显放缓,并于5月出现负增长。

受金融危机影响,长期累积的结构性矛盾和体制性矛盾不断加剧,我国经济增长速度放慢。GDP增长率从1993年的13.5%回落到1997年8.8%的水平。同时物价水平持续负增长,不少专家学者认为是通货紧缩的表现。中国经济在经历了1992年的过热和此后的"软着陆"之后,在1997—1998年走到了"过剩经济"时期。

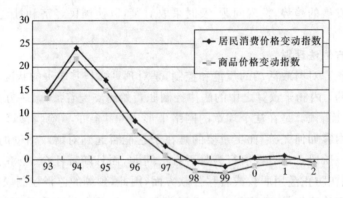

图1-1　1993—2002年商品价格变动情况

2. 国有经济战略性改组带来了大量的下岗分流人员和失业压力

在"软着陆"后需求不旺的宏观环境下,为了对国有企业维持必要的优胜劣汰压力,不再沿用过去的种种优惠和关照手段,而是采取积极措施促进企业的兼并重组乃至破产,于是出现了大量的下岗分流人员,一年约1 000余万人。缓解失业压力成为决策层和社会关注的重大问题。

3. 货币政策连续运用,但政策效果不够明显

1996年5月之后的两年多的时间里,中央银行先后多次降低存贷款利率,并在1998年初取消国有商业银行的贷款限额开支(改行资产负债比例管理和风险管理)、降低存款准备金率、颁布实行贷款支持的指导意见等等,以求扩大企业贷款需求、刺激投资,可以说,货币政策的连续、密集运用已"竭尽全力"。然而,迟迟没有产生足够明显的政策效果,其操作余地已经相对狭小。

积极财政(预算)政策实施内容

启动财政(预算)政策时,有关部门加紧研究了对原预算安排作出调整的方案,这一方案在1998年8月的全国人大常委会上提请审议并获得批准。积极财政(预算)政策由此开始实施。

(1)1998年积极财政(预算)政策的主要内容包括:①发行1 000亿元长期建设国债,加强基础设施建设;②国家财政发行2 700亿元特别国债,充实国有银行资本金;③调整税收政策,

清理整顿收费。在方式上以国债投资为主,以基础设施建设为投资方向。其特点是:以政府直接投资拉动总需求的增长,注意发挥地方和金融部门的积极性。

(2)1999年根据当年第二季度表现出来的固定资产投资增幅回落、出口下降、消费需求持续不振的情况,积极财政(预算)政策作了一定的调整:①发行1 100亿元长期国债继续扩大固定资产投资。②调整税收政策,刺激需求增长。主要措施包括:1999年内两次提高出口退税率,下半年减半征收固定资产投资方向调节税,从当年11月起对居民储蓄存款利息所得征收个人所得税等。③运用收入分配政策直接增加居民收入。重点是增加中低收入者的收入,包括适当提高社会保障"三条保障线"(国有企业下岗职工基本生活保障、失业保险金、城镇居民最低生活费),提高机关事业单位职工收入,适当提高离退休人员的待遇等。

(3)2000年财政(预算)政策的内容主要有:①继续发行1 500亿元建设国债进行固定资产投资;②落实停征固定资产投资方向调节税;③落实对符合条件的国产设备技术改造投资实行抵免新增企业所得税的政策;④加快社会保障体系建设,增加社会保障支出;⑤加大税费改革力度。

(4)2001年积极财政(预算)政策的要点:①发行1 500亿元长期建设国债用于投资;②继续运用收入分配政策,增加机关事业单位职工工资和离退休人员养老金;③调整多项税收政策,包括消费税、营业税等。当年财政政策的特点是:扩大西部开发投资,增加居民收入,调整税收政策,扩大消费。

(5)2002年积极财政(预算)政策的主要内容是:继续发行长期建设国债1 500亿元;加快社会保障体系建设,确保社会保障支出需要。在政策操作上注意与调整经济结构、深化体制改革、增加就业、改善人民生活和实现可持续发展结合起来,努力增加城乡居民特别是低收入群体的收入,以扩大和培育内需,实现效率和公平的统一。

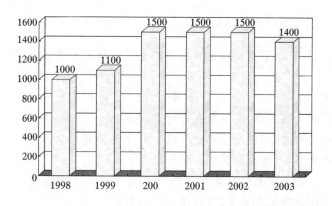

图1-2 长期建设国债发行情况(亿元)

积极财政(预算)政策实施成效

积极财政预算政策的实施使中国经济形势发生明显转机,对于经济持续增长发挥了不可磨灭的促进作用。首先是对GDP增幅的贡献率,据有关部门测算,积极财政预算政策对经济的拉动作用见下图。

积极财政预算政策的效果突出表现在以下几个方面:

(1)有效扩大了投资需求,促进了经济发展。1998年至2003年累计发行长期国债8 000

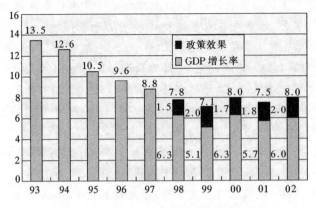

图 1-3　1993—2002 年 GDP 增长情况

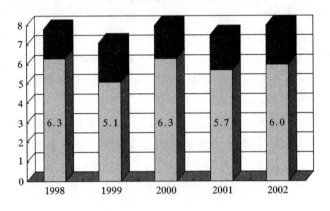

图 1-4　财政政策效果——拉动 GDP 增长情况

亿元,直接带动地方、部门和企业投入项目配套资金和安排银行贷款近万亿,对促进经济增长发挥了重大作用。

(2)集中力量建成了一批重大基础设施项目,办成了一些多年想办而未办成的大事。如治理大江大河、改善交通运输条件、改善粮食仓储设施等。

(3)加快了企业技术进步,促进了产业升级。利用国债资金实施了一大批技术改造、高科技产业化、装备国产化项目,有力地配合了国企改革工作。

(4)促进了地区生产力布局的调整和优化,推动西部大开发工作迈出了实质性步伐。

(5)加强了环境保护和生态建设,促进了可持续发展。

(6)改善了人民生产生活条件,促进了社会事业发展。

资料来源:根据《财政研究》2004 年第 1 期,江建平《积极财政政策:回顾分析选择》;《经济研究参考》2003 年第 81 期,何乘材《积极财政政策的回顾与思考》;《天津财税》2002 年第 5 期,贾康《我国 1998 年以来的积极财政政策及其效果评价》等整理。

思考提示:从我国 1998 年政府实施积极财政(预算)政策的案例中我们可以获得怎样的启迪?

[专栏 1-2]　　　　我国 2008 积极财政(预算)政策运行案例
——积极财政(预算)政策启动背景

1998 年我国为了应对亚洲金融危机引起的外需不畅、内需不振、经济滑坡、物价低迷、失业率上升等问题,决定实施积极的财政政策。2007 年 8 月美国次级贷款恶化在全球引起了一场金融风暴。美国的金融风暴随即影响到了美国的实体经济,直接造成我国的出口企业面临严峻形势,我国经济下滑、就业等问题突出。2008 年 11 月国务院常务会议决定对财政政策作出重大调整,实行积极的财政政策,这是继 1998 年我国为应对亚洲金融危机实施积极的财政政策之后,再次实施积极的财政政策,出台了十项更加有力的扩大内需的措施。

思考提示:查找资料并分析两次积极财政政策实施的背景是什么？两次积极财政政策的作用和方式有何异同？两次积极财政政策对我国经济运行产生了怎样的影响？

关键术语

政府预算　政府预算原则　年度平衡预算政策　功能财政预算政策
周期平衡预算政策　充分就业预算平衡政策

复习思考题

1. 如何理解政府预算的内涵？
2. 政府预算有哪些基本特征？
3. 如何理解现代预算制度产生的原因及意义？
4. 怎样认识政府预算的原则？
5. 政府预算政策手段有哪些类型？它们是如何发挥作用的？
6. 政府预算的职责功能有哪些？它们是如何发挥作用的？

第二章 政府预算管理的技术组织措施

政府预算管理的技术组织措施是政府预算管理的基础。它包括对预算形式的选择和对预算收支的分类。

自现代预算产生以来，出现了多种预算形式，按照不同的标准，可以将其分成不同的类别，每种预算形式都有其特点，每个国家都需要根据本国特点选择最适合本国国情的预算形式。预算形式的选择对于加强预算管理、提高财政资金使用效益、增强政府宏观调控能力有着至关重要的作用。

对政府预算收支进行科学的分类，涉及政府预算管理的各个环节、层次，关系预算管理的水平与质量。新中国成立以来，我国政府预算收支分类有过多次调整，2007年，我国再次对预算收支科目做出重大调整，这是我国政府预算管理制度的又一次深刻创新，对于进一步提高政府预算透明度，强化预算管理与监督，促进社会主义民主政治等，都具有十分重要的意义。

第一节 政府预算形式选择

政府预算作为财政收支计划，在技术操作上要解决的主要是两个问题：一是计划表格的安排；二是计划指标（数字）的确定。前者通常称为政府预算的形式，后者则是政府预算的内容。这里所说的预算组织形式指预算的技术组织形式，即指在同预算层次内的预算项目的划分、编列、分块、平衡和评估。也就是说这种预算组织形式是预算编制方法、结构和格式等表现预算内容的载体。

预算形式不仅要符合立法要求，而且还要满足决策者的需要。从预算形式的分类来看，有单式预算、复式预算、基数预算、零基预算、投入预算和绩效预算等等，选择科学合理的预算形式，是强化政府预算管理、提高政府支出效益的基本前提。

一、单式预算与复式预算

按照预算的组织形式划分，我们可以将预算分为单式预算和复式预算。

（一）单式预算

单式预算是传统的预算组织形式，其做法是在预算年度内，将全部的财政收入与支出汇集编入统一的总预算内，而不去区分各项或各种财政收支的经济性质。其优点是把全部的财政收入与支出分列于一个统一的预算表上，单一汇集平衡，这就从整体上反映了年度内政府总的预算收支状况，整体性强，便于立法机构审议批准和社会公众的了解与监督。此外，只要是收入项目，不管经济性质如何，一概列入"收入"栏内，只要是支出项目就一概列入"支出"栏内，简便易行,对政府部门的预算编制能力的要求也较低。但单式预算也有不足,即不能反映各项预算收支的性质,如资本性支出与一般性支出的区别,难以实现对支出项目和资金使用效益进行深入考察,不利于预算管理,也不利于体现政府在不同领域活动的性质与特点。

20世纪30年代之前,世界各国普遍采用单式预算的组织形式。当时各国信奉的是以亚当·斯密为代表的古典学派的经济理论。古典经济学派认为,市场机制这只"看不见的手"调节经济运行是最有效率的,而政府这只"看得见的手"对于经济的干预会导致资源配置的低效,所以他们坚决反对政府干预经济,主张缩小政府职能,压缩政府收支,力求预算平衡,避免赤字,谋求所谓的"廉价政府"、"健全财政"。可见,在当时的历史条件下,单式预算的组织形式完全可以满足预算管理的需要,对监督和控制政府的预算收支,维持预算平衡起着重要作用。

(二)复式预算

1. 复式预算的一般内容

复式预算是从单式预算演变发展而来的。其做法是在预算年度内,按照财政收支的经济性质,将全部的财政收入与支出汇集编入两个或两个以上的收支对照表,从而编成两个或两个以上的预算。常见的复式预算是把政府预算分成经常性预算和资本预算两个部分。经常性预算主要反映政府日常收支,收入以一般性税收为主要来源,支出主要用于国防、外交、行政管理等。经常性预算在性质上体现了政府为履行基本职责,提供公共产品所发生的消耗,这部分支出虽然不形成资本,但却是政府实现其职能必不可少的。而资本预算反映了政府在干预经济过程中的投资等活动,这部分支出可形成一定量的资本,在较长时间内为社会提供公共服务。资本预算的收入包括国有资产经营收益、资产处置收入、债务收入、经常预算结余转入等,支出有各类投资、贷款等。在性质上,资本预算收支体现了政府给予经济活动干预的广度和深度,所发生的支出不是社会财富的消耗,而是形成一定量的资本,可在较长时间内发挥作用。

20世纪30年代,经济大危机席卷了整个资本主义世界,为了挽救危机,复苏经济,资产阶级国家逐步放弃了"自由放任"的经济政策,纷纷推行凯恩斯主义。随着政府对经济活动干预程度的加深,政府活动范围扩大,预算支出也随之增加,正常的收入已经不能满足支出的需要,政府只有通过举债来弥补。由于举债收入是要偿还的,并且要支付利息,因此用债务收入安排的支出应该是有效益的项目,这样就有必要将政府的支出划分为一般性支出和有收益的资本性支出。另外,当时一些西方经济学家也逐步认识到,一国收入分配的变化与该国年度预算的规模以及支出结构关系极为密切,因而主张在长期的经济计划中应该将年度预算的内容作合理的安排,以减缓经济波动和促进经济增长。也就是说,在新的历史条件下,预算不仅是监督和控制政府收支的手段,而且还应当成为政府对国民经济进行宏观调控的重要手段。显然,传统的单式预算有很大的局限性,于是,复式预算便应运而生。

2. 西方国家的复式预算形式

目前,世界上实行复式预算制度的发达国家有英国、法国、意大利、日本、比利时、荷兰、瑞典、挪威、卢森堡、葡萄牙等国,发展中国家有印度、巴基斯坦、印度尼西亚、新加坡、韩国、以色列、伊拉克、科威特、沙特阿拉伯及80%以上的非洲国家。在不同的国家,复式预算有不同的名称和形式。

法国的复式预算制度,是把政府预算分为"经常性业务"和"临时性业务"两部分。经常性业务又称固定项目。这类收支是无偿的,它由总预算、专项账户和附属预算组成。总预算收入包括:税收、罚款收入、互助基金、财产收入、财政性摊派收入、国有企业上缴利润、贷款偿还收入和其他收入等。总预算支出主要包括：债务支出、国家直接投资、国家给予提供贷款的补助金、国家机关人员的工资和购置费等。专项账户是指一些事业项目，如电视、森林、公路、旅游等方面的收支账户。附属预算是指向社会提供商品或劳务的国家机构可另立的一个账目。目前附属预算包括：邮电、国家印刷、造币、农业社会补助、勋章会、航运和政府公报。临时性业务又称临时性项目。这类收支是有偿的，其账户有6种：专项账户、贸易账户、贷款账户、预付款账户、货币业务账户、与国外政府结算账户。

日本中央复式预算分为"一般会计预算"、"特别会计预算"和"政府关联机构预算"三大类。一般会计预算是管理中央政府的一般性财政收支，它以税收、国债收入等为来源，为中央政府的行政管理、社会保障、教育、公共投资等活动提供财力支持。在日本，通常情况下所讲的预算就是一般会计预算。特别会计预算是分类管理型事业预算。它包括五大类：

（1）事业特别会计预算。它是指经营特定事业的预算，如邮政事业特别会计预算，道路建设特别会计预算等。

（2）管理特别会计预算。它是由1956年之前的贸易特别会计转化而来的，是指从事特定产品、业务管理或调节供求关系的特别预算，如粮食管理和外汇资金特别会计预算等。

（3）保险特别会计预算。它是指管理政府社会保险业务的特别会计预算。

（4）融资特别会计预算。它是指管理中央政府融资贷款的特别预算。

（5）整理特别会计预算。它是指管理中央政府特殊资金的特别会计预算，如国债偿还基金特别会计预算等。

日本的政府关联机构预算，是指政府关联机构的财务预算。政府关联机构，是指依据法律设立的、中央政府提供全部资本金的法人，是经营事业、尤其是融资性业务的机构，如日本进出口银行、日本开发银行、日本开发银行、中小企业金融公库等。

英国的复式预算分为统一基金预算和国家借贷基金预算。统一基金预算相当于经常性预算，收入包括税收、社会保障收入、捐款、股息收入等，支出包括议会批准的日常支出和不经过议会批准的永久性支出；国家借贷基金预算相当于资本预算，收入主要包括国有企业及地方政府长期贷款的利息及贷款的回收资金、英格兰银行的发行局利润收入、统一基金的结余和国债利息收入，支出包括长期贷款、国债费用及统一基金转入的赤字等。

可见，各国的复式预算都有明显的国别特色。

3. 复式预算的优缺点

复式预算的优点在于区分了各项收入和支出的经济性质和用途，便于政府权衡支出性质，分别轻重缓急，做到资金使用的有序性，比较合理地安排使用各类资金，便于经济分析和科学的宏观决策与控制。

但是，复式预算也有不足，由于全部政府收支编入两个或两个以上的预算，在反映政府预算的整体性、统一性方面不如单式预算，有些收支在不同预算之间划分有一定困难。另外，复式预算也不能完全反映政府预算赤字的真正原因，在预算分为经常性预算和资本预算的条件下，财政赤字主要表现为资本性预算赤字，似乎财政赤字是因为政府经济建设类支出过多造成的，但现实并不完全如此。

二、基数预算与零基预算

按照预算的编制方法划分，我们可以将预算分为基数预算和零基预算。

(一)基数预算

基数预算又被称为增量预算,是指在安排预算年度收支时,以上年度或基期的收支为基数,综合考虑预算年度国家政策变化、财力增加额及支出实际需要量等因素,确定一个增减调整比例,据以测算预算年度有关收支指标,并编制预算的方法。基数预算的规模结构及各项收支指标,与上年度预算执行情况和计划年度社会经济发展趋势引起的各项收支变动因素密切相关。基数法是我国预算编制过程中常用方法之一。

基数法编制预算的优点,一是简便易行,在数据资料有限、工作人员知识水平较低、预算管理的科学性和规范性要求不高的条件下,可满足财政决策和预算编制的需要;二是预算中使用的各项指标具有连续性,既便于指标的确定又便于相关指标的比较,同时又有利于对某些要长期发展项目的持续性支持。

该方法的缺点,首先是收支基数的科学性、合理性难以界定。在实际工作中,往往以上年度实际数,或以前若干年度平均数为预算收支基数,以承认既得利益为前提,使以前年度不合理的收支因素继续延续;其次,基期各项收支指标成为刚性的维持性指标,项目之间的指标变动,在维持性指标规模内难以调整,各项收支指标规模的调整基本上限于发展性增量中调节,不利于政府对财政资金的统筹安排和合理使用,也不利于提高支出效益;再次,方法简单、粗糙。在预算编制中,年度国家政策变化、财力增加额及支出实际需要量等因素的分析,以及增减变化率确定,主要依靠预算编制人员的主观判断,主观随意性较大,缺乏准确的科学依据。

(二)零基预算

零基预算是指在编制预算时对预算收支指标的安排,根据当年政府预算政策要求、财力状况和经济与社会事业发展需要,以零为基点重新核定,而不考虑该指标以前年度收支的状况或基数。零基预算的基本特征是不受以往预算安排和预算执行情况的影响,一切预算收支都建立在成本效益分析的基础上,根据需要和可能来编制预算。

一般地说,零基预算贯穿四个步骤:

第一,定义基本"决策单元"。决策单元是零基预算的基本构成,是零基预算的起点。它可以是一个项目、一个机构下属单位或一个工程。在预算编制中,对于经常性的预算,基层组织作为"决策单元";如属重大的预算项目,则由地位较高的部门作为"决策单元"。

第二,建立项目的"决策包",也称"一揽子决策"。决策包描述了项目的活动和目标,计划者在追求这些目标时要考虑实现目标的不同方式和活动的不同层次的情况,就可能制定不同的决策包。决策包有最低标准的决策包、按以前年度的支出水平确定的决策包或者在以前年度基础上明显增加的决策包等。

第三,对决策包进行排序。部门官员应用成本效益分析方法,按照优先顺序对决策包进行排队,并在预算合并后统一排序。在较高层次上,官员们将各个部门提交的名单顺序合并成为政府的总体排序。高层单位将各代替方案与原拟的方案加以比较后,选出最佳的方法。

第四,有序地分配资金。对应于按顺序排列的项目,决策者实施资金分配直到现有资源用完为止。排列在较高级别的项目会优先获得资金。使用资金的单位,应对其所耗用的成本和绩效负责。

零基预算的优点在于不受现行预算执行情况的约束,预算编制有较大的回旋余地,对编制预算的各级单位赋予一定的权力,从而能够充分发挥各级管理人员的积极性和创造性,按照轻重缓急确定优先项目,使预算管理工作更符合节约和效益原则,防止出现预算收支结构僵化。

同时,零基预算也大大加强了主管部门和执行单位的责任感和成本意识。

零基预算也是有缺陷的,首先是在实际工作中,并不是所有的预算项目都能采用零基预算方法来编制,有一些支出项目在一定时期内是具有刚性的,如公务员的薪金支出,跨年度的基础设施投资支出,国债还本付息支出等等;其次,由于在政治、法律、技术上存在各种困难,在各国的零基预算实践中,对于大多数预算项目都不是真正从"零"开始编制的,只是在原有基数上做一些修正,比如,在美国,零基预算一般是从一个规定的最低水平开始的(例如,上一年预算拨款的 80%),管理者再将决策包集中起来,在这个最低水平的基础之上增加一定的数量(比如上年预算的 90%,100% 或 110%);再次,实行零基预算,要求每年对所有收支项目都进行审核,这需要消耗大量的人力、物力和财力,对于预算编制人员素质的要求也较高。

三、投入预算与绩效预算

按照预算编制的政策侧重点不同,我们可以将预算分为投入预算和绩效预算。

(一)投入预算

所谓投入预算是指预算编制、执行时主要强调严格遵守预算控制规则,限制甚至禁止资金在不同预算项目之间转移。投入预算的主要目的是使预算符合财务管理的要求,所以也称为合规性预算。即政府只需对公共资源的使用负责,而不是对资源的使用结果负责,政府预算资金按照国家法律法规所规定的用途去使用成为预算管理的中心目标。投入预算是对预算资金的投入进行预算,对预算执行过程的监控也着眼于投入方面,而预算中安排的投入取得的结果,并不是预算需要特别关注的方面。在投入预算下,每一个支出部门、支出单位、支出项目安排多少预算,每一笔预算资金用来做什么,每个项目上花多少钱都是根据一定的标准定额确定的,且这些标准定额具有强制性。所以有助于对支出的控制,确保各支出项目的进行。至于预算执行中公共资源的使用产生了什么结果,以及结果怎样,并不计算和考核。因此,投入预算强调的是服从而不是效率,而在公共资源普遍稀缺的情况下,无法体现预算资金的使用效率。同时,投入预算也可能产生各级政府在投入管理方面的过度集权,使得部门对于预算资金的运作和管理缺乏必要的自主性和灵活性。

(二)绩效预算

1. 绩效预算的定义

对绩效预算的定义可以追溯到 1950 年美国总统预算办公室的定义:"绩效预算是这样一种预算,它阐述请求拨款是为了达到何种目标,为实现这些目标而拟定的计划需要花费多少钱,以及用哪些量化的指标来衡量其在实施每项计划的过程中取得的成绩和完成工作的情况。"美国国家绩效评估委员会将绩效预算定义为"使命驱动、结果定位的预算"。这里,我们将其定义为:一种强调预算投入与产出关系,通过成本—效益分析,决定支出项目是否必要及其金额大小的预算形式。具体说,就是有关部门先制定所要从事的事业计划和工程计划,再依据政府职能和施政计划选定执行实施方案,确定实施方案所需的支出费用所编制的预算。

2. 绩效预算的产生与发展

绩效预算是美国政府于 1949 年首次提出的一种预算方法。1951 年美国联邦预算局据此编制了基于政府职能的联邦政府预算,第一次明确使用了"绩效预算"概念。但由于当时缺乏相应的理论支撑和合理的技术方法,因而绩效预算一直处于摸索之中。

绩效预算的真正广泛实施必须以财政支出绩效评价方法的推广应用作为支撑。美国推行财政支出绩效评价在世界上处于领先地位,1993年就颁布了相关法律,并就绩效评价的目的、标准、程序以及具体指标做出规定。此后,美国所有的联邦政府部门都制定了绩效目标并评估其实现绩效目标的结果,同时制定了长期战略规划、年度绩效计划和年度绩效报告。在州政府层次,绩效评价与绩效管理也得到广泛开展,到20世纪90年代中期,美国50个州中有47个建立了绩效评价与绩效管理制度,83%的州政府部门和44%的城市政府建立了绩效评价制度,65%的州政府部门和31%的城市政府建立了评估产出或结果的绩效指标。虽然经过多年的实践,但据美国联邦政府OMB(Office of Management and Budget)提供的资料,在2002年美国政府曾就各部门的执行状况进行了一次以所谓"五个核心标准"为指标的专项评估,结果显示,26个部和相关独立机构中没有一个能全部达标;4个部门大部分达标,其余22个部门因为各种原因未能合格。这充分说明,财政支出绩效评价要达到预期的理想效果需要经历一个相当长的过程,同时也需要相当多的辅助工具。

目前,世界上有近50个国家采用了绩效预算。除美国外,过去20余年间,其他一些西方国家,如英国、瑞典、加拿大、法国等国也纷纷对其预算管理制度进行了改革,建立了以计划为中心、以成本—效益为考核标准的预算制度。

3. 绩效预算的三要素

绩效预算要求政府每笔支出必须符合绩、效、预算三要素的要求。

(1)绩——指请求财政拨款所要达到的目标,这些目标应当尽量量化,并以此来编制预算。

(2)效——指用哪些具体指标来衡量财政支出完成以后取得的成绩和完成工作的情况。其中,有些指标是可以具体量化的。例如,对学校的拨款应当以其在校学生的数量为依据,而不是以教师人数为依据,这仅仅是其效果的一个方面;另一方面,还应当考核其非量化指标,例如,学生素质的提高情况。即使那些非量化指标,也应尽可能加以指标化。效的考核是对于该部门拨款评价的依据,也是对部门工作的考核提供依据,避免只拿钱,不办事的情况出现。

(3)预算——指政府应当对这一支出项目拨款额是多少,这部分预算的编制应当和绩效挂钩。具体地说,它可以分为两种情况来处理:第一种,凡是可以用实物量指标来衡量其业绩的,按取得这一业绩的单位成本,加上某些变动因素确定;第二种,若不能用实物量指标来衡量其业绩的,则政府制定某些统一标准来确定。例如,日本政府对于警察的预算,就规定了都、道、县、府的地区类别,各地区每万人应当配备的警察数量,以及各地区警察的经费标准等。变动因素包括各类案件的结案率、接案反应的平均时间、群众对于警察提供服务的满意率等指标。

[专栏2-1] **美国绩效预算案例**

1993年,美国颁布《政府绩效与成果法》,成立国家绩效评估委员会及全国政府重塑伙伴关系办公室,副总统戈尔担任主任,领导这次政府改革,目的是要保证改革取得预期效果,实现预期目标。

根据《政府绩效与成果法》,政府绩效管理内容包括战略目标、年度计划、绩效评估和持续性管理,每一部分都必须有详细陈述,都必须能够量化考核,细微程度非同一般,其陈述的内容主要是使命(职责)、总目标、绩效目标(可以量化),最终由美国总审计署根据《政府绩效与成果法》确定"审查指南",提出若干关键问题进行审查,以确认是否实现了绩效目标。

以美国交通部政府绩效管理为例,可以说明一些问题。美国交通部战略目标是"更安全的交通",包括:

(1) 高速公路安全目标——2008年以前,高速公路事故死亡率降低到亿分之1(即车辆平均行使每1亿英里发生事故死亡1人次),大型货运卡车重大事故死亡率降低到亿分之1.65。

(2) 航空运输安全目标——2008年以前,商业航空运输重大事故率降低到百万分之0.1(即每百万次起落发生重大事故0.1次),重大事故降低到每年325次以下。

(3) 铁路运输安全目标——2008年以前,铁路运输事故和意外中断率降低到每百万英里16.14。

(4) 市内交通安全目标——2008年以前,市内交通安全事故死亡率降低到亿分之0.488(即乘客平均乘坐1亿英里发生事故死亡0.488人次)。

(5) 管道运输安全目标——2008年以前,天然气和有害液体运输管道的总事故数降低到每年307次。

对应于上述战略目标,美国交通部将其按年效进行分解,并逐年考核,以评定政府绩效。比如2002年,交通部的绩效状况是,上述战略目标5类共11项年度指标中,6项实现,5项未实现。

上述案例清楚地说明,美国实施政府绩效管理的目标明确、清晰,从大目标到小目标,由宏观到微观,由原则到具体,由战略目标到年度目标,有一般要求,有可测度指标,绩效如何一目了然。而且,从系统性和连续性来看,阶段性特征明显,表现为一个持续的绩效管理过程,具有不断的改进性和进步性特点。

资料来源:靳万军:美国政府的绩效管理,《中国改革(综合版)》2006年第3期

[专栏2-2]　　　　　　　　美国政府绩效与成果法
1993年1月5日美国第103次国会通过

为联邦政府制定战略规划和绩效评估以及其他目的,由美国国会参议院和众议院通过生效。

第一部分　名称

本法案的名称为:《1993政府绩效与成果法》

第二部分　发现和目的

一、发现——国会有如下发现

(一)由于在联邦项目中的浪费和效益低下,不仅破坏了美国人民对政府的信心,而且削弱了联邦政府满足公众最基本需要的能力;

(二)由于项目目标不够清晰以及有关项目绩效的信息不够充分,联邦政府管理者在改进项目成果和效率方面很不得力;

(三)由于没有充分重视项目的绩效和成果,国会的政策制定、支出决策以及项目的考察都存在着严重的缺陷。

二、目的——本法案的目的是

(一)通过制度使联邦部门负责任地达到项目成果,以提高美国人民对联邦政府的信心;

(二)启动项目绩效改革,在设定项目目标、按照目标衡量项目的绩效、公开报告进度方面采取一系列试点措施;

(三)将重点放在关注成果、服务质量和用户的满意度,改善联邦项目的效果和公开性;

(四)通过要求制定项目目标计划和为其提供有关项目成果和服务质量的信息,帮助联邦

管理者改进所提供的服务；

(五)提供更多关于达到法定目标方面的信息,以及有关联邦项目和支出成效及效率方面的信息,改善国会的政策制定；

(六)改进联邦政府的内部管理。

第三部分　战略规划

美国第 5 号法律将在第 3 章第 305 条之后增加新的条款：

第 306 条　战略规划

(a)各部门负责人应于 1997 年 9 月 30 日之前向预算和管理办公室主任和国会呈交项目行动的战略规划。该规划包括：

(1)涵盖该部门主要职能和工作的综合任务陈述书；

(2)为完成该部门主要职能和工作的总目标和具体指标,包括与目标和指标有关的成果；

(3)如何完成这些目标和指标的说明,包括为达到目标和指标的工作进度、手段和技术、人力、资本、信息以及其他所需资源的说明；

(4)关于 31 号法案第 1115(a)条所要求计划的绩效目标如何与战略规划中的总目标和具体指标相联系的说明；

(5)指出部门外部的和无法控制的、但能对总目标和具体指标结果产生重大影响的关键因素；

(6)说明为制定和修改总目标和具体指标而进行的项目评估,和未来项目评估的时间表。

以下(b)、(c)、(d)、(e)、(f)等条款略。

第四部分　年度绩效计划和报告

一、美国法律 31 号法案第 1115(a)条——预算内容和提交,应在结尾处增加如下新的段落：

(29)从 1999 财政年度开始,与总预算相关的联邦政府绩效计划按第 1115 条规定提供。

二、美国法律 31 号法案第 11 章在第 1114 条后增加新的条款——绩效计划和报告：

第 1115 条　绩效计划

(a)在执行 1105(a)(29)条款时,预算和管理办公室主任应要求各部门准备包括执行该部门预算的各项目行动的年度绩效计划,该计划应达到：

(1)设定绩效目标并确定通过项目行动所要达到的绩效水平；

(2)将这些目标用客观的、数量化的、可衡量的方式来表达,除非在条款(b)中授权可以通过其他方式表达；

(3)简要说明为达到绩效目标所需的运作程序、手段和技术,以及人力、资本、信息和其他资源；

(4)制定在衡量或评估各项目的产出、服务水平和成果时所使用的绩效指标；

(5)提出一个可以与所制定的绩效目标进行比较的基准；

(6)说明用于检验和验证衡量绩效价值的手段；

以下(b)、(c)、(d)、(e)等条款略。

(f)本条及 1116 条至 1119 条,还有 9703 条和 9704 条中的词汇解释：

(1)"部门"与 5 号法令 306 条(f)中的定义相同；

(2)"成果衡量"指的是对项目行动的成果对照其目标进行评估；

(3)"产出衡量"指的是能够通过定量或定性的方式表示的行动或工作的图表、计算或记录;

(4)"绩效目标"指的是以切实的、可衡量的指标表示的绩效目标水平,能够依此对实际成果进行对比,包括以数量指标、价值或比例表示的指标;

(5)"绩效指标"指的是用于衡量产出或成果的具体价值或特定指标;

(6)"项目方案"指的是美国政府年度预算中所列出的项目和拨款安排的具体行动或方案;

(7)"绩效评估"指的是通过客观衡量和系统分析,对联邦政府项目发挥作用的方式和程度进行评估。

1116条 项目绩效报告

(a)在2000年3月31日之前,以及之后各年度的3月31日之前,各部门负责人应准备并向总统和国会提交上一财年的项目绩效报告。

(b)(1)每份项目绩效报告应列出根据1115条制定的部门绩效计划中的绩效指标,并将项目实际达到的绩效与该财年计划中所表述的绩效目标进行比较;

(2)如果绩效目标是根据1115(b)条以其他替代方式表示的,应说明该项目的成果与这些替代指标的关系,包括该项目是否没有达到最起码是有效的或成功的标准。

(c)2000财年的报告应包括上一财年的实际结果,2001财年的报告应包括上两个财年的实际结果,相应地,2002财年的报告应包括上三个财年的实际结果。

(d)各报告应作到:

(1)检查是否达到了本财年的绩效目标;

(2)对比报告财年完成绩效目标的情况,评估当前财年的绩效计划;

(3)解释和说明在哪些方面没有达到绩效目标(包括对那些采用替代方式进行衡量的项目):

(A)为什么没有达到目标;

(B)为达到绩效目标而制定的计划和进度表;

(C)如果绩效目标不切实际或不可行,为什么要这样制定,以及应采取什么措施;

(4)说明根据本法案9703条为达到绩效指标放宽了哪些权限和评估的作用;

(5)包括对那些报告财年中已完成评估的项目的发现进行概括说明。

以下(e)、(f)等条款略。

第五部分 管理责任和机动权

一、美国法律第31号第97章,在9702条之后增加以下新的条款——管理责任和机动权

9703条 管理责任和机动权

(a)自1999财年开始,1115条要求的绩效计划中可以包括,对为达到绩效目标返还给具体个人或组织的托付责任,放宽行政程序要求和控制,这包括具体的员工结构、补贴和薪酬的限制,以及禁止或限制资金在预算科目之间进行调剂的限制,这里指的是按1105条提交的各年度预算中的第20类和第11,12,31,32分类科目。在按照1105(a)(29)条准备和提交绩效计划过程中,管理和预算办公室主任将审查并可以批准关于权力下放的建议。权力下放将在批准的财年开始时生效。

(b)条(a)中提出的建议,要对因扩大了管理者和组织的机动权和自主决策权而对绩效成果可能产生的影响进行说明,并对因放宽控制而预期能提高的绩效成果进行量化说明。预期

提高的成果要与现行的实际绩效进行比较,应具体到各方案因放权所能独立达到的绩效水平。

(c)任何关于放宽对补贴和薪酬限制的建议均应准确说明补贴和薪酬资金数额的变动,例如在完成、超过或未完成绩效目标时得到的奖金或奖品。

(d)任何执行部门(除制定要求的部门或管理和预算办公室外)不能在绩效计划中包括关于放宽程序要求或控制的建议,除非该建议已得到制定要求的部门认可,且已经包括在该部门的绩效计划之中。

(e)权力下放的有效期按管理和预算办公室主任批准的,为一年或二年,其后可以进行更新,在连续实行三年之后,除了关于补贴和薪酬的限制权,可以在按1115条准备的绩效计划中建议将该权力永久下放。

(f)根据本条的目的,执行1115(f)条款的定义。

第六部分 试点方案

一、美国法律第31号第11章,在1117条之后增加以下新的条款(如本法案第4条所增加的)——绩效计划和报告

1118条 绩效目标的试点方案

(a)管理和预算办公室主任在与各部门负责人协商之后,应指定10个以上部门作为1994~1996财年绩效衡量的试点方案,被选上的部门应在政府职能和项目绩效衡量、报告的能力方面具有代表性。

(b)指定的试点部门应针对本部门的一项或多项职能和工作,按照1115条款准备绩效计划,按照1116条款[除1116(c)外]准备项目绩效报告,在制定部门一年或多年试点期的绩效计划时应运用战略规划。

(c)管理和预算办公室主任应在1997年5月1日之前向总统和国会提交一份报告,内容包括:

(1)评价试点部门按"1993年政府绩效和成果法"要求所准备的计划和报告,其受益、成本和有用性;

(2)找出试点部门在准备计划和报告时遇到的主要困难;

(3)提出对于"1993年政府绩效与成果法"有关条款、5号法案第306条,以及本法案1105,1115,1116,1117,1119,9703条以及本条的修改建议。

二、美国法律第31号第97章,在9703条之后增加以下新的条款(如本法案第五条所增加的)——管理责任和机动权

9704条 管理责任和机动权的试点方案

(a)管理和预算办公室主任应指定不少于5个部门作为1995,1996财年管理责任和机动权的试点,入选部门应从按1118条试点的部门中选择,并应在政府职能和项目绩效衡量、报告的能力方面具有代表性。

(b)入选部门的试点方案应包括根据9703条提出的一至多项对本部门职能和工作的权力下放建议。

(c)管理和预算办公室主任应按照1118(c)条款的要求,在向总统和国会的报告中包括:

(1)对由于权力下放,扩大了管理者和组织的机动权和自主决策权从而改善了绩效的好处、成本和有用性进行评估;

(2)找出试点部门在准备放权建议时遇到的主要困难;

(d)根据本条的目的,执行1115(f)条款的定义。

三、美国法律第31号第11章,在1118条之后增加以下新的条款(如本法案第6条所增加的)——绩效预算:

1119条 绩效预算的试点方案

(a)管理和预算办公室主任在与各部门负责人协商之后,应指定不少于5个部门作为1998,1999财年绩效预算的试点,其中至少应有3个部门要从按1118条进行试点的部门中选择,并应在政府职能和项目绩效衡量、报告的能力方面具有代表性。

(b)指定部门的试点方案应包含绩效预算的准备工作。该预算应在部门的一项或多项职能和工作方面代表绩效的各种不同水平,包括与成果相关的绩效,它将会因预算数额的不同而变化。

(c)1999财年,管理和预算办公室主任按1105条款提交的预算报告,应包括指定试点部门该年度的绩效预算。

(d)管理和预算办公室主任应在2001年3月31日之前向总统和国会转交一份绩效预算试点方案,它将包括:

(1)评价在按1105条提交的年度预算中包括绩效预算的部分是否可行与明智;

(2)说明试点部门在准备绩效预算时遇到的主要困难;

(3)就立法以及任何立法的总条款中是否应要求实行绩效预算提出意见;

(4)提出对于"1993年政府绩效与成果法"的其他要求、5号法案第306条,以及本法案1105,1115,1116,1117,1119,9703条以及本条的修改建议。

(e)在收到按(d)条所作的报告后,国会可以将所提交的绩效预算指定为根据1105条提交的年度预算的一部分。

第七部分 美国邮政服务(略)

第八部分 国会的监督和立法

一、概括地说,本法案对国会设置、修改、延迟或废除绩效目标的权力没有任何限制,所有这方面行动都将有效地替代按美国法律31号1105(a)(29)条提交的计划目标。

二、审计总署的报告——美国总审计长应在1997年6月1日之前向国会报告本法案的执行情况,包括根据1118条和美国法律31号9704条纳入试点方案之外的联邦部门预期的执行情况。

第九部分 培训

人事管理办公室应与管理和预算办公室主任及美国总审计长进行磋商,为其管理培训项目开办以制定战略规划和进行绩效评估为内容的培训班,同时应使管理者们树立开发和利用战略规划和项目绩效评估的理念。

第十部分 法案的实施

本法案的任何条款及修改都不能被解释为:

(1)给了任何非政府官员或雇员权力、特权、受益或授权使他们照本法案执行,或使任何非政府官员或雇员有权力、特权、受益或授权在美国法庭上坚持本法案的任何条款或修改;

(2)替代任何法定的要求,包括美国第5号法律第553条的要求。

第十一部分 修改的技术问题和再次确认(略)

资料来源:http://www.whitehouse.gov/

第二节 政府预算形式的发展变化

最初的政府预算形式是十分简单的,政府将财政收支数字按一定程序填入特定的表格,政府预算也就形成了。因此,通常将政府预算称为政府收支一览表。但随着经济发展与社会进步,需要政府提供的公共产品规模不断增加,结构日趋复杂,政府职能相应拓展,政府预算的形式也经历了由简单到复杂,由低级到高级的发展过程,特别是在现代信息技术推动下,预算形式得到了迅速发展。

20世纪90年代以来,随着社会主义市场经济体制基本框架的逐步建立,为适应国家职能的转变和政企分开的需要,作为财政体制改革的一项重要配套改革措施,我国的单式预算制度开始在借鉴西方国家预算制度的基础上,试行复式预算制度。同时,财政支出的绩效问题也越来越受到社会公众的关注,传统的投入预算已不能满足需求,推动绩效预算的实施势在必行。

一、由单式预算向复式预算转变,加强预算的监督管理职能

实行复式预算,将经常性支出与发挥政府调节职能的资本性支出分开,在保证经常性支出需要,满足政府一般职能发挥的前提下,使政府能根据宏观经济的要求,通过资本预算发挥起调控职能。正是由于这一需要,在20世纪初,西方主要国家就完成了由单式预算向复式预算的制度变迁。就我国而言,在现阶段实行复式预算制度具有其客观必然性。

(一)实行复式预算的客观必然性是由单式预算的缺陷和复式预算的优点所决定的

单式预算不利于对复杂的财政活动进行深入的分析与管理,特别是随着市场经济的发展与财政活动的日趋复杂,单式预算弊病愈益明显;它提供假象,不能反映政府赤字的内容、原因和本质,不利于宏观经济的正确决策,容易将临时性收入作经常性支出安排,人为地抬高支出基数,加剧供求不平衡的矛盾。而实行复式预算则可克服上述弊端,客观地反映财政收支对比状况,表明财政的承受能力,为国家实行正确的宏观决策提供可靠的依据,有利于控制投资规模,提高投资效益等。

(二)实行复式预算的客观必然性也是由社会主义国家的双重身份所决定的

社会主义国家是以生产资料公有制为基础的,既是政权组织,又是全民所有制生产资料所有者的代表,政府具有社会管理和国有资产管理的双重职能。这就决定了在现实经济生活中社会主义国家必须以两种不同的身份出现。作为社会管理者的国家,它所支配的资金应属"公共财政"范围,而作为国有资产所有者,它所支配的资金应属"国有资产管理"范围。两种资金的性质是有差别的,因此根据资金性质的不同分列预算,可以防止不同性质的资金互相挤压。从更深层次来说,有利于适应计划经济体制向市场经济体制政府职能的转变,促进政企分离。为此,也可以说,实行复式预算是社会主义市场经济体制的客观需要。

需要附带指出的是,20世纪70年代后期,一些发达国家陆续停止了将预算划分为经常性预算和资本预算的做法,不再使用复式预算。这是有其原因的,其中最主要的原因是这些国家国有企业的规模不断缩小。而我国作为社会主义国家,国有经济在社会经济中占主导地位,针对国有经济的特点单列国有资产经营预算是必要的。我们借鉴西方国家的有益做法,应该结合国情,不能盲目地跟随西方国家的变化而变化。

1991年,我国颁布的《国家预算管理条例》中规定:自1992年起,我国财政实行复式预算

制度。1995年1月1日实施的《中华人民共和国预算法》第26条正式以法的形式规定:"中央预算和地方政府预算按照复式预算编制。"1995年11月2日国务院第37次常务会议通过的《中华人民共和国预算法实施条例》第20条又进一步规定:"各级政府预算按照复式预算编制,分为政府公共预算、国有资产经营预算、社会保障预算和其他预算。"

我国于1992年开始试行的复式预算包括经常性预算和建设性预算两个组成部分。国家以社会管理者身份取得的一般收入和用于维护政府活动的经常费用,用于保障国家安全和稳定、发展教育科学卫生等各项事业以及人民生活等方面的支出,编入经常性预算。国家以资产所有者身份取得的收入以及国家特定用于建设方面的某些收入和直接用于国家建设方面的支出,列为建设性预算。

按照《中共中央关于建立社会主义市场经济若干问题的决定》中提出的规范复式预算制度的精神,应重新划分政府的复式预算结构,可以将政府预算划分为政府公共预算、国有资产经营预算、社会保障预算以及其他预算四个部分。

政府公共预算是国家以政治权力和社会管理者身份取得的收入和用于维持政府公共活动、保障国家安全和社会秩序、发展各项社会公益事业支出的预算。公共预算以税收为主要形式筹集资金。公共预算支出可以解决市场资源配置所不能解决的问题,以满足公共需要。公共预算支出主要包括三大块:国家政权建设支出、社会文教事业支出、城市维护和公益性项目投资支出等。公共预算不能有赤字。

国有资产经营预算是国家以国有资产经营者身份取得的收入和其他收入进行的投资及国有资产经营支出的预算。进行经济建设发行的债务收入和用于经济建设方面的支出也列作该预算。国有资本经营预算支出主要包括:工业、交通、能源、水利、城建等部门的基础性项目投资;国有企业流动资金支出、国有企业挖潜改造支出、国有企业科技三项费用支出、国有企业亏损补贴支出、国有企业贷款贴息支出和国内外债务还本支出等。在正常收入不足的情况下,该预算单元可以举债。

社会保障预算是国家以法律和行政性手段筹集并管理的社会保障收入及以此项收入安排支出的特定预算。其支出主要用于:社会保险基金的相应支出,离退休支出,下岗职工生活补贴支出,社会优抚、福利、救济等支出。

二、由投入预算向绩效预算转变,提高财政资金使用效益

绩效预算是市场经济条件下政府管理模式发展到一定阶段,进一步加强公共支出管理,提高财政资金有效性的客观选择。绩效预算不仅是预算方法的一种创新,而且是政府管理理念的一次革命。绩效预算将政府预算建立在可衡量的绩效基础上,强调的是"结果导向",或者说强调的是责任和效率,增强了预算资源分配与政府部门绩效之间的联系,有助于提高财政支出的有效性。

与传统的投入预算相比,绩效预算具有如下优点:

(一)从追求合规到追求成果

传统的预算强调的是合规性,也就是"预算资金的取得和使用是否符合规定"。诚然,合规性即遵守各种财经纪律是预算管理的一项重要目标,但是公共支出的根本目标不在于此,而在于如何最大程度地促进公共利益。因此必须追踪的问题是公共资金的使用到底取得了什么样的成果,而不是只重视控制投入的合规性。

(16)红十字事业。红十字事业反映政府支持红十字会开展红十字社会公益活动等方面的支出,分设行政运行、一般行政管理事务、机关服务、其他红十字事业支出等4项。

(17)其他社会保障和就业支出。其他社会保障和就业支出反映除上述项目以外其他用于社会保障和就业方面的支出。

9. 社会保险基金支出

这里需要说明的是,在将社会保险基金包括在内统计政府支出时,应将财政对社会保险基金的补助以及由财政承担的社会保险缴款予以扣除,以免重复计算。本类分设以下6款:

(1)基本养老保险基金支出。基本养老保险基金支出反映单位基本养老保险基金支出,分设基本养老金、医疗补助金、丧葬抚恤补助、其他基本养老保险基金支出等4项。

(2)失业保险基金支出。失业保险基金支出反映失业保险基金支出,分设失业保险金、医疗保险金、丧葬抚恤补助、职业培训和职业介绍补贴、其他失业保险基金支出等5项。

(3)基本医疗保险基金支出。基本医疗保险基金支出反映城镇职工基本医疗保险基金支出,分设基本医疗保险统筹基金、医疗保险个人账户基金、其他基本医疗保险基金支出等3项。

(4)工伤保险基金支出。工伤保险基金支出反映工伤保险基金支出,分设工伤保险待遇、其他工伤保险基金支出等2项。

(5)生育保险基金支出。生育保险基金支出反映生育保险基金支出,分设生育保险金、其他生育保险基金支出等2项。

(6)其他社会保险基金支出。其他社会保险基金支出反映除上述项目以外用其他社会保险基金安排的支出。

10. 医疗卫生

医疗卫生分设以下10款:

(1)医疗卫生管理事务。医疗卫生管理事务反映卫生、中医等管理事务方面的支出,分设行政运行、一般行政管理事务、机关服务、其他医疗卫生管理事务等4项。

(2)医疗服务。医疗服务反映政府举办的各级各类医院的支出,分设综合医院、中医医院、传染病医院、口腔医院、精神病医院、其他专科医院、福利医院、行业医院、处理医疗欠费、其他医疗服务支出等10项。

(3)社区卫生服务。社区卫生服务反映用于社区医疗卫生服务方面的支出,分设社区公共卫生服务、社区卫生专项、其他社区卫生服务支出等3项。

(4)医疗保障。医疗保障反映用于医疗保障方面的支出,分设行政单位医疗、事业单位医疗、公务员医疗补助、优抚对象医疗补助、城市医疗补助、农村合作医疗、农村医疗补助、其他医疗保障支出等8项。

(5)疾病预防控制。疾病预防控制反映疾病预防控制方面的支出,分设疾病预防控制机构、突发公共卫生事件应急处理、重大疾病预防控制、其他疾病预防控制支出等5项。

(6)卫生监督。卫生监督反映卫生监督执法方面的支出,分设卫生监督机构、卫生监督专项、其他卫生监督支出等3项。

(7)妇幼保健。妇幼保健反映妇幼保健方面的支出,分设妇幼保健机构、妇幼保健专项、其他妇幼保健支出等3项。

(8)农村卫生。农村卫生反映农村卫生方面的支出,分设乡镇卫生院、农村卫生专项、其他农村卫生支出等3项。

(9)中医药。中医药反映中医药方面的支出,分设中医(民族医)药专项、其他中医药支出等 2 项。

(10)其他医疗卫生支出。其他医疗卫生支出反映除上述项目以外其他用于医疗卫生方面的支出。

11. 环境保护

环境保护分设以下 10 款:

(1)环境保护管理事务。环境保护管理事务反映政府环境保护管理事务支出,分设行政运行、一般行政管理事务、机关服务、环境保护宣传、环境保护法规、规划及标准、环境国际合作及履约、环境保护行政许可、其他环境保护管理事务支出等 8 项。

(2)环境监测与监察。环境监测与监察反映政府环境监测与监察支出,分设环境监测与信息、环境执法监察、建设项目环评审查与监督、核与辐射安全监督、其他环境监测与监察支出等 5 项。

(3)污染防治。污染防治反映大气、水体、噪声、固体废弃物、放射性物质等方面的污染治理支出,分设大气、水体、噪声、固体废弃物与化学品、放射源和放射性废物监管、辐射、排污费支出、其他污染防治支出等 8 项。

(4)自然生态保护。自然生态保护反映生态保护、生态修复、生物多样性保护、农村环境保护和生物安全管理等方面的支出,分设生态保护、农村环境保护、其他自然生态保护支出等 3 项。

(5)天然林保护。天然林保护反映专项用于天然林资源保护工程的各项补助支出,分设森林管护、社会保险补助、政策性社会性支出补助、职工分流安置、职工培训、天然林保护工程建设、其他天然林保护支出等 7 项。

(6)退耕还林。退耕还林反映专项用于退耕还林工程的各项补助支出,分设粮食折现挂账贴息、退耕现金、退耕还林粮食折现补贴、退耕还林粮食费用补贴、退耕还林工程建设、其他退耕还林支出等 6 项。

(7)风沙荒漠治理。风沙荒漠治理反映用于风沙荒漠治理方面的支出,分设京津风沙源禁牧舍饲粮食折现补助、京津风沙源治理禁牧舍饲粮食折现挂账贴息、京津风沙源治理禁牧舍饲粮食费用补贴、京津风沙源治理工程建设、其他风沙荒漠治理支出等 5 项。

(8)退牧还草。退牧还草反映退牧还草方面的支出,分设退牧还草粮食折现补贴、退牧还草粮食费用补贴、退牧还草粮食折现挂账贴息、其他退牧还草支出等 4 项。

(9)已垦草原退耕还草。已垦草原退耕还草反映已垦草原退耕还草方面的支出。

(10)其他环境保护支出。其他环境保护支出反映除上述项目以外其他用于环境保护方面的支出。

12. 城乡社区事务

城乡社区事务分设以下 10 款:

(1)城乡社区管理事务。城乡社区管理事务反映城乡社区管理事务支出,分设行政运行、一般行政管理事务、机关服务、城管执法、工程建设标准规范编制与监管、工程建设管理、市政公用行业市场监管、国家重点风景区规划与保护、住宅建设与房地产市场监管、执业资格注册、资质审查、其他城乡社区管理事务支出等 11 项。

(2)城乡社区规划与管理。城乡社区规划与管理反映城乡社区、名声风景区、防灾减灾、历史名城规划制定与管理等方面的支出。

(3)城乡社区公共设施。城乡社区公共设施反映城乡社区道路、桥涵、供水、排水、燃气、供暖、公共交通(含轮渡、轻轨、地铁)、道路照明等公共设施建设维护与管理方面的支出。

(4)城乡社区住宅。城乡社区住宅反映城乡社区廉租房规划建设维护、住房制度改革、产权产籍管理、房地产市场监督等方面的支出,分设公有住房建设和维修改造支出、廉租住房支出、其他城乡社区住宅支出等3项。

(5)城乡社区环境卫生。城乡社区环境卫生反映城乡社区道路清扫、垃圾清运与处理、公厕建设与维护、园林绿化等方面的支出。

(6)建设市场管理与监督。建设市场管理与监督反映各类建筑工程强制性和推荐性标准及规范的制定与修改、建筑工程招投标等市场管理、建筑工程质量与安全监督等方面的支出。

(7)政府住房基金支出。政府住房基金支出反映政府住房基金安排的支出,分设管理费用支出、廉租住房支出、购房补贴支出、住房专项维修资金、其他政府住房基金支出等5项。

(8)土地有偿使用支出。土地有偿使用支出反映用土地出让金、新增建设用地有偿使用费等土地有偿使用收入安排的支出,分设前期土地开发支出、土地出让业务费用、城市建设支出、土地开发支出、农业土地开发支出、耕地开发专项支出、其他土地有偿使用支出等7项。

(9)城镇公用事业附加支出。城镇公用事业附加支出反映用城镇公用事业附加收入安排的支出。

(10)其他城乡社区事务支出。其他城乡社区事务支出反映除上述项目以外其他用于城乡社区事务方面的支出。

13.农林水事务

农林水事务分设以下7款:

(1)农业。农业反映财政用于种植业、畜牧业、渔业、兽医、农机、农垦、农场、农业产业化经营组织、农村和垦区公益事业、农产品加工等方面的支出,分设行政运行、一般行政管理事务、机关服务、农业事业机构、农垦、技术推广、技能培训、病虫害控制、农产品质量安全、执法监管、信息服务、农村及农业宣传、农业资金审计、对外交流与合作、耕地地力保护、草原草场保护、渔业及水域保护、农业资源调查和区划、灾害救助、稳定农民收入补贴、农业结构调整补贴、农业生产资料补贴、农业生产保险补贴、农民合作经济组织、农产品加工与促销、农村公益事业、垦区公共支出、垦区公益事业、农业发展基金支出、新菜地开发基金支出、农业国有资源维护、农业前期工作与政策研究、农民收入统计与负担监测、农业产业化、农业资源保护、草原资源监测、外来物种管理、农村能源综合建设、农村人畜饮水、村级组织支出补助、村级债务化解、其他农业支出等42项。

(2)林业。林业反映政府用于林业方面的支出,分设行政运行、一般行政管理事务、机关服务、林业事业机构、森林培育、林业技术推广、森林资源管理、森林资源监测、森林生态效益补偿、自然保护区、动植物保护区、湿地保护区、林业执法与监督、森林防火、林业有害生物防治、林业检疫检测、防沙治沙、林业质量安全、林业工程与项目管理、林业对外合作与交流、林业产业化、技能培训、信息管理、林业政策制定与宣传、林业资金审计稽查、林区公共支出、林业贷款贴息、林业建设基金支出、育林基金支出、森林植被恢复费支出、其他林业支出等31项。

(3)水利。水利反映政府用于水利方面的支出,分设行政运行、一般行政管理事务、机关服务、水利行业业务管理、水利工程建设、水利工程运行与维护、长江黄河等流域管理、水利前期工作、水利执法监督、水土保持、水资源管理与保护、水质监测、水文测报、防汛、抗旱、小型农田水利、水利技术推广与培训、国际河流治理与管理、三峡建设管理事务、灌溉水源灌排工程补偿费支出、库区维护基金支出、库区建设基金支出、库区后期扶持基金支出、库区移民后期扶持基金支出、库区移民扶助金支出、三峡库区移民后期扶持基金支出、棉花滩水电站库区后期扶持基金支出、中央水利建设基金支出、地方水利基金支出、水资源补偿费支出、水资源费支出、砂石资源费支出、信息管理、水利建设移民支出、其他水利支出等35项。

(4)南水北调。南水北调反映政府用于南水北调工程方面的支出，分设行政运行、一般行政管理事务、机关服务、南水北调工程建设、政策研究与信息管理、工程稽查、前期工作、南水北调技术推广与培训、环境、移民及水资源管理与保护、南水北调工程基金支出、其他南水北调支出等11项。

(5)扶贫。扶贫反映用于农村(包括国有农场、国有林场)扶贫开发等方面的支出，分设行政运行、一般行政管理事务、机关服务、农村基础设施建设、生产发展、社会发展、扶贫贷款奖补和贴息、"三西"农业建设专项补助、其他扶贫支出等9项。

(6)农业综合开发。农业综合开发反映政府用于农业综合开发方面的支出，分设机构运行、土地治理、产业化经营、科技示范、贷款贴息、其他农业综合开发支出等6项。

(7)其他农林水事务支出。其他农林水事务支出反映除上述项目以外其他用于农林水事务方面的支出。

14.交通运输

交通运输分设以下4款：

(1)公路水路运输。公路水路运输反映与公路、水路运输相关的支出，分设行政运行、一般行政管理事务、机关服务、公路新建、公路改建、公路养护、特大型桥梁建设、公路路政管理、公路与运输信息化建设、公路和运输安全、公路还贷专项、公路运输管理、公路客货运站（场）建设、公路和运输技术标准化建设、养路费支出、公路运输管理费支出、公路客货运附加费支出、燃油附加费支出、车辆通行费支出、转让政府还贷道路收费权支出、车辆购置税支出、港口设施、航道维护、安全通信、三峡库区通航管理、航务管理、船舶检验、救助打捞、内河运输、远洋运输、海事管理、港口建设费支出、航标事业发展支出、水运客货运附加费支出、内河航道养护费支出、水路运输管理费支出、下放港口以港养港支出、其他公路水路运输支出等38项。

(2)铁路运输。铁路运输反映与铁路运输相关的支出，分设行政运行、一般行政管理事务、机关服务、铁路路网建设、铁路还贷专项、铁路安全、铁路专项运输、铁路建设基金支出、铁路建设附加费支出、其他铁路运输支出等10项。

(3)民用航空运输。民用航空运输反映与民用航空运输相关的支出，分设行政运行、一般行政管理事务、机关服务、机场建设、空管系统建设、民航还贷专项支出、民用航空安全、民航专项运输、民航政策性购机专项支出、民航基础设施建设基金支出、民航机场管理建设费支出、其他民用航空运输支出等12项。

(4)其他交通运输支出。其他交通运输支出反映除上述项目以外其他用于交通运输方面的支出，分设公共交通运营补助、其他交通运输支出。

15.工业商业金融等事务

工业商业金融等事务分设以下18款：

(1)采掘业。采掘业反映煤炭、石油和天然气、黑色金属、有色金属、非金属矿等采掘业的支出,分设行政运行、一般行政管理事务、机关服务、煤炭勘探开采和洗选、石油和天然气勘探开采、黑色金属矿勘探和采选、有色金属矿勘探和采选、非金属矿勘探和采选、其他采掘业支出等9项。

(2)制造业。制造业反映纺织、轻工、化工、医药、机械、冶炼、建材、交通运输设备、烟草、兵器、核工、航空、航天、船舶、电子及通讯设备等制造业支出,分设行政运行、一般行政管理事务、机关服务、纺织业、医药制造业、非金属矿物制品业、通信设备、计算机及其他电子设备制造业、交通运输设备制造业、电气机械及器材制造业、工业品及其他制造业、散装水泥专项资金支出、其他制造业支出等12项。

(3)建筑业。建筑业反映土木工程建筑业以及线路、管道和设备安装业等方面的支出,分设行政运行、一般行政管理事务、机关服务、墙体材料专项基金支出、其他建筑业支出等5项。

(4)电力。电力反映电力方面的支出,分设行政运行、一般行政管理事务、机关服务、电力监督、电力稽查、争议调节、安全事故调查、电力市场建设、电力输送改革试点、信息系统建设、三峡工程建设基金支出、中央农网还贷资金支出、地方农网还贷资金支出、能源基地建设基金支出、电源基地建设基金支出、三峡库区移民专项支出、其他电力支出等17项。

(5)信息产业。信息产业反映邮政和信息产业方面的支出,分设行政运行、一般行政管理事务、机关服务、邮政政策性业务、战备应急、信息安全建设、专用通信、无线电监管、信息产业战略研究与标准制定、信息产业支持、电子专项工程、邮政补贴专项资金支出、行业监管、军工电子、技术基础研究、其他信息产业支出等16项。

(6)旅游业。旅游业反映旅游业方面的支出,分设行政运行、一般行政管理事务、机关服务、旅游宣传、旅游行业业务管理、旅游发展基金支出、其他旅游业支出等7项。

(7)涉外发展。涉外发展反映对从事外贸业务的单位、外商投资单位、从事对外经济合作单位和境外单位的资助,分设行政运行、一般行政管理事务、机关服务、外经贸发展专项资金、外贸发展基金支出、国家蚕丝绸发展风险基金支出、外商投资环境建设补助资金、对外承包工程保函风险专项资金支出、援外合资合作项目基金支出、其他涉外发展支出等10项。

(8)粮油事务。粮油事务反映粮油事务方面的支出,分设行政运行、一般行政管理事务、机关服务、粮食专项审计、粮食信息统计、粮食专项业务活动、国家粮油差价补贴、储备粮油利息费用补贴、储备粮油差价补贴、储备粮油移库费用补贴、储备粮(油)库建设、粮食财务挂账利息补贴、粮食财务挂账消化款、处理陈化粮补贴、粮食风险基金、其他粮油事务支出等16项。

(9)商业流通事务。商业流通事务反映各级供销社的行政事业支出及商业物质和供销社专项补贴支出,分设行政运行、一般行政管理事务、机关服务、棉花储备、食糖储备、肉类储备、化肥储备、农药储备、边销茶储备、羊毛储备、处理商业物资挂账补贴、处理供销社挂账利息补贴、消化供销社挂账本金补贴、棉花专项补贴、农业生产资料专项补贴、食品流通安全补贴、市场监测及信息管理、民贸网点贷款贴息、其他商业流通事务支出。

(10)物资储备。物资储备反映物资储备部门支出,分设行政运行、一般行政管理事务、机关服务、铁路专用线、护库武警和民兵支出、物资保管和保养、专项贷款利息、物资收储、物资转移、物资轮换、仓库建设、仓库安防、医药储备、石油储备、其他物资储备支出等15项。

(11)金融业。金融业反映金融保险业方面的支出,分设行政运行、一般行政管理事务、机关服务、货币发行、金融服务、安全防卫、反洗钱及反假币、重点金融机构监管、金融稽查与案件处理、金融行业电子化建设、从业人员资格考试、中央银行亏损补贴、政策性银行亏损补贴、商业银行贷款贴息、补充资本金、风险基金补助、其他金融业支出等18项。

(12)烟草事务。烟草事务反映用于烟草事务的支出,分设行政运行、一般行政管理事务、机关服务、烟草行业发展资金支出、烟草税改亏损补贴、烟草打假、烟草商业税后利润支出、其他烟草事务支出等8项。

(13)安全生产。安全生产反映国家安全生产监督管理部门、煤矿安全监察部门的支出,分设行政运行、一般行政管理事务、机关服务、国务院安委会专项、安全监管监察专项、其他安全生产等6项。

(14)国有资产监管。国有资产监管反映国有资产监督管理委员会的支出,分设行政运行、一般行政管理事务、机关服务、国有企业监事会专项、中央企业专项管理、其他国有资产监管支出等6项。

(15)中小企业事务。中小企业事务反映用于中小企业管理及支持中小企业发展方面的支出,分设行政运行、一般行政管理事务、机关服务、科技型中小企业技术创新基金、中小企业发展专项、其他中小企业事务支出等6项。

(16)可再生能源。可再生能源反映用于可再生能源方面的支出。

(17)能源节约利用。能源节约利用反映用于能源节约利用方面的支出。

(18)其他工业商业金融等事务支出。其他工业商业金融等事务支出反映除上述项目以外其他用于工业商业金融等事务方面的支出,分设黄金事务、建设项目贷款贴息、煤代油基金支出、技术改造支出、中药材扶持资金支出、清洁生产专项支出、其他工业商业金融等事务支出等7项。

16. 其他支出

其他支出反映不能划分到上述功能科目的其他政府支出,分设以下4款:

(1)预备费。预备费反映预算中安排的预备费。

(2)年初预留。年初预留反映有预算分配权的部门年初预留的支出。

(3)住房改革支出。住房改革支出反映财政安排的住房改革支出,分设住房公积金、提租补贴、购房补贴等3项。

(4)其他支出。其他支出反映除上述项目以外其他不能划分到具体功能科目中的支出项目。

17. 转移性支出

转移性支出反映政府的转移支付以及不同性质资金之间的调拨支出,分设以下8款:

(1)返还性支出。返还性支出反映上级政府对下级政府的税收返还和所得税基数返还等支出,分设增值税和消费税税收返还支出、所得税基数返还支出等2项。

(2)财力性转移支付。财力性转移支付反映政府间一般性转移支付,分设原体制补助支出、一般性转移支付支出、民族地区转移支付支出、调整工资转移支付支出、农村义务教育补助支出、农村税费改革补助支出、缓解县乡困难转移支付补助支出、结算补助支出、原体制上解支出、出口退税专项上解支出、其他财力性转移支付等11项。

(3)专项转移支付。专项转移支付反映政府间专项转移支付,分设专项补助支出、专项上解支出等2项。

(4)政府性基金转移支付。政府性基金转移支付反映基金预算中的上级补助支出和下级上解支出,分设政府性基金补助支出、政府性基金上解支出等2项。

(5)彩票公益金转移支付。彩票公益金转移支付反映彩票公益金的上级补助和下级上解支出,分设彩票公益金补助支出、彩票公益金上解支出等2项。

(6)预算外转移支出。预算外转移支出反映预算外资金的上级补助和下级上解支出,分设预算外补助支出、预算外上解支出等2项。

(7)调出资金。调出资金反映不同预算性质的资金之间互相调出,分设一般预算调出资金、政府性基金预算调出资金、其他调出资金等3项。

(8)年终结余。年终结余反映各类年终结余,分设一般预算年终结余、政府性基金年终结余、社会保险基金预算年终结余、预算外年终结余、其他年终结余等5项。

(四)我国政府预算支出的经济分类

支出经济分类是按支出的经济性质和具体用途所做的一种分类。在支出功能分类明确反映政府职能活动的基础上,支出经济分类明细反映政府的钱究竟是怎么花出去的,是付了人员工资、会议费还是买了办公设备等。支出经济分类与支出功能分类从不同侧面、以不同方式反映政府支出活动。它们既是两个相对独立的体系,二者又相互联系,可结合使用。

政府收支分类单设支出经济分类的主要原因为:

一是为了使政府收支分类体系更加完整。依照国际通行做法,政府收入分类、支出功能分类以及支出经济分类共同构成一个全面、明晰地反映政府收支活动的分类体系。如果我们只设支出功能分类而不设支出经济分类,政府每一项支出的具体用途便无法反映。

二是为了使原有支出目级科目反映的内容更加明晰、完整。我国2001年以前只设有12个反映支出经济性质、具体用途的支出目级科目。2002年以后有关具体科目虽然细化,扩展到了30多个,但仍存在不够完整、不够明细的问题。比如,一些资本性支出就无法得到明细反映。新的支出经济分类设类、款两级,款级科目达90多个,可以更加全面、清晰地反映政府支出情况。

三是为了规范管理。支出经济分类既是细化部门预算的重要条件,同时也是预算单位执行预算和进行会计核算的基础。因此,单设支出经济分类对进一步规范和强化预算管理具有十分重要的意义

支出经济分类设类、款两级,具体科目设置情况如下:

1. **工资福利支出**

工资福利支出分设7款:基本工资、津贴补贴、奖金、社会保障缴费、伙食费、伙食补助费、其他工资福利支出。

2. **商品和服务支出**

商品和服务支出分设30款:办公费、印刷费、咨询费、手续费、水费、电费、邮电费、取暖费、物业管理费、交通费、差旅费、出国费、维修(护)费、租赁费、会议费、培训费、招待费、专用材料费、装备购置费、工程建设费、作战费、军用油料费、军队其他运行维护费、被装购置费、专用燃料费、劳务费、委托业务费、工会经费、福利费、其他商品和服务支出。

3. **对个人和家庭的补助**

对个人和家庭的补助分设14款:离休费、退休费、退职(役)费、抚恤金、生活补助、救济费、医疗费、助学金、奖励金、生产补贴、住房公积金、提租补贴、购房补贴、其他对个人和家庭的补助支出。

4. **对企事业单位的补贴**

对企事业单位的补贴分设4款:企业政策性补贴、事业单位补贴、财政贴息、其他对企事业

单位的补贴支出。

5. 转移性支出

转移性支出分设 2 款：不同级政府间转移性支出、同级政府间转移性支出。

6. 赠与

赠与下设 2 款：对国内的赠与、对国外的赠与。

7. 债务利息支出

债务利息支出分设 6 款：国库券付息、向国家银行借款付息、其他国内借款付息、向国外政府借款付息、向国际组织借款付息、其他国外借款付息支出。

8. 债务还本支出

债务还本支出下设 2 款：国内债务还本、国外债务还本。

9. 基本建设支出

基本建设支出分设 9 款：房屋建筑物购建、办公设备购置、专用设备购置、交通工具购置、基础设施建设、大型修缮、信息网络购建、物资储备、其他基本建设支出。

10. 其他资本性支出

其他资本性支出分设 9 款：房屋建筑物购建、办公设备购置、专用设备购置、交通工具购置、基础设施建设、大型修缮、信息网络购建、物资储备、其他资本性支出。

11. 贷款转贷及产权参股

贷款转贷及产权参股分设 6 款：国内贷款、国外贷款、国内转贷、国外转贷、产权参股、其他贷款转贷及产权参股支出。

12. 其他支出

其他支出分设 5 款：预备费、预留、补充全国社会保障基金、未划分的项目支出、其他支出。

四、我国 2007 年预算收支分类改革的原因

随着公共财政体制的逐步建立和各项财政改革的深入，我国原政府预算科目体系的不适应性和弊端日益突出，有必要进行政府收支分类改革。

一是与市场经济体制下的政府职能转变不相适应。目前我国社会主义市场经济体制已基本建立，政府公共管理和公共服务的职能日益加强，财政收支结构也发生了很大变化。但作为反映政府职能活动需要的预算收支科目，如基本建设支出、企业挖潜改造支出、科技三项费用、流动资金等仍然是按照过去政府代替市场配置资源的思路设计的。这既不能体现目前政府职能转变和公共财政的实际，也带来了一些不必要的误解，影响各方面对我国市场经济体制的认识。

二是不能清晰地反映政府职能活动。在市场经济条件下，政府的重要职能就是要弥补市场缺陷，满足社会公共需要，讲求公开、透明。政府预算必须反映公共需求，强化公共监督。但我国原预算支出类、款、项科目主要是按经费性质进行分类的，把各项支出划分为行政费、事业费等等。这种分类方法使政府究竟办了什么事在科目上看不出来，很多政府的重点工作支出如农业、教育、科技等都分散在各类科目中，形不成一个完整的概念。由于科目不透明、不清晰，导致政府预算"外行看不懂，内行说不清"。

三是财政管理的科学化和信息化受到制约。按照国际通行做法，政府支出分类体系包括功能分类和经济分类。我国原有支出目级科目属于支出经济分类性质，但它涵盖的范围偏窄，

财政预算中大多数资本性项目支出,以及用于转移支付和债务等方面的支出都没有经济分类科目反映。另外,原有目级科目也不够明细、规范和完整。这些对细化预算编制,加强预算单位财务会计核算,以及提高财政信息化水平都带来一些负面影响。

四是财政预算管理和监督职能弱化。原《政府预算收支科目》只反映财政预算内收支,不包括应纳入政府收支范围的预算外收支和社会保险基金收支等,给财政预算全面反映政府各项收支活动,加强收支管理带来较大困难,尤其是不利于综合预算体系的建立,也不利于从制度上、源头上预防腐败。

五是与国民经济核算体系和国际通行做法不相适应,既不利于财政经济分析与决策,也不利于国际比较与交流。我国货币信贷统计核算体系以及国民经济核算体系均按国际通行标准做了调整,而政府预算收支科目体系与国际通行分类方法一直存在较大差别。尽管财政部门和国家统计部门每年都要做大量的口径调整和数据转换工作,但还是难以保证数据的准确性以及与其他国家之间的可比性。

进行政府收支分类改革,建立一套包括收入分类、支出功能分类和支出经济分类在内的完整规范的收支分类体系,对于全面、准确、清晰地反映市场经济条件下政府的收支活动,增加预算透明度,强化财政监督,提高财政运行效力,提高政府预算支出效益有极其重要的作用。

2007年以后,我国政府预算收支科目分类走进了一个全新的阶段。根据财政预算管理的实际需要,财政部每年一般都会在上年科目的基础上作出适当修改和补充,然后正式印刷下发至各省及各个预算单位执行。2011年政府预算收支科目分类(类级)包括:收入分类分为税收收入、社会保险基金收入、非税收入、贷款转贷回收本金收入、债务收入和转移性收入;支出功能分类分为一般公共服务、外交、国防、公共安全、教育、科学技术、文化体育与传媒、社会保障和就业、社会保险基金支出、医疗卫生、节能环保、城乡社区事务、农林水事务、交通运输、资源勘探电力信息等事务、商业服务业等事务、金融监管等事务支出、地震灾后恢复重建支出、国土资源与气象事务、住房保障支出、粮油物资管理事务、储备事务支出、预备费、国债还本付息支出、其他支出和转移性支出。支出经济分类与2007年相同。

[专栏2-4]   2007年政府收支分类改革全面实施
——积极财政(预算)政策启动背景

1.案例内容:

2006年温家宝总理在政府工作报告中指出,实施政府收支分类改革,完善预算管理制度,是2006年中国财政体制改革的重点。2007年,经国务院批准,政府收支分类改革全面实施。

2007年以前,我国的政府预算科目体系主要是按"经费"性质进行分类的。这种分类方法使政府究竟办了什么事在政府预算上看不出来,很多政府的重点支出如农业、教育、科技等都分散在各类科目之中,形不成一个完整的概念,往往造成"外行看不懂,内行说不清"。

2007年新的政府收支分类主要包括三个方面的内容,即收入分类、支出功能分类和支出经济分类:

第一,对政府收入进行统一分类。收入分类总体上讲,变化不是很大。具体的变化主要是三个方面:一是扩大了范围,在原来一般预算收入、政府性基金预算收入、债务预算收入的基础上,将预算外收入和社会保险基金收入纳入了政府收支分类范畴,并形成了统一编码。二是体系上作了调整。新的收入分类按照科学标准和国际通行做法将政府收入划分为税收收入、社会保险基金收入、非税收入、贷款转贷回收本金收入、债务收入以及转移收入等。三是科目层次更为细化。比如各部门的行政事业性收费,过去科目中没有具体的收费项目,新的收入科目则作了反映。新的收入分类可以清晰地反映政府各项收入的具体来源。

第二,建立新的政府支出功能分类体系。这是这次科目改革的核心。过去我们的支出总体上是按经费性质分类的,把预算支出分为基建费、行政费、事业费等。它是抽象的,每个部门都用这些科目,看不出部门的职能是什么,究竟干了什么事。新的支出功能分类则从根本上作了改变,不再按经费性质设置科目,而是按政府的职能和活动设置科目,政府各项支出究竟做了什么事,就能直接从科目上看出来。按照这种思路,支出功能分类设置类、款、项三级。类级科目反映政府的某一项职能,款级科目反映为完成某项政府职能所进行的某一方面工作,项级科目反映某一方面工作的具体支出。比如教育是类级科目,普通教育是款级科目,普通教育下的小学教育就是项级科目。这样政府的钱做了什么事,做每项事花了多少钱,在预算上就能清楚地反映出来,老百姓也就看得懂了。

第三,建立新型的支出经济分类体系。支出经济分类简单地说就是对支出的具体经济构成进行分类。比如前面讲到的用于小学教育的支出,究竟是盖了校舍还是发了工资,就要通过经济分类来反映。如果说功能分类是反映政府支出"做了什么事"的问题,经济分类则是反映"怎么去做"的问题。按照这个思路,支出经济分类对原来的支出目级科目作了扩充和完善,按照简便、实用的原则,设置类、款两级。类级科目具体包括:工资福利、商品和服务支出、对个人和家庭的补助、转移支付、基本建设支出、其他资本性支出等。款级科目是对类级科目的细化,如其他资本性支出进一步细分为房屋建筑物购建、专用设备购置、大型修缮、土地资源开发等。全面、明细的支出经济分类为加强政府预算管理、部门财务管理以及政府统计分析提供了重要工具和手段。

在新的政府收支分类改革完全到位后,通过有效的信息系统,就可对任何一项财政收支进行"多维"定位。也就是可以看出每一笔资金的多个特征,比如这笔钱是哪个部门花的,做了什么事,是怎么去做的,都清清楚楚。这样既有利于社会各界加强对政府预算收支的监督,也有利于我们加强财政预算管理。

2.案例点评:

政府收支分类是按照一定的原则、方法对政府收入和支出项目进行类别和层次划分,以全面、准确、清晰地反映政府收支活动。政府收支分类科目是编制政府预决算、组织预算执行以及预算单位进行会计明细核算的重要依据,是财政预算管理的一项重要基础性工作,直接关系到财政预算管理的透明度,关系到财政预算管理的科学化和规范化,是公共财政体制建设的一个重要环节。2007年实施的政府收支改革是新中国成立以来我国财政收支分类统计体系最为重大的一次调整,也是我国政府预算管理制度的又一次深刻创新。

资料来源:国家财政部网站

思考提示:

1. 政府收支分类改革以前原政府预算科目体系的弊端是什么?
2. 政府收支分类改革对我国预算管理的意义是什么?

关键术语

单式预算 复式预算 基式预算 零基预算 投入预算 绩效预算

政府预算收支分类　政府预算收入分类　政府预算支出功能分类　政府预算支出经济分类

复习思考题

1. 我国现阶段实行复式预算的客观必然性表现在哪些方面？
2. 与投入预算相比，绩效预算有哪些优点？
3. 政府预算收支分类的意义和原则是什么？
4. 我国政府预算支出功能分类的优点是什么？
5. 我国政府收支分类单设支出经济分类的主要原因是什么？

第三章　政府预算管理体制

政府间的财政关系主要是通过确立政府预算管理体制解决的。预算管理体制是国家经济体制的重要组成部分，是确定中央和地方以及地方各级政府之间的分配关系的根本制度。作为中央与地方财政分配关系的集中表现形式，本章首先界定了政府预算管理体制和财政管理体制，并介绍了建立政府预算管理体制的基本原则；其次，重点阐述了我国政府预算职权划分、预算收支划分、地方预算机动财力的确定和政府间转移支付制度的选择等政府预算管理体制的主要内容；随后介绍了我国政府预算管理体制的历史演变；最后分析了我国现行的政府预算管理制度即分税制并对其做出构想。

第一节　政府预算管理体制的概念和原则

一、政府预算管理体制的概念

政府预算管理体制是处理中央政府和地方政府以及地方各级政府间财政关系的基本制度，其核心是各级政府预算收支范围及管理职权的划分和相互间的制衡关系。其中预算收支范围涉及的是国家财力在中央与地方以及地方各级政府间如何分配的问题，而预算管理职权是各级政府在支配国家财力上的权限和责任问题。政府预算收支范围的划分实际上是确定中央和地方以及地方各级政府各自的事权和财权。收支范围划分是否合理关系到政府预算管理体制的运行是否有效率、各级政府的职能能否充分实现、各层次的公共需求能否有效满足，因而是政府预算管理体制的核心问题。建立政府预算管理体制的根本任务，就是通过正确划分各级政府预算的收支范围，规定预算管理权限及相互间的制衡关系，使国家财力在各级政府及各区域间合理分配，保障相应级次或区域的政府行使职能的资金需要，提高财政资金管理和使用的效率。由此可知政府预算管理体制的实质是财政资金分配上的集权与分权问题。一般而言各级政府的事权应与财权相适应。

政府预算管理体制是财政管理体制的重要组成部分。财政管理体制有广义和狭义之分，广义的财政管理体制一般由预算管理体制、税收管理体制、公共部门财务管理体制、国有企业财务管理体制、基本建设财务管理体制等组成。其中预算管理体制是财政管理体制的主导环节，故狭义的财政管理体制就是指政府预算管理体制。这是因为预算管理体制与财政的其他管理体制之间的一个重要区别在于它与政治体制及经济管理体制有密切关系。在预算管理中划分级次与政府体制中的分级管理是一致的。在世界各国绝大多数国家的政府都实行分级管理制度，即政府体系由中央政府和地方政府组成，其中地方政府还可进一步划分级次。政府实行分级管理有助于提高公共产品的配置效率,实现国家的有效管理和正常运转。政府预算是为实现国家职能服务的,因而政府预算管理体制与政府管理体制具有内在联系。政府预算管理体制与经济管理体制也有密切联系。如在计划经济体制下政府预算管理体制具有明显的集权管理的特征,即财政管理和资金分配权主要集中于中央,地方的权力受很大限制,并且对中央的依附性较强。在市场经济体制下政府预算具有明显的"公共性",预算管理体制遵循公共资金公平分配和有效配置的原则,合理划分各级政府间收支范围和管理职权。尽管各国因政治和文化传统的差异在集权与分权关系的处理上存在较大的区别,但均体现出较强的层次性,并实行规范化和法制化的预算管理体制。

二、建立政府预算管理体制的基本原则

为了正确处理中央与地方以及地方各级政府之间的分配关系,建立政府预算管理体制必须坚持一定原则。在西方国家普遍遵循两个原则:一是明确行政职责的原则,即划分各级政府的事权范围,明确各自的义务和责任;二是效率原则,即对于那些跨区域、需要协调关系的事务要以办事效率高、费用低作为划分事权的标准。借鉴西方国家的经验并结合我国国情,建立政府预算管理体制应遵循以下两大原则:

(一)统一领导,分级管理,权责结合

统一领导、分级管理、权责结合是我国政府预算管理体制的基本原则。

1. 统一领导和分级管理

实行统一领导是由我国的政治制度和经济制度决定的,表现在预算管理体制上就是有关全局的财政方针、政策必须由中央统一制定,国家主要财力必须由中央统一支配,以保证国家政治上的集中统一、经济上的合理布局和重点发展。因此,政府预算必须在中央统一领导下,按照国家整体利益的要求,有计划地组织供应财政资金,以保证国家财力的统筹安排和重点使用。

实行分级管理是因为我国各地区在经济、文化、自然环境方面都有很大的差异,许多事情要由各级政府因地制宜地去办理;同时由于预算资金的筹集与分配有很大部分由地方、部门和单位组织实施,应赋予地方统筹安排和调节本地区预算的权力,实行分级管理有其客观必然性。

统一领导和分级管理具有相辅相成的辩证关系。统一领导是主导方面,是全局性的。分级管理是局部的,必须服从于统一领导。统一领导是解决中央集权方面的问题,分级管理是解决地方分权方面的问题,集权和分权反映着中央和地方的物质利益关系。在社会主义市场经济条件下,中央集权和地方分权在根本利益上是一致的,这是由建立在公有制基础上的社会主义国家的性质所决定的。当然集权和分权仍然存在着矛盾,主要反映在国家整体利益与地方局部利益方面,并且,在发生矛盾的时候应该是局部利益服从整体利益。实行统一领导、分级管理这个基本原则的根本目的就是充分发挥中央和地方两个积极性,为国家的建设和社会的发展筹集更多的资金并管好、用好这些资金,做到既能适当集中资金,保证国家重点建设,又能统筹兼顾地方的合理需要,以促进整个国民经济持续、稳定、健康地发展。

2. 权责结合

如果说统一领导、分级管理主要解决各级政府财权和财力的集中与分散的问题,那么权责结合主要解决同级财政的财权财力与财政责任的结合问题。财政责任首先要在财权和财力上保证各级政府各项社会经济职能的实现。各级政府的职责就是各级政府的办事权,保证各级

政府履行自己的事权是各级财政应尽的责任。由此可见权责结合主要是解决财权财力和事权的关系问题。一般来说,一级政府有多大财权财力取决于该级政府有多大事权,而一级政府的事权又必须由相应的财权财力作保证。总之,财权财力和事权的统一是各级政府完成所承担的社会经济职能的前提和保证。

实行权责结合的原则就是说预算管理体制不只是解决分权分钱的问题,而且还要解决分权分钱的依据问题,也就是财政责任问题。这也就是我们通常所说的要做到一级政权、一级事权、一级财权、一级预算。在实际工作中贯彻这个原则就是要求各级政府根据财权财力与事权相统一的精神负责本地区的预算管理。

(二)公平与效率的原则

预算是一种分配活动,其目的和其他社会分配目的一样,主要包括两个方面:一是物质财富如何在各社会成员之间恰当地进行分配;二是如何通过合理分配社会资源使其产出尽可能多的物质财富。这样就产生了评价一切经济活动的两个准则:一是公平准则;二是效率准则。预算分配也必须同时考虑公平与效率两方面的影响。

1. 公平性原则

政府预算管理体制的公平性原则是指各级政府的财权财力划分应相对平衡,包括中央与地方政府间财政关系的纵向均衡和地方政府间财政关系的横向均衡。中央与地方政府间财政关系的纵向均衡是指各级政府的财政资金来源与各自的支出责任或事权范围相对称,使各级政府在行使各自的职权或履行各自的职责时要有必要的财力作保障。这种纵向均衡与分级财政体系中财政管理的层次性和各级财政一定的自主性是一致的。但在实践中,通过预算管理体制中各级财政收支范围的规定达到纵向均衡的要求往往是困难的,因为各级财政支出范围与收入范围的划分所遵循的标准并不相同。支出范围的确定要符合公共产品的层次性(全国性公共产品与地方性公共产品)和提高公共产品配置效率的要求,而收入范围的划分要根据各税种的特点加以设计,以有利于实现税收的收入功能和调节功能为前提。因此,在一定的预算管理体制下往往体现为中央政府(上级政府)的收入范围相对较大而支出范围相对较小,地方政府(下级政府)的收入范围相对较小而支出范围相对较大。为了解决各级财政收支范围的划分难以达到纵向均衡的问题,就要在预算管理体制内以一定方式对各级财政的收支水平进行调节,达到财权与事权的最终统一。

地方政府间财政关系的横向均衡是指基本公共产品的供给标准和供给数量在各地区的均等化。这种横向均衡是社会公平的要求在公共资金分配上的体现。当然横向均衡是相对的,由于各地自然条件和经济发展水平的差异,在公共产品供给水平上存在区别是必然的,否则既难以照顾不同地区的实际需要也缺乏激励机制。但在基本公共产品的供给上,各地区应保证有与国家经济实力和发展状况相符的起码水平,如义务教育、公共安全、基本医疗保健、水电设施、交通设施等。由于地区间经济发展的非均衡性,各地的财政能力会存在较大的差别,即使按公共产品供给的最低标准也会有部分地区存在一定的财政困难,这就需要通过预算管理体制的合理设计兼顾不同地区的财政需要,采取相应措施保证横向均衡目标的实现。

2. 效率性原则

确定国家预算管理体制时遵循的效率性原则,是指各级政府财政职权的配置和收支关系的划分应有利于提高公共资源管理和使用的效率,以及财政对社会经济活动进行调节的效果。从中央与地方政府间财政关系的基本内容看,这里的效率性原则包括收入划分效率、支出划分效率和转移支付效率三个方面。

(1)中央和地方政府收入划分的效率性要求按不同税种的性质、征管难度和征收效应等合理划分中央政府和地方政府的税收征管权,以在既定税制的框架内防止收入流失、避免地方间的利益冲突、充分发挥税收的应有功能。一般来说,为提高税收征管效率和有利于税收功能的发挥,税源宽广、税基流动性较强、课税对经济活动影响较大的税收应由中央政府实施征管,如所得税、增值税;反之可由地方政府实施征管,如财产税。一个合理、有效的政府预算管理体制是使中央财政有足够的财力进行宏观调控和收入分配调节,同时使地方财政也拥有必要财力实施地方性公共配置的规范的分级管理体系。

(2)中央和地方政府支出范围的划分也应体现效率性原则。实际上支出范围的划分是财政职能在中央财政与地方财政中的具体界定和落实。财政理论分析表明不同级次的政府所承担职能的侧重面有所不同。一是资源配置职能要根据公共产品的受益范围在各级政府间具体划分。全国性公共产品的受益范围覆盖整个国家,凡本国公民或居民都可以无差别地享有它所带来的利益,因而适合由中央来提供。地方性公共产品的受益范围局限于本地区以内,适合由地方来提供。而受益具有地区外溢性的公共产品或部分地区共同受益的公共产品,则适合由中央与地方联合提供,即或由地方为主、中央给予资助,或由中央为主、地方适量出资。二是收入分配职能的划分首先应以在全国范围内实现公平目标的要求考虑。因为社会公平在各地区之间应有与一国经济发展水平相适应的大体一致的标准,中央在制定收入分配政策、协调收入分配水平和控制收入分配差距上要担负主要责任,如确定所得税制度、制定和实施社会保障政策措施等。地方主要是在国家统一的政策法规框架内根据当地的实际情况采取适当的调整和补充措施。三是经济稳定职能,其主要是中央政府的职能。因为经济稳定是就整个社会经济而言,地方经济的稳定从属于国家经济的稳定,加之中央政府拥有货币供给、利率调整、进出口水平控制等相关的政策工具。按此标准划分中央和地方政府的支出范围将为各项财政职能的行使达到效率性要求创造基本条件。

(3)政府间财政转移支付是解决一定预算管理体制框架内存在的财政收支纵向非均衡和横向非均衡的基本手段。财政转移支付的效率实际上是以较低的转移支付成本提高受援地区的公共服务水平。实现这一效率原则,要求在安排财政转移支付时必须选择合理的转移支付方式,确定恰当的转移支付规模,健全转移支付制度,减少资金调拨过程中的渗漏,提高资金的使用效果,使转移支付资金的拨出尽可能地等于受援地区社会成员的得益。

在实践中,公平与效率是既矛盾、又统一、且互相影响的。预算管理体制应侧重解决地区间的平衡问题,也就是说在讲求效率的基础上利用财政收支、社会保障、政府间转移支付等各种手段促进地区之间的公平分配。我国的国情是经济发展的不平衡带来财力分布的不平衡,以至于地区之间差距很大。因此在预算体制上,应体现在公平分配方面由政府通过一定的制度安排实现地区间均衡发展和保证居民达到一定福利水平;而在效率方面市场机制则可以给各地区提供一个公平的竞争环境。

第二节 政府预算管理体制的主要内容

一、政府预算组织管理体系及其职权划分

政府预算组织管理体系与一国的政权结构和行政区划有着密切的联系。通行的原则是:

有一级政权就要建立一级预算。在我国按现行的政权结构中,政府预算分为五级预算进行管理,即中央预算、省(自治区、直辖市)预算、设区的市(自治州)预算、县(自治县、不设区的市、直辖区、旗)预算、乡(民族乡、镇)预算五个级次,其中中央预算以下的属地方预算范畴,它们之间的关系如图3-1所示:

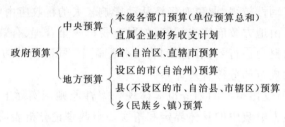

图3-1

预算管理权是指国家预算方针政策、预算管理法律法规的制定权、解释权和修订权,国家预决算的编制和审批权,预算执行、调整和监督权等。在我国,凡全国性的财政方针政策、法律法令都由中央统一制定并享有解释权、修订权。各地方有权制定地方性的财政预算管理制度,但不能违反全国的统一规定,并应注意对毗邻地区的影响。为有效实施预算管理,《中华人民共和国预算法》等法律法规对立法机构、各级政府、政府财政主管部门和预算执行部门、单位的职权做了明确规定,构成预算管理的法律依据。

(一)立法机关的预算管理职权

1. 各级人民代表大会的职权

各级人民代表大会行使预算和预算执行情况的审批权,预算、决算不适当决定的撤销权。即全国人民代表大会有权审查中央和地方预算草案及中央和地方预算执行情况的报告,批准中央预算和中央预算执行情况的报告,改变或者撤销全国人民代表大会常务委员会关于预算、决算的不适当决议;县级以上地方各级人民代表大会有权审查本级总预算草案及本级总预算执行情况的报告,批准本级预算和本级预算执行情况的报告,改变或者撤销本级人民代表大会常务委员会关于预算、决算的不适当决议,撤销本级政府关于预算、决算的不适当的决定和命令;设立预算的乡、民族乡、镇的人民代表大会有权审查和批准本级预算和本级预算执行情况的报告,监督本级预算的执行,审查和批准本级预算的调整方案,审查和批准本级决算,撤销本级政府关于预算、决算的不适当决定和命令。

2. 各级人民代表大会常务委员会的职权

各级人民代表大会常务委员会主要行使预算执行监督权及调整权、预算执行情况及决算的审批权、预算和决算不适当决定的撤销权等。即全国人民代表大会常务委员会有权监督中央和地方预算的执行,审查和批准中央预算的调整方案,审查和批准中央决算;撤销国务院制定的同宪法、法律相抵触的关于预算、决算的行政法规、决定和命令,撤销省、自治区、直辖市人民代表大会及其常务委员会制定的同宪法、法律和行政法规相抵触的关于预算、决算的地方性法规和决议;县级以上地方各级人民代表大会常务委员会监督本级总预算的执行,审查和批准本级预算的调整方案,审查和批准本级政府决算,撤销本级政府和下一级人民代表大会及其常务委员会关于预算、决算的不适当的决定、命令和决议。

(二)各级人民政府的预算管理职权

各级人民政府是预算管理的国家行政机关。各级人民政府确定预算管理体制具体办法；组织编制本级预算草案，向本级人民代表大会作关于本级总预算草案的报告；组织本级总预算执行；决定本级政府预备费动用；编制本级预算调整方案；监督本级各部门和下一级人民政府的预算执行；改变或者撤销本级各部门和下一级人民政府关于预算方面的不恰当的决定或命令；向本级人民代表大会及其常务委员会报告本级总预算的执行情况；组织编制本级决算草案。

(三)各级财政部门的预算管理职权

各级财政部门是预算管理的职能部门。各级财政部门具体编制本级预算草案；具体组织本级总预算的执行；提出本级预备费动用方案；具体编制本级预算的调整方案；定期向本级人民政府和上一级财政部门报告各级预算的执行情况；具体编制本级决算草案。

(四)各部门的预算管理职权

各部门根据国家预算法律、法规的规定制定本部门预算具体执行办法；编制本部门预算草案；组织和监督本部门预算的执行；定期向本级财政部门报告预算的执行情况；编制本部门决算草案。

(五)各单位的预算管理权

各单位负责编制本单位的预、决算草案；按照规定上缴预算收入、安排预算支出；接受国家有关部门的监督。

二、政府预算收支划分

政府预算收支划分是指政府预算的全部收入和支出在中央和地方政府之间划定收支范围以及划分收支的方法等问题的总称。预算收支的划分反映了各级预算活动范围和财力分配的大小是正确处理中央与地方之间分配关系的重要方面。

(一)预算收支划分原则

预算收支范围的划分实际上是确定中央和地方以及地方各级政府各自的事权和财权。收支范围划分是否合理关系到政府预算管理体制的运行是否有效率、各级政府的职能能否充分实现，因此预算收支的划分必须遵循以下原则：

1. 事权和财权相一致的原则

政府预算是为实现政府职能服务的，因此事权是确定财权的基本依据和前提，财权是事权得以实现的物质基础和保证。两者相辅相成互为条件。事权和财权相一致成为确定预算收支划分的一条重要原则。

2. 保证中央宏观调控需要的原则

在收入的划分上，凡是关系到国民经济全局、便于加强中央宏观调控的税种应划归中央作为中央预算收入。在支出的划分上，凡是关系到国民经济全局、地方无力承担或不适宜地方承担的支出应划为中央预算支出。

3. 收支挂钩、责权利相结合的原则

为了使各级财政在承担预算收支任务时做到有职、有权、有利，采用收支挂钩、责权利相结合的办法，把责任、权力、物质利益三者紧密地结合起来。所谓收支挂钩、责权利相结合就是在划分收支时使各级预算的收入与支出挂起钩来。只有在完成收入时才能满足其支出的需要。

如果地方超额完成收入任务,它便可以相应增加其支出,即多收多支;如果地方没有按规定完成收入任务,就要相应地减少其支出,自求收支平衡。因此它是有利于调动各级预算增收节支的积极性,保证预算顺利完成的一项重要措施。

4. 保证各级政府都有稳定的收入来源的原则

为保证国民经济快速健康地发展,必须要建立一个稳定的预算管理体制来保证各级预算拥有稳定的收入来源。即预算收入的划分,既能保证支出的需要又要力求稳定。从一级预算来看,首先是其固定收入,然后才是收入的留成和中央补助收入。从目前来看,就是要坚决贯彻分税制,只有划清各级预算的税源,使各级预算都有自己的固定收入,才不会因企业隶属关系的变更而影响收入,也不会出现各级政府相互挤占收入的状况,从而使各级预算的收入趋于稳定和规范化。

(二)收支划分的依据

1. 各级政府承担的职能任务

各级政府的职能任务,即事权,是划分各级预算收支范围的基本依据。在市场经济条件下,需要根据建立社会主义市场经济体制的要求界定各级政府的职责范围。

市场经济条件下的资源配置是由市场机制起基础性作用的,但由于存在着市场缺陷,仍需要政府对宏观经济活动进行干预或调节。我国是发展中大国,市场机制不健全、基础设施供给不足等现实存在更离不开政府的宏观经济调控。由于政府调节的是市场机制不能起作用或不能起有效作用的领域,政府的职能就是提供公共商品或服务,其范围主要包括:提供行政管理和国防服务,维护国家独立、统一、安全,保护企业和居民的正当权益;提供不能进行商业性开发和经营的公用基础设施和城市基础设施建设;提供教育科学、社会保障等公共服务;调节经济总量以及大的产业结构平衡,维持充分就业、稳定物价和国际收支平衡,促进资源有效配置和经济稳定增长;调节国民收入在地区间、居民间的分配关系,促进收入公平合理分配,制定市场经济运行的基本规范及其法规制度,建立社会保障体系强化监督,协调维护市场公平竞争秩序;负责生态平衡、环境保护、人口控制,等等。

在界定政府职责范围的基础上,还要根据分职治事原则与受益范围原则划定中央政府与地方政府的职责,确定各自提供公共商品和劳务的范围。所谓分职治事,是指下一级政府能做的事一般就不交上一级政府,上一级政府只处理下一级地方政府不能处理的事务。所谓受益范围,是指按公共商品或劳务的受益范围来划分事权,如果政府行使某项政治、经济职能的受益范围遍及全国所有地区,受益对象为全体公民,就应由中央负责;如果受益范围局限于某一地区,就应由地方负责。此外,在中央政府与地方政府之间还有职能交叉领域,公共商品的地域属性并不都很清晰。例如教育、科研以及环境保护等,在全国、地区、地方等都是存在的,这就需要根据受益的覆盖面进行大致的划分。例如中央政府资助的科研部门应主要是基础研究,因为其研究成果是全社会共享的。

2. 企事业单位的隶属关系

即凡隶属于中央直接管辖的企事业单位的预算收支列入中央预算,凡是隶属于地方管辖的企事业单位其预算收支列入地方预算。随着分税制的实施,中央与地方之间收入的划分基本上按税种进行,但在目前中央与地方政府事权尚未明确划清的情况下,企事业行政隶属关系仍是划分支出的重要依据。

从根本上说事权是收支划分的根本依据,事权决定隶属关系,隶属关系随着事权的变动而变动。过去有些地方不能办的事情现在也可以由地方办,像港口建设、对外贸易、地方铁路和民航等。体制改革和事权转换使有些企业隶属关系随之发生变更。可见隶属关系说到底是由事权决定的,支出的划分依据还是事权。为了保证各级政府的事权即支出需要,必须通过在各级政府之间划分收入来源来实现,而收入又是依据支出的需要而定,所以收入划分的依据还是事权,要尽可能使财权和事权达到统一。但一般而言中央政府的财源及收入范围应略大于其本级支出需要,以保证中央政府对财政和经济全局的控制力。

(三)预算收支划分的方法

在收支范围、依据确定以后,还要确定划分收支的方法。各地预算支出的需要与其收入来源不可能完全相等,地区之间财力不平衡需要中央财政进行调剂,这就需要确定收支划分的方法,以解决地方和中央预算平衡问题。收支划分的方法体现在具体的预算管理体制模式中,具有现实性和可操作性。我国预算收支的划分曾采取过统收统支、收入分类分成、总额分成、收支包干等具体办法。在市场经济条件下的预算管理体制模式通常采用分税制,但分税制的具体做法在各国也不尽相同,如就收入划分而言,美国的联邦政府财政收入主要为个人所得税、社会保险税和公司所得税。按我国现行分税制,增值税和消费税在中央政府收入中居主导地位。一般而言收支划分的方法与一国的政治、经济和财政体制模式、历史传统、税制结构等具有内在联系。我国收支划分的方法主要有:

1. 统收统支

这种办法的主要内容是地方组织的全部收入统一上缴中央,地方所需的支出统一由中央拨给,预算收支之间基本上不发生联系,即收支不挂钩,故又称"收支两条线"。这种办法不利于调动地方的积极性,一般在特殊历史条件下采用。

2. 收入分类分成

这是收支挂钩的一种形式。所谓分类是将预算收入按项目分为中央固定收入、地方固定收入、中央和地方分成收入。固定收入完全地分别归中央或地方,分成收入分为固定比例分成收入和调剂比例分成收入。固定比例分成收入是指对某些收入来源由中央预先规定分成比例,在中央和地方之间进行分成,各地方采用统一的分成比例;而调剂比例分成收入的地方分成比例事先不做具体规定,而是根据地方固定收入、固定比例分成收入抵补其预算支出的差额后确定。采用这种方法时首先用地方固定收入与地方正常支出相抵,如果不能抵补支出则划给地方固定比例分成收入,如果仍不能抵补支出,再划给调剂比例分成收入。以上这种收入全部划给地方仍不能抵补支出时则由中央拨款补助。

收入分类分成办法的优点是,对地方来说,按不同种类的收入分别同地方支出发生不同的联系得到不同的经济利益,从而使地方全面关心各类收入。其不足之处在于,地方对属于自己的固定收入过于关心,而对全国性收入由于地方只能分享一部分甚至一小部分而疏于管理。从发展上看,各类收入的增长速度不一,因而哪些划归中央固定收入、哪些划归地方固定收入往往引起争议。此外这种方法计算比较复杂,不利于实施。

3. 总额分成

这也是收支挂钩的一种形式。所谓总额分成就是把地方组织的全部收入(除个别不宜参与分成的收入外)不再区分为固定收入和各种分成收入,而是按地方组织的预算收入总额在中央和地方之间进行分成,地方预算支出占地方组织的总收入的比例即为地方总额分成比例,其余为中央总额分成比例。如果收入超额或短收也按上述比例分成。有时为鼓励地方积极组织收入,对超收采用另定高于总额分成比例(地方留成比例)的留成率使地方从超收中多得一部分收入。

[例3-1] 中央核定某省今年预算收入指标为70亿元,预算支出指标为20亿元。该省预算收入留解比例计算:上解是$(70-20)/70\times100\%=71.4\%$;留用是$20/70\times100\%=28.6\%$;上解中央预算收入是$70\times71.4\%=50$(亿元);地方留用预算收入是$70\times28.6\%=20$(亿元)。如今年该省执行结果,实际收入为73亿元,实际支出为19亿元。经核定超收收入地方留成比例定为40%,地方应得收入、收支结余、上解中央收入计算如下:地方应得收支挂钩分成收入是$70\times28.6\%=20$(亿元);地方应得超收分成收入是$(73-70)\times40\%=1.2$(亿元);两项合计为21.2亿元;年终收支结余是$21.2-19=2.2$(亿元)或$20-19+1.2=2.2$(亿元);上解中央收入是:$70\times71.4\%+(73-70)\times60\%=51.8$(亿元)。如该省年终执行结果,实际收入只完成68亿元,则该省可分的预算收入为:$68\times28.6\%=19.45$(亿元)。

总额分成办法的优点是把全部收入同地方支出挂钩,促使地方关心全国性收入;在经济情况变动较大的情况下,适应性强,计算方法简单。缺点是不利于调动地方组织零星收入的积极性;另外地方增加的收入也纳入总额分成之内,不能全部归己,在一定程度上会挫伤地方增收的积极性;收入界线不够清楚,容易出现互挤收入的现象。

4. 定额上缴(或定额补助)办法

该办法是指在中央核定的地方预算收支数额的基础上,凡收入大于支出的地区,对其收大于支的数额采用定额的方法上解中央;凡支出大于收入的地区,对其收不抵支的差额由中央定额补助。这种方法可以调动地方增收的积极性,便于地方主动安排收支计划。但是在实行包干体制下,中央不能从地方的增收中得到好处,不利于中央预算的收支平衡。

5. 分税制

分税制,是指在划分事权的基础上按照税种划分中央预算与地方预算收入,分为中央税、地方税、中央与地方共享税。有关内容将在本章第四节详细探讨。

三、地方预算机动财力的确定

各级预算权限和活动范围的大小主要是通过在中央与地方之间划分收支范围来决定的,同时与地方机动财力的分配也有着密切的关系。通过预算收支范围的划分给予地方预算的资金一般都是有固定用途的。而地方的机动财力在政府规定的范围内是由地方自行安排的资金,它是财力分配的一种特殊形式。因此在预算管理体制中地方政府十分关心机动财力这一部分。

(一)地方预算机动财力的内容

地方预算的机动财力的来源一部分来自预算年初的安排,一部分是在预算执行过程中由于增收节支形成的。具体地说,预算的机动财力主要包括以下主要内容:

1. 地方预算的预备费

这是指年初安排地方预算时没有规定具体用途的财力,主要用于事先预料不到的开支,它是财政后备的一种形式。关于预备费设置的比例和用途,《中华人民共和国预算法》规定:"各级政府预算应当按照本级预算支出额的百分之一至百分之二设立预备费,用于解决年度预算执行中特大自然灾害及其他难以预料的特殊开支。"在这种情况下,动用预备费可以补充预算经费的不足,从而使正常预算支出不受冲击,有利于各级预算的收支平衡。

预备费一般应控制在下半年使用,并需经过一定的程序批准。动用时首先由本级政府财政部门提出本级预算预备费动用方案,然后由本级政府决定预备费的功用。这样规定是为了更严格、更有效地控制预备费的动用,防止预备费在上半年甚至在年初就动用,而失去预备费设置的意义。

2. 地方预算超收分成、增收分成和支出结余

超收分成,是指预算执行中为了鼓励地方组织收入的积极性,将地方当年实际收入超过预算的部分按一定比例留给地方在下一年度安排使用。增收分成,是指地方预算本年决算收入数超过上年决算收入数的部分,按照当年预算管理体制规定的增收分成比例计算留给地方的收入。支出结余,是指地方在完成事业计划的前提下,由于厉行节约,当年决算支出数小于预算支出数而形成的一部分结余资金。

[例3-2] 某省2005年决算收入为25亿元,中央核定该省增收分成比例为50%。2006年核定该省总预算收入指标为28亿元,支出指标为16.8亿元,该省收入留成比例为60%,上解中央比例40%。年终执行结果实际收入完成30亿元。该省可分得收入为:

收支挂钩的分成收入:28×60%=16.8(亿元)

增收分成收入(机动财力):(30-25)×50%=2.5(亿元)

共计分得收入:16.8+2.5=19.3(亿元)

如该省年终执行结果实际收入只完成26亿元(有增收但没有完成收入任务),则该省可分得收入为:

收支挂钩分成收入:26×60%=15.6(亿元)

增收分成收入(机动财力):(26-25)×50%=0.5(亿元)

共计分得收入:15.6+0.5=16.1(亿元)

如该省年终执行结果实际收入只完成24亿元(没完成收入任务也没增收),则该省可分得收入为:24×60%=14.4(亿元)。该省没有增收,不能取得机动财力。

超收分成、增收分成和支出结余原则上不在当年安排使用,年终决算时转入当年预算结余。预算结余在第二年安排使用时,重点应放在支持工农业生产特别是农业发展上,并以适当比例用于发展教育事业。

3. 体制分成

这是指中央根据地方全年预算收入的总额和规定的收入留成比例划给地方的一笔固定财力。如某省全年预算收入为20亿元,体制规定的收入留成比例为2%,则某省体制分成为20×2%=0.4(亿元)。

体制分成产生于十年动乱的后期,由于当时生产停滞,预算收入既无超收也无增收,地方除预备费外没有任何机动财力,中央为照顾地方,按预算收入总额确定一个固定比例留给地方作为地方的机动财力,使地方能因地制宜地解决某些问题。

上述不同形式的机动财力除预备费是在实行任何预算管理体制时都采用外,其余形式则分别在不同时期根据当时预算管理体制的需要分别采用。

(二)地方预算机动财力的分配和使用原则

地方预算的财权和财力主要是通过在中央和地方之间划分收支范围来确定的,但是通过划分收支范围分配的地方预算财力一般都有固定用途。地方机动财力一般没有固定用途,它是由地方根据自己的需要自行安排的财力,因此可以因地制宜地办一些事情或解决某些特殊开支和事先预料不到的开支。在过去财权集中、地方调剂余地很小的情况下,机动财力是地方唯一可以自主支配的财力。因此,机动财力对地方来说曾经是贯彻分级管理发挥地方预算积极性和主动性的一个重要手段。1980年后,我国实行不同形式的财政分配包干办法,地方有权根据自己的财力统筹安排收支,因此地方机动财力就不像过去高度集中时那么重要了。地方机动财力的安排使用也应遵循统筹兼顾原则,不能只顾本地区的利益搞重复建设,更不能"以小挤大",损害全局利益。

四、政府间转移支付制度的选择

(一)转移支付制度的基本原理

政府间转移支付制度是在处理中央财政与地方财政关系时,协调上下级之间关系的一项重要制度。转移支付是指政府间财政资金的无偿转移,是一个特殊的财政分配范畴。由于客观条件差异的不可避免性,各级政府之间的收入来源和支出需求之间的不均衡是客观存在的,各预算主体之间也存在着财政能力的差异,为了解决好经济发展中的公平与效率之间的关系,这就需要政府间转移支付这一协调机制来理顺各级政府间财政关系,促进各级政府财政收支均衡的基本实现。转移支付的主要目的是实现公共服务的均等化。

财力分配的纵向不均衡是转移支付存在的客观基础。各级政府支配的财权大小是通过划分收支来决定的,由于国家管理及其宏观调控的客观需要,任何一个国家出于政治的、经济的考虑,都会要求维护中央政府的权威和国家的统一,提高全体国民的福利水平,避免地方政府实力过度膨胀。因此,在规范的财政体制下,中央与地方之间的收入划分会朝着中央方面倾斜,造成中央相对集中过多的局面。但是,根据财政活动有效性的原则,较多的政府事务交由地方政府承担更为合理。这样,中央政府与地方政府在收入来源与支出负担上存在着明显的不协调,当财力较多地集中于中央,而支出责任更多地让地方政府承担时,就需要一种财政资金由中央政府向地方政府的流动,以弥补地方政府的"财政缺口",增强地方政府提供本地区公共产品和公共服务的能力,以及地方政府实现预算平衡的可能性,保证了政府间财政关系的纵向平衡。

财力分布的横向不均衡是转移支付制度存在的现实基础。一个国家中不同地区之间经济发展程度差异体现在财政上,就是这样的局面:较为发达的地区经济基础好,财政收入能力强;落后地区经济基础差,财政收入能力弱。这种财源分布的横向不均衡将会导致地区间公共服务的数量和质量有相当大的差异,不利于公共服务水平的均衡提高。为了抑制地区发展差异的扩大,促进地区经济的均衡发展,有必要由中央政府来对各地的财政能力进行调节,运用倾斜性政策,采取转移支付的调节办法,给经济基础薄弱、财源不充裕地区以补助,增加它们的可支配财力,保证全国范围内各个行政管辖区至少能够提供最低标准的公共服务,促进社会公平目标的实现。

纠正由于行政管辖区之间的利益及成本过高而产生的低效益公共服务是转移支付制度存在的必要前提。与企业生产经营所能产生的外部效应相比较,政府提供公共产品的外部效应问题更应引起人们的重视。因为,地方政府提供的区域性公共产品的受益范围不可能恰好被限定在地方政府的辖区之内,区域性公共产品的受益(或受害)范围很有可能会超出地方政府辖区界限,而使其他地区在受益或受害的同时并不承担任何成本及补偿;这样,对于地方政府来说,在外部效应存在而成本自担的条件下,其提供公共产品的策略便容易产生扭曲和偏差。比如,控制环境污染、治理大江大河等公共服务的受益地区都可能超过本行政管辖区域,面对区域性公共产品的外溢性,地方政府因本身财力所限或出于本地区利益的考虑,可能会降低公共服务的标准或采取其他消极措施。扭转这一局面的有效措施是实行政府间转移支付,中央政府对地方政府给予专项补助,鼓励地方政府提供具有外溢性公共产品,从而限制外部不经济,利用外部经济优化资源配置。

　　转移支付的实质是一种补助。这一制度的最大优点是,帮助地方政府解决履行职能时财力不足的困难,使地方政府代替中央政府或与中央政府共同提供某些公共产品与服务,最大限度地实现政府间财政关系的纵向公平和横向公平。

　　目前各国实行转移支付形式大致分为特殊转移支付和一般转移支付两种。特殊转移支付指上级政府按照特定的目的将财政资金转作下级政府收入来源的补助形式,其主要目的是支持地方政府难以承担的一些项目的开发或是支持某一地方政府开发那些有利于周边区域甚至有利于全国的社会经济发展项目。特殊转移支付通常具有可选择性和有附加条件的特征,较强地体现中央政府或上级政府的政策取向,有利于对地方宏观调控政策的推行。特殊转移支付可划分为配套性转移支付和非配套性转移支付,前者要求下级政府在接受上级政府补助时必须准备一定比例的配套资金,后者不要求下级政府准备配套资金。一般转移支付指上级政府根据不同级次的政府在税收能力、支付需求及资源、人口、贫富等方面存在的差别,按照统一标准或公式计算出给予下级政府补助的转移支付形式。上级政府主要通过有关法律进行约束管理,对其投向不加以明确限制,下级政府可以根据本地区情况自行决定这部分支出的投向,具有无选择性和无条件性特征。一般转移支付主要分为收入分享转移支付和均衡性转移支付两类。收入分享转移支付是中央政府把各级政府视为一个整体,并依据不同级次政府事权所需支出和自身财政收入的差额给予的补助,其主要目的是消除纵向不平衡。均衡性转移支付是当同一级政府存在少量或没有财政赤字的情况下,上级政府把从富裕地区集中的一部分收入转移到贫困地区的补助。其主要目的是消除各地方政府间存在的税收能力与基本需求开支的投向不均衡,力求保证各地区间社会公共服务水平的一致性。

　　从资源配置特征和配置效果来讲,特殊转移支付和一般转移支付是有区别的。如图 3-1,AB 为无补助金时公共物品 X,Y 的机会边界,E 为最优配置点。当政府实行一般补助时,预算线移至 CD,最优配置点 E',公共物品 X 供给为 OP,政府成本 BD。如采用指定用于 X 的专项补助,则只有新预算线的 RD 部分可供接受者支配,最优配置点仍为 E'。此时两种补助方式都能获得 X 的相同供给增量。如政府采用一般补助方式将 X 的供给提高至 OQ,则预算线移至 FG,最优配置点为 E'',政府费用为 BG。如采用对 X 的专项补助则只有新增预算的 $E''G$ 部分,可供接受者支配最优配置点 E'' 不变。如果政府再通过一般补助方式将 X 的供给提高至 OT,则预算线移至 JK,最佳配置点 E''',政府费用 BK。如采用专项补助方式,预算线只须移至 HI,只有 SI 部分可供接受者支配,供选择点为 S,政府费用为 BI。一般地只要将 X 的供给量移至 OQ,以上采用专项补助金方法就会变得较为节约,因为在 OQ 供给量上收入—消费线 OU 与 AW 相交于 E'',而 Y 的供给则等于在没有补助的条件下将所有资源用于 Y。以上分析虽然不敢说确切地表明了指定用于 X 上的专项补助在增加 X 的供给上有显著的优势,

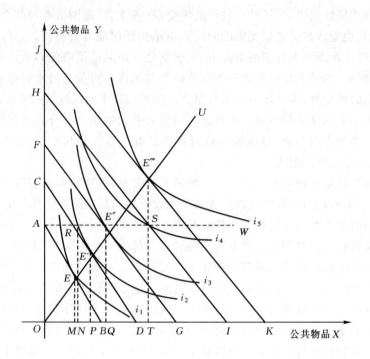

图 3-1

但至少说明在增加供给方面与一般补助一样有效,甚至还有可能会超过一般补助。在增加公共物品供给的效果方面,除进行专项补助与一般补助的比较外,还应进行配套补助与非配套补助的比较。如图 3-2,AB 为无补助时的预算线,E 为优化配置点。当政府对公共物品采用配套性补助时,AD 最优配置点为 E'。当政府对公共物品采用非配套性补助时预算线为 CD,最优点为 E''。显然两种补助方式都能获得相同的公共物品供给 OG,但在配套性补助方式下政府费用为 $E'K$,而在非配套性补助下政府费用为 $E''K$。可见配套性补助能在一个相对较低的成本上获得相同水平的公共物品供给,其成本降低 $E''E'$。事实上配套补助相当于一种仅用于公共物品供给的选择性补助,而非配套性补助则相当于一般补助。非配套性补助可以通过减少税收来支持对额外私人品(超过无补助时私人物品配置量 OA 的部分)购买,因而在扩大公共物品的配置时也增加了私人物品的配置。

实际应用中,政府转移支付制度根据具体的对象与目标划分,主要分为平衡补助、一般补助、专项补助和特殊补助四类。

平衡补助主要是中央和上级政府为平衡下级财政预算的转移支付形式。在我国各地区经济发展不平衡的条件下,要实现全国统一的分税制,则必然要求中央和上级财政要有一定的财力来平衡地方预算收支。

一般补助是国家为实现全社会政府提供公共服务水平的基本均衡而向地方实行的转移支付形式。这种形式在我国各地区经济发展水平差别悬殊的条件下将会在较长时期中保持一定的比重。

专项补助是国家为达到某些特定目标而对某些专门项目提供的转移支付形式。长期以来,国家为协调全国社会经济发展的需要和生产力的合理布局都有过这类支出。当前或以后

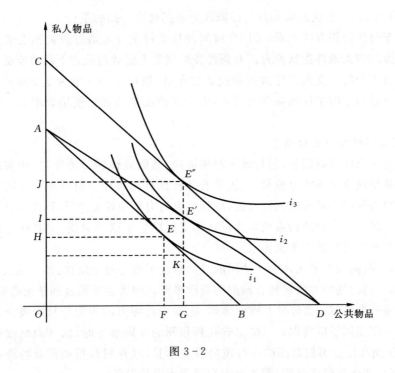

图 3-2

的经济发展中,这类补助将主要用于分布在全国各地的重点建设项目中(如能源、交通、基础设施等),并对国家整体经济发展和社会事业发展产生重要影响。这类补助在转移支付中必将占有重要地位并呈增长趋势。

特殊补助是国家对特大自然灾害及重大事件造成损失所给予的补助。我国幅员辽阔、各地自然条件差别大、经济不发达,造成防灾、抗灾能力较差,政府几乎每年都要面临不同地区的灾害事故。建立转移支付制度应当考虑准备一定的财力用作防灾、抗灾补损。

(二)美国、德国、澳大利亚、日本、韩国、印度等国家政府间转移支付制度借鉴

1. 美国政府间转移支付制度

美国是实行联邦制的国家,分为联邦、州和地方三级政府,与联邦制国家体制相适应,美国的财政体制也按此分设三级。随着国家干预程度的加强,美国联邦政府具有较为集中的财权,州和地方政府要接受联邦政府相当部分的补助。

美国政府间转移支付的方式主要是一般性转移支付和特殊性转移支付两种。一般性转移支付是指上级政府根据不同层次政府间在税收能力与支出需求方面的差别,以及各地区间在资源、人口、贫富等方面存在的差别,按照统一的法定标准或公式将其财政资金转移给下级政府的一种补助形式。其主要目的是实现不同层次政府间财政收支的纵向平衡或同一层次政府间横向平衡。特殊性转移支付是指上级政府按照特定的目的将本级财政资金用于支持下级政府完成特定项目的一种补助形式,其资金使用的特定性较强,包括专项补助和分类补助两大类。从两种转移支付形式的构成上看,美国一般性转移支付所占比例较小,而特殊性转移支付所占比重较大,1991年二者所占比重分别为2%和98%。另外美国政府间各类转移支付都体现了不同的功能。一般性转移支付的功能主要是实现政府间财政的纵向平衡,特殊性转移支付的功能主要是对社会保障、健康、教育、交通等方面进行支持,具体时期的重点也有所不同。

20世纪80年代以来,公众健康和社会保障成为联邦政府补助的重点。

从转移支付的操作方式上看,美国政府间转移支付主要是通过拨款制度来实现的。具体包括有条件拨款和无条件拨款两种。有条件拨款就是上级政府规定下级政府必须拿出一定比例的配套资金用于特定支出来作为得到拨款的条件,搭配比例一般为上下级政府各占50%。无条件拨款就是指不附带任何条件的拨款,由于这种拨款的资金使用效率低,已于1986年被废止。

2. 德国政府间转移支付制度

德国也是一个联邦制国家,与行政体制相适应,其财政体制分为联邦、州和地方三级。它实行的是以共享税为主体的分税制,三级政府各自拥有相对独立财权和责任明确的事权。另外由于德国财力分配相对来说比较分散,联邦政府财力集中程度较低,因此其转移支付制度的实施也别具一格。最主要的特点就是通过转移支付建立了联邦对州、州对地方的纵向财政平衡体系和州与州之间的横向平衡体系。

(1)德国的纵向财政平衡体系。德国的纵向财政平衡分两个层次:第一层次是联邦对州的财政平衡;第二层次是州对所属地方政府的财政平衡。前者主要通过四条渠道实现转移支付:①调整增值税分享比例;②对财力特别薄弱、收支矛盾突出的州联邦从本级分享的增值税份额中再拿出一定比例予以资助;③在完成联邦和州的共同事务时,联邦向州提供各种财政资助;④对属于州和地方事权范围的一些重要投资项目,联邦财政根据宏观经济政策有时也给予适当的补助,如优化经济结构、改善地方交通和市政建设等。

第二层次的纵向财政平衡主要目的是使州内各个地方之间财政收支水平比较接近。各州实现平衡的方式不尽相同,而且每个预算年度都要重新计算。归纳起来主要有四种拨款方式:①行政开支补贴拨款按各地方政府管辖人口计算;②横向财务平衡拨款占州对地方纵向拨款总额的一半以上;③对特别困难地方的特殊拨款需经过申请和批准才能得到;④专项拨款必须按州指定项目使用。

(2)德国的横向财政平衡体系。德国州际间财政平衡的资金来源主要包括两部分:一是增值税由州分享份额的1/4部分(其余3/4按每个州人口数量直接分配给各个州支配)。二是财政较富裕的州按计算结果直接划拨给较穷的州的资金。具体地讲,洲际财政平衡资金的分配包括相互衔接的四个环节:第一个环节是计算各州的财政能力指数;第二个环节是计算财政平衡指数;第三个环节是把财政能力指数(代表财力供给)与财政平衡指数(代表财力需求)相比较,并按一定档次标准定出接受平衡基金的州及应得数额、自求平衡的州和付出平衡基金的州及支付数额;第四个环节是第二年由联邦和应付出平衡基金的富州按计算结果在每季度末按进度向接受援助的穷州划拨平衡资金,年终汇总结清同时计算下一年度州际间财政平衡数额。

(3)德国的纵向财政平衡和横向财政平衡是相互衔接的,同样州际间的横向平衡也是在联邦法律规范和联邦财政部主持下实施的,并非州与州之间的自主自愿的接受行为。可以说,德国的转移支付是以纵向平衡为主、纵横交错的体系。

3. 澳大利亚政府间转移支付制度

澳大利亚实行政府间转移支付制度已有60多年,其特殊的历史背景和地区间经济发展不平衡性是实行这一制度的重要原因。澳大利亚转移支付的主要特点是,通过财政的均等化思想较好地处理了中央与地方的财政关系。具体表现为:

(1)中央政府在转移支付过程中处于支配地位。澳大利亚的联邦与州之间实行没有共享税的彻底分税制,联邦掌握了全国约70%的财力,为联邦在转移支付中占据支配地位奠定了坚实的基础。同时转移支付的规模由联邦国库确定,从而使中央财政能有效地控制转移支付的总规模和大的比例关系,以保证转移支付不动摇中央财政应有的地位。此外转移支付方法以及不附加条件的转移支付分配方案等也由联邦拨款委员会制定,经过各州总理参加的联邦总理办公会讨论后由联邦总理定夺。

(2)转移支付数额的核定采用基数和因素相结合的方法。联邦政府在制定转移支付分配方案时,无论是建立理想模型还是测算地方的税收能力、支出标准、提供公共服务的效率等,都是以过去5年的平均水平作为计算依据的,从而保证了转移支付的稳定性。同时对每一项特殊因素在各州或地方的不同影响也给予充分的考虑,不仅考虑这项因素与全国平均水平的差距,而且要考虑联邦提供相关的援助对提高当地的公共服务效率、增加其税收增长潜力有多大实际作用,如果联邦认为提供拨款援助对提高当地的公共服务效率和促进其税收增长的作用不大,联邦也不会给予拨款。这样的方法能使转移支付分配更加公平和更有效率。

(3)拨款委员会在协调中央与地方分配关系中发挥着重要作用。联邦拨款委员会是一个专为联邦总理提供有关转移支付意见的独立咨询机构。由于联邦拨款委员会是非官方机构,使得它提出的方法、评价意见和分配方案具有中央和地方都能认可的中立性,在很大程度上缓和了中央与地方在转移支付分配过程中的矛盾。

(4)一般拨款与特殊拨款并存强化了中央政府的宏观调控力度。不附加条件的一般拨款有利于保证地区间社会服务水平基本一致,也能调动州和地方政府自主理财的积极性。附加条件的特殊拨款能有效地解决一些特殊问题,有利于强化中央政府的宏观调控作用。

4. 日本政府间转移支付制度

日本是单一的中央集权制国家。在收入上中央政府掌握了全部财政收入的2/3,在支出上地方政府承担了大多数公共服务事业地方支出,在总财政支出中所占比重约为66%。这样就出现了地方政府的财权与事权极不相称、纵向不平衡的情况。为弥补这种不平衡,中央政府就要以大量的转移支付来保证地方政府履行职能的资金需要。日本政府间转移支付制度的主要内容为:

(1)日本各级政府的职责划分和财政支出的范围都比较明确并得到法律保障,一般不能随意变更。这就决定了日本政府间转移支付制度的确定具有一定的稳定性。

(2)日本政府间转移支付的形式主要有国家下拨税、国库支出金、国家让与税、特殊交通补助和固定资金转移税等,其中国家下拨税属于一般性转移支付。在全部转移支付中,国家下拨税和国库支出金占有绝对地位,两项之和占转移支付总额的比重约为90%以上。

(3)日本政府间转移支付的资金来源主要是从属于中央的税收中按比例提取,目前又扩大到消费税和一部分债务收入等。在具体的资金拨付时,根据各地财力贫富程度和实际需要情况确定支付比例,支持贫困地区的最高补助比例达到32%。对财政充裕地区比例很低(东京为零),以充分体现中央政府在分配中的主导作用。

(4)日本政府间转移支付的资金运用主要是教育、社会福利、公共工程、交通、社区发展等项目,各类项目的支出比重高低不一。近年来日本政府的转移支付对公路、桥梁、公园、河坝、港口和贫困者住房等公共工程建设的补助较高,达40%左右。同时中央政府对各级政府补助项目的重点也不相同,对市级政府最大的补助项目是贫困者生活保障,而对道、府、县政府最大的补助项目是义务教育。

5. 美国、德国、日本等国外政府间转移支付制度的共同特点及启示

首先，在转移支付制度的作用上，各国在制度设计时最根本的任务是要实现财政方面的纵向和横向两个平衡。实现纵向平衡的主要目的在于保障地方政府拥有与事权相称的财力，以克服财政初次分配后中央政府财力超出所需和地方不能完全满足事权需求之间的矛盾；实现横向财政平衡的主要目的在于消除各地之间公共服务水平方面过大的差距，保障各地区政府具有基本同等的施政能力和居民享有同等的就业、就学、就医、交通服务、居住环境等方面的机会及服务水平。这两大作用目标应成为我国设计转移支付制度的根本任务。

与此同时，为了实现转移支付的目标，必须突出财政分配的特征，强化转移支付资金投入的方向性。国外的财政转移支付除了运用一般性转移支付以平衡各地区的公共服务水平和差异外，还利用特殊性的转移支付以体现政策意图和投资方向，这也是值得借鉴的一个经验。这类补助一般都投向于社会保险、劳动就业、教育、医疗、住房、交通、水资源保护、社区发展等基本设施和生活环境改善方向。而在这些方面财政在提供资金时并不是面面俱到，而是分别轻重缓急，集中力量用于急需发展的薄弱环节，从而既体现了政府的政策意图，又提高了资金使用的效益。

其次，在规范的转移支付制度前提条件上，严格、清楚地界定各级政府的事权与财权。国外比较成功的转移支付制度都是建立在相当彻底的分税制财政体制基础上的，各级政府间事权财权的明确界定是转移支付得以顺利实施的重要外部条件。因为只有明确中央政府与地方政府的事权和财权，各级政府才能较为容易地计算本级财政收入额、财政支出额和收支之间的差额，为上级转移财力与下级接受财力补助提供基本核算依据。同时也只有在事权明晰的前提下，上级政府将属于自己事权的项目或中央、地方共同完成的项目交由地方完成，中央政府只需相应地全部或部分地将本级财力转移到地方，从而使转移支付操作起来相当简便。总之，政府间明确划分事权与财权不仅能有效地避免各级政府间在支出责任上的相互推诿、扯皮，而且为规范化转移支付制度的实施创造了极为重要的基础条件。

第三，让中央政府拥有较多的财力，具备一定的物质基础。中央财政在全国财政收入中占居于导地位是一个国家，特别是幅员辽阔、地区经济发展不平衡的国家维持统一和稳定的重要前提。因为中央财政只有具有足够的财力，才能通过转移支付逐步促进经济落后地区的经济发展、提高社会公共服务水平、缩小地区间的发展差距和维护社会稳定。如果中央政府不能掌握超出其本身需求的财力，那么中央政府对地方政府的调节也就无从谈起。

第四，在健全规范化财政转移支付制度的法律法规上，各国政府间转移支付作为财政预算管理的一种手段，其最大的共性是都具有明确的法律依据。美国的各项转移支付都要根据有关法律决定，并以法律形式确定下来，作为各级政府间进行补助和接受补助的基本依据。日本各类转移支付的主要测算依据和具体补助标准都在《地方预算法》中给予明确规定。德国在国家宪法《基本法》中对财政体制及政府间的转移支付都做了较详细的规定。澳大利亚及印度和韩国等也都在其有关法规中对转移支付做出了相应规定。通过健全的法律制度使转移支付做到有法可依、有法必依，促进了制度的规范化，同时也可保证在实际操作过程中能够依法行事，避免人为因素的干扰。

第五，在实施转移支付制度的过程上综合运用各种方式是国外转移支付制度的又一成功经验。综观世界各国的转移支付制度，它们并不是一成不变的。随着国家社会经济的发展和宏观政策的调整，其制度本身的结构和补助方向及重点等也相应发生转变。比如美国联邦政

府转移支付的构成,20世纪60年代以城镇公共设施改善为主,70年代中期以支持经济较贫困的地区为主,80年代初期则是以促进大都市地区发展为主。转移支付的方式则是项目补助和分类补助所占比重日益扩大,收入分享补助所占比重不断下降。另外从转移支付运作模式看,各国依政体不同而有区别。联邦制国家由于州拥有较大的立法权,因此联邦一是对州进行直接补助;二是通过州对地方进行间接补助。而单一制国家中央拥有绝对立法权,它基本上是直接对各级地方政府进行补助,各级地方政府之间一般不存在横向转移支付。

第六,从转移支付的基本方法看,测算、核定政府间的转移支付数额,采用因素分析法的基本方法和规范性财政转移支付的基本方法。国外确定一般性转移支付的基本根据是一个地区财政能力指数与财政需求指数的差额,差额为负数表示需要给予补助,补助额为差额乘以本地区调整系数,这里的指数、系数都是根据各有关因素综合考虑后确定的。财政能力方面要考虑影响该地区财政收入的每个因素,如社会总产值、国民收入、税源、税基、税率的发展变化等。财政需求上要考虑人口、面积、交通、公共服务水平等条件的影响。调整系数则要根据本地自然、社会、经济等多方面因素作用下的实际状况来确定。这些因素都是客观存在的,是为各地所共同认可接受的,它对各地财政收支影响程度大小有异,一般也可进行定量分析。这样上级政府可以根据某地客观存在的因素综合测算出对它应予的补助数额,下级政府同样也能够权衡影响本地财政收支的各有关因素,自行计算出应接受的补助。一般情况下,这两种计算结果是一致的,如果有所差距只需作程度调整即可。这种按客观因素来测定收支、确定转移支付的方法,比较科学合理也相当公平透明,既减少了各级政府间人为因素引起的盲目攀比,又便于实施执行。

(三)建立规范转移支付制度是我国政府的必然选择

1. 转移支付制度法制化的必要性和紧迫性

转移支付制度是一项涉及面广、政策性强、影响因素复杂的系统工程,为了保证合理的转移支付制度在实施过程中不走样、不变形,必须有健全的法制体系作保障。不仅转移支付制度运作的外部环境要法制化,而且转移支付制度本身也应以立法形式加以确定。只有这样,中央财政才能按照法律形式规范转移支付标准、数量与用途,使对地方财政进行支付分配,避免人为因素的影响,把转移支付的政策调节建立在法律约束和客观公平的基础上。

(1)只有以法律形式对转移支付的系统工程加以规范和协调,才能有序地发挥转移支付宏观调控作用。如果单纯地依靠行政命令只能加大运作过程中的随意性,因此要通过立法形式把转移支付的原则、形式、目标规定下来,尤其是要建立转移支付的预决算制度这个核心。预算的收支测算、编制、审批、执行和决算等各个环节都要有严格的规定,只有这样,才能保障地方政府拥有与事权相称的财力,解决财政初次分配后中央政府超出所需和地方政府不能满足事权需求之间的矛盾和问题,消除各地之间公共服务水平方面过大的差距。

(2)各国政府间转移支付作为财政预算管理的一种手段,其最大的共性是都具有明确的法律依据。不仅美国的各项转移支付都要根据有关法律决定,并以法律形式确定下来作为各级政府间进行补助和接受补助的基本依据,而且德国在国家宪法《基本法》中对财政体制及政府间的转移支付都做了较详细的规定。日本各类转移支付的主要测算依据和具体补助标准都在《地方预算法》中给予明确规定。

(3)只有通过立法才能使我国财政转移支付制度走向完善。因为通过立法才能克服我们当前转移支付中存在的缺陷。①我国当前实行的是狭义的转移支付而不是公式化补助部分的真正意义上的转移支付。现行政府转移支付制度是采用"基数法",在很大程度上是原有体制下分配格局的延续。税收返还制度仍是以旧体制中央对地方上划税收作为基数,这不仅没有解决由于历史原因造成的财力分配不公和地区间经济差距大的问题,而且肯定了这一差距,从而使既定的地方财政差距拉大。②我国当前转移支付的规模(指公式化补助部分)过小也导致在其平衡地区间财力上发挥作用不大。1996 年用于公式化补助的转移支付仅为 20 亿元,占国内生产总值的比重微乎其微。而加拿大、澳大利亚等国的转移支付规模占 GDP 和财政收入的比重很高。尤其日本转移支付规模约占财政收入的 1/3,在平衡地区间财力差异方面发挥的作用相当可观。我国作为一个多民族国家,各地区自然条件差异很大,经济发展水平很不均衡,尤其改革开放以来邓小平同志提出优先发展东部的思想,国家改革政策也向东部倾斜,山东、江苏、上海等一系列东部沿海省市经济迅速发展起来,文化、教育、卫生等公共服务的水平也有了很大的提高。而中西部地区经济发展速度较慢,由此导致财政收入增长也十分缓慢,相当部分县市的财政入不敷出。在分税制财政体制下实现财政收支均等化、实行宏观调控的任务理所当然地由转移支付来实现。但由于我国转移支付的规模太小,导致东部与中西部差距不但没有缩小而且呈扩大化趋势。2000 年初,国家开始实施西部大开发的战略,提出了开发西部、逐步缩小东部与中西部的差距的目标,我们应借此契机进一步完善我国的转移支付制度。③转移支付的资金安排带有随意性,缺乏规范的法制化管理。1995 年中央财政安排了 380 亿元的专项拨款本来应用于救灾、扶贫等补贴,但由于大部分拨款由各职能部门掌握,加上管理混乱导致取得资金时的"寻租"现象,谁来得勤、来得快,谁得到的拨款就多。结果当年沿海经济较发达的 10 个省市得到 170 亿元,约占总拨款额的 45%,这大大违背了实现地方财政提供公共服务水平均等化的初衷,进一步导致地区差距扩大化,同时这也助长了腐败现象的滋生和泛滥,不利于廉政建设和社会稳定。④省及省以下转移支付亟待完备。一般地讲,人们只注意到中央对省、市、自治区的资金转移支付,而常常不重视省及省以下政府资金的转移支付,其实它也是整个转移支付制度有机而不可分割的组成部分。应该看到,我国除了东部与中西部地区经济发展存在明显的差距以外,在大部分省、市、自治区的各市地之间也存在很大的差距,即使东部沿海省市也不例外。作为平衡财力差距的省级对地市级、省级对县市级的转移支付也不容忽视。2002 年 12 月 26 日,国务院批转了财政部《关于完善省以下财政管理体制有关问题的意见》(以下简称《意见》),其主要内容是要求各省、自治区、直辖市和计划单列市人民政府要结合所得税收入,分别改革完成所属市、县的财政管理体制。对省以下建立转移支付制度提出了明确的要求。这个《意见》的贯彻还会遇到不少的矛盾和问题,并且需要一个过程才能解决。

2. 建立规范化的转移支付预算和预算监督制度

(1)建立规范化的转移支付预算和预算监督制度的主要途径有:①要实现转移支付的指数化。即根据经济发展应达到的平均水平、社会公共服务和福利平均水平、地方税收能力和潜力等因素,制定统一的政策标准和测算依据来核定转移支付量限。②编制规范的转移支付预决算。要按照分税制财政体制的要求认真编制政府间财政转移支付的专门预算、决算,做好转移支付与一般财政预算、决算的衔接工作。要按照转移支付的不同形式即按一般性补助、专项补助、特殊性补助分别编制预算、决算。③健全预算约束机制。为了正确反映和真实核算转移支付的执行情况和经济效果,增强转移支付的计划性和透明度,要健全相应的预算约束机制。转移支付预算的编制需接受同级人民代表大会和上级财政部门的监督,并报同级人民代表大会审批后组织实施。

(2) 采用"因素法"规定作为我国转移支付数额计算的方式主要是：①依法强化我国的转移支付形式和规范"因素法"的采用。参照国际惯例立足我国国情,我国的转移支付应以一般性转移支付为主专项补助和特别性、临时性补助为辅。对于一般性转移支付,由于没有具体使用用途要求,操作的关键在于如何分配,我国应采用国际上广泛采用的规范的"因素法"计算收支差额进行补助。至于专项补助应建立科学的专项拨款机制对项目内容相对固定、且时间较长的专项拨款,应当实行专项拨款公式化,同时对专项拨款的申请程序应法定化。尤其是对一些突发的、不宜公式化的确定项目如疫情、灾情的临时性补助,必须预先规定基本的分配原则,增加专项拨款分配或特别临时性补助拨款的透明度,使之真正公平合理起到均等化作用。②依法规范"因素法"扩大其应用范围。采用"因素法"是规范转移支付的主要标志,是世界各国经过多年探索得出的共同经验。因素法的关键在于计算模式的确立和因素的选择。我国应依法确认"收入能力—支出需求均衡拨款型",即通过计算各地的理论收入能力和标准支出需求来确定转移支付数额的方式作为我国的计算模式。而影响我国财政收支的因素包括：人口因素、人均国民生产总值、人均财政收入、自然因素和特殊因素五大方面。在以上测算模式、影响因素确定的基础上测算理论收入能力与标准支出及其转移支付数额。

(3) 转移支付核定的方式和其若干法律制度的规定。该规定包括建立规范化的转移支付预算和预算监督制度；建立转移支付资金或资产使用责任制以及项目执行结果的验证制度审计制度。

[专栏3-1]　　　　　　　　韩国政府间转移支付制度案例

韩国是实行市场经济的发展中国家,在财政体制上也实行分税制,即按税种划分中央与地方政府的基本收入来源,不设共享税。按政府职能划分支出范围、量入为出、不打赤字。韩国法律原则规定地方政府在履行自己职责时所需经费由自己解决,但由于地区间经济发展和财源分布不同,有些地方的地方税加上税外收入不能满足地方政府的必要开支,因此韩国目前的做法是将中央政府的一部分收入通过转移支付制度补助给一些地方政府,其主要内容为：

(1) 建立地方分享税与地方转移基金制度。将国内税收的一定比例转移给地方政府,以保证所有的地方政府至少提供国民可接受的最低地方政府服务,矫正财政的纵向不平衡和横向不平衡。

(2) 设置国库补助金制度,由中央政府向地方政府提供专项补助。具体包括国库分成补助、发展补助和专项补助三项。其中国库分成补助是以自然灾害恢复项目和其他建设性项目为基础提供的；发展补助是补给地方政府以鼓励其开发某些项目或为某些项目提供财政援助；专项补助通常是用于提供一些如大选、征兵等国家职能的全部费用。

(3) 设置财政调整补助和政府转移支付制度,以实现地方政府上下级之间的转移支付,比如政府将一部分财力转移给区府、市府和政府等。

资料来源：http://www.taxchina.com

思考提示：韩国政府转移支付制度对我们的借鉴意义有哪些？

[专栏3-2]　　　　　　　　印度政府间转移支付制度案例

印度是一个实行联邦制的发展中国家,中央与地方实行分级分税的财政管理体制,在划分

事权、财权的基础上形成中央、邦、市三级独立预算,其转移支付制度的主要内容为:

(1)中央预算在整个财政预算中占支配地位财权财力的集中程度较高中央收大于支邦和市支大于收。

(2)印度的财政委员会在中央对地方的转移支付中发挥着重要作用。委员会由 1 名主席与 4 名委员组成,主席由内阁成员担任。4 个委员的构成是:法律官员、财政计划官员、行政管理官员和经济学官员,均为来自于中央政府部门的部长。委员会是一个非常设机构,专门为编制财政五年计划设立,一旦编制的计划被议会批准,该届委员会的使命就算完成,委员会机构即解散。

(3)中央对地方的资金分配关系由一套公开的模式来实现。主要采取 6 种形式:一是产品税和个人所得税的分享;二是经常性援助即没有指定特殊用途或附带条件的援助;三是特殊目的援助即中央政府指定用途的补助;四是地区发展专项资金援助,主要是对一些战略性地区或少数民族进行援助;五是国际性组织的项目援助,通过中央政府分配给各地方政府;六是自然灾害解救基金。

资料来源:http://www.taxchina.com

思考提示:印度政府转移支付制度对我们的借鉴意义有哪些?

第三节 政府预算管理体制的历史演变

新中国成立以来,为适应各个历史阶段政治经济形势的发展,政府预算管理体制进行了多次变革:总的趋势是由建国初期的高度集中管理逐步转向统一领导、分级管理的体制演变。

一、改革开放前预算管理体制的主要类型

(一)建国初期实行管理权高度集中的统收统支体制

建国初期我国国民经济面临着严重的困难,物价波动、财力分散、财政管理上收支脱节、收不抵支,出现了较为严重的财政赤字。为了恢复经济、克服财政困难,1950 年 3 月中央颁发了《关于统一国家财政经济工作的决定》,并对统一管理财政收支做出具体规定,其基本精神是:全国各地的主要收入一律解缴中央金库由中央统一掌握;地方开支由中央核定按月拨付;建立统一的预决算、审计、会计制度和严格的财政监察制度,各项财政收支除地方附加外全部纳入预算管理。由于这项制度的特征是:主要预算收入上缴中央,地方支出由中央拨付,故称统收统支体制。

(二)"一五"时期实行划分收支分级管理体制

1953 年我国进入发展国民经济的第一个五年计划时期,财经状况已走出困境,在新的形势下高度集中的预算管理体制和国家大规模的经济建设要求不相适应,据此国家对预算管理体制作了改进,实行划分收支分级管理的办法。其主要内容是:预算支出按企事业隶属关系划分,属于中央的企事业和行政单位支出列中央预算,属于地方的企事业和行政单位支出列地方预算;预算收入实行分类分成,即将预算收入划分为中央固定收入、地方固定收入、固定比例分成收入和调剂收入;地方预算每年由中央核定其预算支出,首先要用固定收入和固定比例分成收入抵补不足的部分,由中央划给一定比例的调剂收入弥补分成比例,一年一定;地方超收仍

按原定比例分成,地方预算结余留在下年度安排使用,不再上缴。

(三)1958年实行以收定支体制

1958年我国开始进入第二个五年计划时期,当时对经济管理体制要进行重大变革,以适应当时"大跃进"的形势,需要在预算管理体制上决定实行"以收定支五年不变"的办法。其基本精神是:明确划定地方财政管理权限,并在保证国家重点建设的前提下增加地方机动财力。主要内容有:地方收入包括固定收入(地方企事业收入和地方税)、企业分成收入和调剂分成收入;地方支出包括正常支出和中央专案拨款解决的支出;地方正常支出由上述三项收入来平衡,地方专案支出由中央专案拨款来平衡;收入项目和分成比例确定后原则上五年不变,地方多收可以多留多支。

(四)20世纪60年代经济调整时期实行较为集中的管理体制

"大跃进"在经济工作上的失误使得原来的预算管理体制无法继续执行,从1959年起又改为"总额分成一年一定"的办法以试图解决财力分散和宏观失控的问题。20世纪60年代初期,为克服国民经济的严重困难,中央提出了"调整、巩固、充实、提高"的方针,在预算管理体制上实行了较为集中的管理办法,其主要措施是把财权集中在中央、省(自治区、直辖市)、地区三级,缩小专区、县、公社的财权;继续实行"总额分成一年一定"的办法,同时加强了中央对收入和支出的控制;对预算外资金采取"纳、减、管"的办法进行整顿,即有的纳入预算管理,有的减少数额并要加强管理。

二、改革开放以来预算管理体制的主要类型

1978年党的十一届三中全会后我国开始对经济体制进行全面改革,为适应经济体制转轨的需要,政府预算管理体制于1980年、1985年和1988年进行了重大改革与调整。

(一)1980年在全国大部分地区实行"划分收支、分级包干"体制

从1980年起国家再次下放财权,预算管理体制是实行"划分收支、分级包干"的办法,俗称"分灶吃饭"体制。其基本内容是:按经济管理体制规定的隶属关系明确划分中央及地方的收支范围,收入实行分类分成,分为中央固定收入、地方固定收入、固定比例分成收入和调剂收入。中央和地方的支出范围按企事业单位的隶属关系划分;地方的预算支出首先用地方的固定收入和固定比例分成收入解决,收入抵补有余者上缴中央,不足者从调剂收入中解决,并确定相应的调剂分成比例,若三项收入仍不足以平衡地方预算支出的由中央按差额给予定额补助;中央与地方对收入的各项分成比例或补助定额确定后原则上五年不变,地方在划定的收支范围内自求平衡。此外广东和福建两省实行地方自主权更大的"定额包干五年不变"的体制,为保证中央财政收入的稳定性,京、津、沪三大城市仍实行"总额分成、一年一定"的体制。

由于改革过程中出现许多新的问题,如中央预算收支难以平衡、地方企业收入下降,导致地方固定收入减少、全国投资规模失控、重复建设严重等,使得这一体制很难严格执行,在实践中有许多调整。1983年将收入分类分成包干改为总额分成包干办法。

(二)1985年实行"划分税种、核定收支、分级包干"体制

随着我国经济体制改革的推进,尤其是经过两步"利改税",税收成为国家财政收入的主要形式。因此中央决定从1985年起实行"划分税种、核定收支、分级包干"的预算管理体制。其主要内容包括:按税种将收入划分为中央固定收入、地方固定收入、中央和地方共享收入;按隶

属关系将支出划分为中央财政支出和地方财政支出,对不宜实行包干的专项支出由中央专项拨款安排;按基数核定的地方预算收支,凡固定收入大于支出的定额上解中央固定收入,小于支出的从中央和地方共享收入中确定一个分成比例留给地方,地方固定收入和中央地方共享收入全留地方仍不足以抵补其支出的由中央定额补助。收入分配办法确定以后五年不变,地方多收多支、少收少支、自求平衡。此外广东、福建两省继续实行财政大包干办法,中央给予民族自治区和视同民族自治区的省的定额补助数每年递增10%。

在实践中由于种种的变动因素影响着这一体制的执行,特别是中央与地方的职责划分不清、税制不健全,为了稳定中央与地方之间的分配关系,中央又规定1985年和1986年内除了中央固定收入不参与分成外,把地方固定收入和中央地方共享收入加在一起与地方预算支出挂钩,确定一个分成比例实行总额分成。因此该体制实际执行的仍是总额分成包干制。

(三)1988年对地方财政包干办法的改进

针对原定体制存在的问题,1988年中央决定对各地区实行不同形式的包干办法。主要的包干形式有6种:一是收入递增包干,即以1987年的决算收入和地方应得的支出财力为基数,参照各地近几年收入增长情况确定收入递增率(环比)和地方留成、上解比例在递增率以内的收入,实行中央与地方固定比例分成,超过递增率的收入全留地方,地方收入达不到递增率、影响上解中央的部分由地方自有财力补足。实行这种包干办法的有北京等10省(市)。二是总额分成,即根据核定的收支基数以地方支出占总收入的比重确定地方留成、上解比例。实行这种包干办法的有天津等3省(市)。三是总额分成加增长分成。具体做法是基数以内部分按总额分成、比例分成,实际收入比上年增长部分另计分成比例,以使地方从增收中得到更多的利益。采用此法的有大连等3个计划单列市。四是上解额递增包干以收入上解中央的基数每年按一定的比例递增上缴。广东、湖南实行这种办法。五是定额上解,即按固定数额向中央上解收入。上海等3省(市)采用这种办法。六是定额补助,即中央按固定的数额补助地方。吉林等16省(自治区)实行这种办法。

第四节 现行预算管理体制的内容及评价

一、实行分税预算管理体制的背景分析

1993年以前,我国在预算管理体制方面进行了不断地探索,实行过多次改革。党的十一届三中全会以后,预算管理体制作为整个经济体制改革的突破口,率先打破了过去统得过死的局面,实行了包干办法。1980年至1993年,与当时经济体制改革相配套,预算管理体制经历了一条由高度集中到逐步放开再到相对分散的历程。到1993年,中央对地方实行的包干体制达到6种形式,包括收入递增包干、上解额递增包干、定额上解、定额补助、总额分成、总额分成加增长分成。预算包干体制在一定的历史条件下对调动地方增收节支的积极性、促进地方经济发展起到了一定的积极作用。但是随着社会主义市场经济的发展,包干体制已经越来越不适应改革和发展的需要,其弊端也日益暴露,主要表现在以下几方面:

(一)国家财力分散

市场经济体制要求摒弃过去计划经济体制下以计划为主的经济模式,国家对经济的调控

由过去的以计划为手段的直接管理为主向以市场机制为手段的间接调控为主转变。为保证中央对宏观经济的有效控制,中央政府必须掌握充裕的财力。而预算包干体制过于强调调动地方组织收入的积极性,在收入增量分配方面过于向地方倾斜,使得中央预算收入在整个预算收入增量分配中所占份额越来越少,造成国家财力过于分散,中央预算收入占全部预算收入的比重不断下降,困难日益加剧。从1985年至1993年,中央预算收入占全国预算收入的比重(不含债务收入)由1985年的34.8%,1986年的36.7%下降为1992年的28.1%和1993年的22%,严重弱化了中央的宏观调控能力,与建立社会主义市场经济体制的总体目标相悖。

(二)强化了地方的利益机制,加剧了地方保护主义

市场经济体制要求营造良好的经济发展氛围,以利于企业在市场经济条件下公平竞争,通过市场实现资源的有效配置达到提高全社会宏观经济效益的目的。但旧的包干体制将对不同产品按不同税率征收的流转税全部作为地方收入,导致各地政府在自身的利益驱动下热衷于发展那些税高利大的企业,导致"小酒厂"、"小烟厂"盲目发展,重复建设严重,不利于资源的优化配置和产业结构的合理调整;同时这种体制将政府的财政利益与企业结合在一起,强化了政府对企业生产经营的干预,不利于政企职能的分离。

(三)形式不够规范

预算包干体制种类繁多、同时并存、计算复杂,加上人为因素影响大、支出基数确定不合理,造成地区间长期的收支不均,不利于地方经济的均衡发展,不利于营造规范的社会主义市场经济环境。

最后,包干体制将大部分收入混在一起实行大包干的办法,容易造成中央与地方之间的利益界限不明晰,各级财政的职责、权限模糊,相互挤占收入和收入流失现象非常严重。针对上述情况,国务院决定从1994年起实行分税制预算管理体制。

二、分税制预算管理体制的内容

党的十三届七中全会通过的《决议》提出,财政体制改革的方向是在划清中央和地方事权范围的前提下实行分税制。1992年经过国务院批准,在辽宁、浙江、新疆、天津、沈阳、大连、青岛、武汉、重庆等9个省(自治区)、市进行了分税制预算管理体制改革的试点。经验表明,实行分税制能够比较合理地解决中央与地方的财政分配关系,能够有效地解决财政包干体制存在的某些弊端。有鉴于此,1993年12月15日国务院发布了《关于实行分税制财政管理体制的决定》,决定从1994年1月1日起在全国各省、自治区、直辖市以及计划单列市实行分税制。其主要内容是:

(一)中央与地方的支出划分

根据中央与地方政府事权的划分,中央预算主要承担国家安全、外交和中央国家机关运转所需经费,调整国民经济结构、协调地区发展、实施宏观调控所必需的支出,以及由中央直接管理的事业发展支出。具体包括:国防费、武警经费、外交和援外支出、中央级行政管理费;中央统管的基本建设投资,中央直属企业的技术改造和新产品试验研制、地质勘探费;由中央预算安排的支农支出、由中央负担的国内外债务的还本付息支出;以及中央本级负担的公检法支出和文化、教育、卫生、科学等各项事业费支出。

地方预算主要承担本地区政权机关运转所需支出以及本地区经济、事业发展所需支出。具体包括:地方行政管理费,公检法支出,武警经费,民兵事业费,地方统筹的基本建设投资,地

方企业的技术改造和新产品试制经费,支农支出,城市维护和建设经费,地方文化、教育、卫生等各项事业费,价格补贴支出以及其他支出。

(二)中央与地方收入的划分

根据事权与财权相结合的原则,按税种划分中央与地方的收入。将维护国家权益、实施宏观调控所必需的税种划为中央税;将同经济发展直接相关的主要税种划为中央与地方共享税;将适合地方征管的税种划为地方税并充实地方税税种,增加地方税收收入。具体划分如下:

1. 中央固定收入

中央固定收入包括:关税,海关代征的消费税和增值税,消费税,中央企业所得税,地方银行和外资银行及非银行金融企业所得税,铁道部门、各银行总行、各保险总公司等集中缴纳的收入(包括营业税、所得税、利润和城市维护建设税),中央企业上交的利润,等。外资企业出口退税除1993年地方已经负担的20%部分列入地方上缴中央基数外,以后发生的出口退税全部出中央预算负担。

2. 地方固定收入

地方固定收入包括:营业税(不含铁道部门、各银行总行、各保险公司集中缴纳的营业税)、地方企业所得税(不含上述地方银行和外资银行及非银行金融企业所得税)、地方企业上缴利润、个人所得税、城镇土地使用税、固定资产投资方向调节税、城市维护建设税(不含铁道部门、各银行总行、各保险总公司集中缴纳的部分)、房产税、车船使用税、印花税、屠宰税、农牧业税、对农业特产收入征收的农业税(简称农业特产税)、耕地占用税、契税、遗产和赠与税、土地增值税和国有土地有偿使用收入等。

3. 中央与地方共享收入

中央与地方共享收入包括:增值税、资源税和证券交易税。增值税中央分享75%,地方分享25%;资源税按不同的资源品种划分,大部分资源税作为地方收入,海洋石油资源税作为中央收入;证券交易税中央与地方各分成50%。

(三)中央预算对地方税收返还数额的确定

为了保持现有地方既得利益格局,逐步达到改革的目标,中央预算对地方税收返还数额以1993年为基期年核定。按照1993年地方实际收入以及税制改革中中央与地方收入划分情况,核定1993年中央从地方净上划的收入数额(即消费税加75%的增值税减中央下划收入)。1993年中央净上划收入全额返还地方,保证现有地方既得财力,并以此作为以后中央对地方税收返还的基数。1994年以后,税收返还额在1993年基数上逐年递增,递增率按地方增值税和消费税的平均增长率的1%:0.3%系数确定,即上述两税地方平均每增长1%,中央预算对地方的税收返还增长0.3%。如若1994年以后中央净上划收入达不到1993年基数,则相应扣减税收返还数额。以1993年为基数的这种做法显然起到了保持地方既得利益的作用但同时也会造成某些地区人为地抬高基数。

之所以发生"税收返还",主要是由于按新税制设置的税种划分为中央和地方的收入后,中央和地方之间收入发生互转,但总体来说是地方收入净上划中央。为了保持现有地方既得利益格局,减少改革阻力,建立中央财政在收入增量中逐步增长的机制,达到中央财力稳定增长的目标,中央决定将净上划中央收入返还地方。

税收返还的计算公式为:

税收返还基数＝1993年上划中央收入数－中央下划地方收入数

1994年税收返还数＝1993年核定净上划中央收入×(1＋本地区消费税和增值税增长×0.3)；

以后年度税收返还数＝上年税收返还收入×(1＋地方消费税和增值税增长×0.3)；

1994年上划中央收入达不到1993年基数的相应扣减税收返还基数。

(四)原体制中中央补助、地方上解以及有关结算事项的处理

为了顺利推行分税制改革,1994年实行分税制以后,原体制的分配格局暂时不变,过渡一段时间再逐步规范化。原体制中中央对地方的补助继续按规定补助；原体制中地方上解仍按不同体制类型执行；实行递增上解的地区按原规定继续递增上解；实行定额上解的地区按原确定的上解额继续定额上解；实行总额分成的地区和原分税制试点地区暂按递增上解办法执行,即按1993年实际上解数并核定一个递增率每年递增上解。

原中央拨给地方的各项专款该下拨的继续下拨。地方1993年承担的20％部分出口退税,以及其他年度结算的上解和补助项目相抵后确定一个数额作为一般上解或一般补助处理,以后年度按此定额结算。

(五)实行分税制后中央和地方按新口径编制预算,不能随意改变预算收支范围

中央预算收入包括：中央固定收入、中央分享的共享收入、中央与地方按固定比例分成收入中中央分成部分以及地方按体制规定上解中央的收入。中央预算支出包括：中央本级支出、中央对地方的税收返还支出、按体制规定补助地方的支出、中央对地方的专项拨款补助支出和一般补助支出。

地方预算收入包括：地方固定收入、地方分享的共享收入、地方固定比例分成收入、中央税收返还收入、中央专项拨款和一般补助收入、下级预算按体制规定上解的收入。地方预算支出包括：地方本级各项支出、体制上解支出、对下级财政税收返还支出、按体制规定对下级预算的补助支出、对下级预算的专项补助和一般补助支出等。

三、分税体制运行中的一些调整

分税制体制在运行中根据国民经济的运行情况和宏观调控的需要,对体制规定中一些内容作了调整,主要包括：

(1)共享收入中的证券交易税由于没有开征,在体制实践中仅对证券交易的印花税作共享处理,其共享比例由原来的中央与地方各占50％,1997年调整为中央占80％,地方占20％；1998年6月起调整为中央占88％,地方占12％；2000年10月起调整为中央占91％,地方占9％；2001年调整为中央占94％,地方占6％；2002年调整为中央占97％,地方占3％。

(2)从2002年起,企业所得税和个人所得税实行中央财政与地方财政按比例分享,主要包括以下内容：

①分享范围。除铁路运输、国家邮政、中国工商银行、中国农业银行、中国银行、中国建设银行、国家开发银行、中国农业发展银行、中国进出口银行以及海洋石油天然气企业的所得税作为中央收入外,其他企业所得税和个人所得税收入由中央和地方按比例分享。

②分享比例。2002年实施5∶5分享,2003年中央与地方6∶4分享。以后年份的分享比例根据实际收入情况再行考虑。

③计算基数。以2001年为基期,按改革方案确定的分享范围和比例计算,地方分享的所

得税收入,如果小于地方实际所得税收入,差额部分由中央作为基数返还地方;如果大于地方实际所得税收入,差额部分由地方作为基数上缴中央。

④资金使用方向。中央财政因所得税分享改革增加的收入全部用于对地方(主要是中西部地区)的一般性转移支付。地方所得的转移支付资金由地方政府根据本地实际,统筹安排,合理使用。首先用于保障机关事业单位职工工资发放和机构正常运转等基本需要。

(3)出口退税改革。2003年10月中央公布了《关于进行出口退税制度改革的决定》,改革的基本原则是:新账不欠,老账要还,完善机制,共同负担,促进发展。主要内容是:适当调整了出口退税率,2004年后出口退税的增量部分由中央和地方按75∶25的比例承担,累计欠退税由中央财政负担。

(4)从1997年11月起金融保险业营业税的税率由5%提高到8%,所增加的收入归中央财政,2001年起分3年把金融保险业的营业税的税率降低到5%。

四、分税制体制的基本成效和存在的缺陷

分税制改革初步建立了与市场经济相适应的预算管理体制框架,经过十几年的改革实践与调整,分级分税制预算体制亦显示了其在规范中央与地方分配关系,调动了地方理财、增收的积极性,打破了僵化的政企关系,提高了中央财政宏观调控能力方面的突出成绩,实现了从传统体制模式到适应市场经济的成功转变。同时实施目前的分税制体制也显现出一些亟需改进的问题。

(一)分税制体制的基本成效

1.分税制体制以事权分割为依据,以税种划分收入,规范了中央与地方政府间的财政分配关系

分税制体制按税种划分收入,突破了传统体制中"条块分割"按隶属关系划分收入的做法,剪断了传统体制中维系政府干预企业关系的绳索,企业不论大小、所有制性质和行政级别,在税法面前一律平等,既是中央预算的税源,也是地方预算的税源。一方面使各级财政走上了按税种组织收入的新轨道,另一方面也有利于企业真正站在同一起跑线上展开公平竞争。

2.地方各级政府理财思路明显转变,有效促进了产业结构调整和资源优化配置

分税制改革明确了各级地方政府的收入和支出范围,大大提高了财力分配的透明度和规范性,强化了对地方财政的预算约束,这些非常有利于长期行为的形成,地方各级政府面对分税制体制改革的要求,理财思路发生了明显的变化。一是顺应分税制体制带来的财源结构的变化,制定新的财源建设战略,普遍提高了对第三产业和投资环境的支持力度,积极培育新的经济增长点,同时对第二产业一般盈利性项目的重复建设热度有所降低。二是提高了各级财政坚持财政平衡,改进和加强了收支管理的主动性和自主性,比如在提高税收征管力度、狠抓非税收入和预算外资金的管理、强化支出管理等方面,各级财政进行了很多有益探索。

3.促进了财政总体财力和中央预算的宏观调控能力的提高

分税制改革之前,国家财力分散,1993年预算收入占GDP的比重为12.6%,中央预算占全国预算收入的比重为22.0%,预算收入占GDP的比重和中央预算占全国预算收入的比重过低。通过分税制体制改革,消费税和增值税这两个主要的流转税税种成为中央预算的主要财源,奠定了中央预算收入随GDP增长的稳定基础。1994年至2009年全国财政收入和中央财政收入都稳定在较高水平上(见表3-1)。

表 3-1　1994—2009 年财政收入的两个比重变动情况（表中数字要分节）

年份	GDP（亿元人民币）	全国财政收入（亿元人民币）	中央财政收入（亿元人民币）	财政收入占GDP的比重（%）	中央财政收入占全国财政收入的比重（%）
1994	48 197.9	5 218.10	2 906.50	10.83	55.70
1995	60 793.7	6 242.20	3 256.62	10.27	52.17
1996	71 176.6	7 407.99	3 661.07	10.41	49.42
1997	78 973.0	8 651.14	4 226.92	10.95	48.86
1998	84 402.3	9 875.95	4 892.00	11.70	49.53
1999	89 677.1	11 444.08	5 849.21	12.76	51.11
2000	99 214.6	13 395.23	6 989.17	13.50	52.18
2001	109 655.2	16 386.04	8 582.74	14.94	52.38
2002	120 332.7	18 903.64	10 388.64	15.71	54.96
2003	135 822.8	21 715.25	11 865.27	15.99	54.64
2004	159 878.3	26 396.47	14 503.10	16.51	54.94
2005	183 217.4	31 649.29	16 548.53	17.27	52.29
2006	211 923.5	38 760.20	20 456.62	18.29	52.78
2007	257 305.6	51 321.78	27 749.16	19.95	54.07
2008	300 670.0	61 330.35	32 680.56	20.40	53.29
2009	335 353.0	68 518.30	35 915.71	20.43	52.42

数据来源：《中国统计年鉴(2009)》和财政部网站相关数据。

（二）分税制体制存在的缺陷与不足

1. 各级政府间事权划分及财政支出责任划分不清晰、不规范

在市场经济条件下我国现行的政府职能及财政职能与计划经济条件下相比较出现了很大的变化，但是职能转变并未全部完成，政府与市场、政府与企业的关系没有理顺。这一方面表现在，政府承揽的事项依然过宽、过杂，几乎覆盖了社会生产和消费的各个领域；另一方面，在市场失效的领域，应由政府承担的一些事项，如社会保障、卫生保健、基础科研等社会公益性事业，却因得不到足够资金保证而不能有效提供。这一问题的存在从根本上制约着政府事权划分和财政支出责任的划分。同时，中央与地方事权划分缺乏明确的法律界定，由于地方政府的职权和相应的支出范围是由中央政府授予的，在法律法规不健全的情况下，职权调整的随意性和多变性，以及在政府履行职能时，出现上推下卸等现象是难以避免的。

2. 税收返还政策实际照顾了富裕地区

分税制之初，为了确保中央级收入的稳定增长，国家确定了1∶0.3系数返还的政策。这一政策，在分税制初期促进了中央级收入的稳定增长，保证了"两个比重"稳步提高。但是，由于1∶0.3系数呈逐步缩小趋势，这一政策执行到现在，很多地方得到的中央增量返还已不到10%。也就是说，1994年地方上划中央"两税"增加1万元，中央财政返还地方0.3万元，而现

地方上划中央"两税"增加1万元,中央财政返还地方还不到0.1万元,严重挫伤了地方政府积极性。很多地方尤其是基层,把主要工作精力都放在了地方税上。因此,国家应适时调整这一系数返还政策,研究对中西部地区按照更高的比例返还,以调动落后地区自我发展的积极性。同时,中央对地方税收返还政策,基本上默认了起点上的不公平,财政收入增长快的东部沿海省份的财力继续增加,而中西部落后地区由于财政收入增长慢,相应地财力没有较快增长,进一步拉开了中西部省份财力分配差距,暴露了财力分配机制的缺陷。

3. 税收政策的制定和举债权力的集中,制约了地方经济发展

实行分税制后,所有税收政策的制定权和举债权都集中在中央,地方无权开设新的税种,更无权举债。但是,从这些年的实际情况看,由于税收政策过于集中,一些适合地方政府征收的税收如遗产税等迟迟无法出台,财政收入大量流失。《中华人民共和国预算法》规定地方政府不能编列赤字预算,也不能举债,一些地方就把应该列支的支出挂起来,本来应落于纸面上的赤字却变成了隐性赤字。"堵不如疏",中央在政策的制定上,应给予地方适当的自主权,不仅不影响国家政策的严肃性,也有利于加强管理。

4. 省以下财政体制不健全,县、乡财政比较困难

一是受中央与地方政府间事权划分不清、财权事权不统一的影响,省以下财政体制改革不可能在事权划分、支出结构调整上有突破性安排。地方政府明知许多支出项目与结构不合理,也无法进行必要的调整,支出规模也就压不下来,财政困难状况也就不可能从支出管理方面得到改善。二是当前财税分家和国地税分设的局面,增加了地方财政工作的难度。财政部门对税务部门缺乏有效制约,税务部门与财政部门讨价还价的问题时有发生,地方财政预算的安排和执行难度加大。三是省以下政府层级过多,政府间税源差异大,分税制无法给基层政府提供稳定的收入来源。中央与省级政府分税后,中央虽然留给省以下地方政府很多税种作为地方政府的固定收入,但这些税种中除营业税还算是主体税种外,其他税种不仅税基小、税源少,而且征收难度大、成本高,根本无法满足地方各项支出的需要。加之,省以下地方政府层级多,越是到基层,税源结构越不均衡,地区间收入差别越大,乡镇一级以致无税可分。

4. 转移支付制度不尽科学和规范

主要表现在以下方面:矫正辖区间外溢效应的功能不完善,一些对地方应有的补偿性拨款缺失或不足;省以下转移支付制度不统一,省与下级的纵向财政失衡问题仍普遍存在;转移支付管理不规范,影响资金使用效率的提高;转移支付信息透明度差,不利于地方财政预算管理。

关键术语

政府预算管理体制　预算管理权　事权　财权　收支两条线　地方预算机动财力　转移支付制度　分税制

复习思考题

1. 为什么政府预算管理体制是财政管理体制的主导环节?
2. 建立政府预算管理体制的基本原则是什么?
3. 为什么说政府预算管理体制的核心是处理集权和分权的关系?
4. 政府预算管理体制的内容是什么?

5. 政府预算组织管理体系是如何组成的？预算收支是如何划分的？
6. 地方机动财力如何设置和使用？
7. 如何建立我国政府间规范的转移支付制度？
8. 新中国成立以来我国政府预算管理体制的主要类型有哪些？
9. 为什么我国在 1994 年实行分税制改革及目前如何进一步完善该制度？

第四章　政府预算编制基础

　　政府预算编制是政府预算管理的中心环节,通过这一过程可以明确预算年度政府的工作范围和方向,由此形成的预算计划是指导财政工作全局的重要部署。政府预算编制基础也是形成政府预算的基础,包括预算编制要坚持一定的原则,编制预算要有充分的依据,预算编制前要做各项具体而细致的准备,预算收支的确定要建立在定性和定量分析测算的基础上。本章的主要内容是:政府预算编制前的准备工作,政府预算编制原则和依据,我国政府预算收支测算的基本方法等。

第一节　政府预算编制的准备工作

　　编制政府预算,需要做一些必要的前期准备工作,主要包括修订政府预算科目和预算表格;对本年度预算执行情况进行预计和分析;拟定计划年度预算收支指标;颁发编制政府草案的具体规定等内容。

一、修订政府预算科目和预算表格

(一)修订政府预算科目

　　预算科目是政府预算收支的总分类及明细分类,它系统反映政府预算收入的来源和支出方向,是编制预算、办理缴款、拨款,进行会计核算、财务分析以及财政统计等工作的核算工具。政府预算收支科目由收入科目和支出科目组成。

　　政府预算收入科目分为"类"、"款"、"项"、"目"四级。政府预算支出科目分为"类"、"款"、"项"三级。预算收支科目分类等级之间的关系是:前者是后者的概括和汇总;后者是前者的具体化和补充。为了正确反映政府预算收支的内容,适应预算管理的要求,每年在编制政府预算之前都必须根据财政经济发展变化情况对政府预算收支科目进行修订。

　　2007年,我国政府预算收支科目进行了重大变化。

(二)修订政府预算表格

　　预算表格是预算收支指标体系的表现形式。把预算收支数字及有关资料和计算依据等科学地安排在表格中,就可以清楚地反映预算的全部内容。由于预算管理体制和制度的变化,各个年度的预算表格有所不同。一般情况下,由财政部在上年表格的基础上,对预算表格进行修订。为了便于我国政府预算的汇总,各省(自治区、直辖市、计划单列市)的各级总预算表格和财务收支计划,必须由财政部统一制定;省(自治区、直辖市、计划单列市)以下的各级总预算及单位预算表格要在保证中央总要求的前提下,由各省(自治区、直辖市、计划单列市)根据各自的具体情况自行拟定。

从内容上看,预算表格的种类基本上可分为四类:一是一般预算收支简表;二是基金预算收支简表;三是一般预算收支总表;四是基金预算收支总表。其中一般预算收支简表和基金预算收支简表,收支数据只到类级科目,一般预算收支总表和基金预算收支总表的主要收支项目细化到款级。新的政府收支分类改革出台后,政府预算表格将增加至5张,原有的4张表格继续保留,只是将原政府预算收支科目替换成新的政府收支分类。新科目新增加1张一般预算支出表,纵向反映功能支出,横向反映经济支出。

二、对本年度预算执行情况进行预计和分析

各级财政部门在编制下年度预算之前,需要对本年度预算执行情况进行预计和分析。根据当年预算收支的实际执行情况,结合经济发展的趋势,参照历年的收支规律,预计后几个月的收支完成情况,汇总为全年预算收支预计数,供编制下年度预算时参考。

对本年度预算执行情况进行预计和分析,是确定下年度预算收支指标的基础。因为各个预算年度之间在预算内容上是紧密联系的,上下年度的预算在许多方面都有相同点。目前,世界上大多数国家编制预算时都采用传统的方法,就是在本年度预算执行情况的基础上测算下年度的预算收支指标,我国也采用这种方法。

为了使预算收支预计数尽量符合实际,在对本年度预算执行情况进行预计和分析时,要重点分析以下三个问题:一是预计时的实际执行数。分析前几个月的收入是否做到应收尽收,有无超缴虚收现象;支出是否做到应拨尽拨,有无应拨未拨现象。二是分析后几个月有无新的重大的财政经济措施出台和各项影响预算收支变化的因素,如调整工资、价格和税率等。三是分析检查年初预算安排的各项增收节支措施的落实情况,取得的实际效果如何。

对本年度预算执行情况的预计和分析的步骤是:①根据报表资料,整理出预算已执行月份的收支数额和情况,并对各项收支执行情况,参照上年同期数据进行对比分析;②根据本年度预算已执行月份的实际情况,结合经济发展趋势分析预计本年度未执行月份可能完成的收支数;③把实际执行月份的收支数和未执行月份的预计执行数汇总为本年度的预算收支的预计完成数,为编制下年度预算提供可靠的依据。

三、拟定计划年度预算收支指标

在对本年度预算收支执行情况进行预计分析的基础上,财政部要根据国家的方针政策和经济发展状况,拟定计划年度政府预算收支控制指标。对中央本级,拟定收支控制指标;对地方,拟定指导性的收支计划。控制指标经国务院审定后下达,作为各地区、各部门编制预算的依据。

预算收支控制指标基本上规定了预算收支规模和增长速度,它是中央和地方财政之间年度预算资金分配的总框架。在编制预算之前下达控制指标,有利于财政计划的统一性和预算编制工作的顺利进行,有利于协调国民经济各部门之间的资金分配比例,有利于解决中央预算和地方预算之间的资金分配关系,解决地区之间的平衡问题。

拟定预算收支控制指标的依据是:①本年预算收支预计完成数;②计划年度国民经济和社会发展计划控制数;③长期计划中有关的各项年度收支计划数;④各地区、各部门提出的计划年度预算收支的建议数;⑤影响下年度预算收支的有利和不利因素;⑥历年预算收支规律。

预算收支控制指标的拟定是一项政策性强、业务水平高的工作。在拟定预算收支控制指标时,一方面要体现国家的方针政策,另一方面要本着实事求是的科学态度,运用可靠的数据反复测算,提高控制指标的准确性。

四、颁发编制政府草案的具体规定

为了使各级政府预算的编制符合国家的方针政策及国民经济和社会发展计划的要求,保证政府预算编制的统一性、完整性和准确性,每年在政府预算编制之前,财政部要根据国务院关于编制预算草案的指示精神,颁发编制预算草案的具体规定,其内容一般包括:①编制预算的指导思想、方针及任务;②主要预算收入和预算支出指标的具体编制要求;③各级政府预算收支的划分范围变化和机动财力使用范围、原则和权限;④政府预算编制的基本方法;⑤政府预算报送程序、报送份数和报送期限。

第二节 政府预算编制基本原则和依据

一、政府预算编制的原则

(一)法治性原则

政府预算是政府依法行政的直接依据和基本途径,这就要求政府预算的编制首先要符合《中华人民共和国预算法》(以下简称《预算法》)和国家其他相关法律、法规,充分体现国家的有关方针、政策,要在法律赋予的职权范围内编制。具体地讲,一是收入要合法合规。税收收入要严格依法征收,基金收入要符合国家法律、法规的规定,行政事业性收费要按财政部、国家计委和价格管理部门规定的收费项目和标准测算等。二是各项支出的安排要符合国家法律法规、有关政策规定和开支标准,要遵守现行的各项财务规章制度。支出预算要结合本部门的事业发展计划、职责和任务测算;对预算年度收支增减因素的预测要充分体现与国民经济和社会发展计划一致性,要与经济增长速度相匹配;项目和投资支出方向要符合国家产业政策;支出的安排要体现厉行节约、反对浪费、勤俭办事的方针。三是政府预算一旦经过国家权力机关审批之后,就具有法律效力,必须贯彻执行。

(二)及时性原则

及时性原则是对预算编制的时间要求。各级政府、各部门、各单位都应按照国务院规定的时间编制预算草案。凡是参与预算执行的部门和单位要及时编报预算,各级政府要及时汇总预算,国务院要按时向人代会提交预算草案,以确保预算及时得到审查和批准。

(三)平衡性原则

平衡性原则就是预算编制时,中央政府公共预算不列赤字;地方政府预算要坚持以量入为出、收支平衡的原则编制,不列赤字。

一般来说,在一个既定的预算年度内,预算收支相抵后的结果有三种情况:一是预算平衡,二是出现盈余,三是出现赤字。赤字最直接的表现是政府预算入不敷出,需要在税收等正常收入之外,通过举债筹措一部分资金由政府分配使用。

(四)真实性原则

真实性原则就是政府预算必须真实可靠,收支数额不许虚列冒估。性质不同的预算收支应严格区分,不能随意混淆。预算中的预计数应尽量准确地反映出可能出现的结果。鉴于非确定性的存在,还应建立后备基金——各级预算的预备费,用于预算执行中某些临时性的急需和事前难以预料的特殊开支。

(五)合理性原则

由于在社会主义经济建设与事业发展中,各支出项目在国家事务管理和国民经济运行中所处的地位不同,预算安排的顺序和数额也不相同,因此,在预算编制中必须从全局出发,区别轻重缓急,保证重点,兼顾一般,促进国民经济和各项事业的协调发展。

(六)透明性原则

政府预算体现着政府活动的范围和方向,关系到全体人民的切身利益,因此,预算的编制必须体现公开、透明的原则。为此,一要依法明确界定和澄清政府各部门在预算管理中的职责权限,做到权责透明;二要重新系统、全面地设立预算科目,细化预算编制的内容,并将预算编制和执行的方法和程序公开化;三是要建立政府预算信息定期公告制度,在指定的官方媒体上定期公布预算编制和执行的有关信息,自觉接受人民群众的监督。

(七)绩效性原则

政府依法行政的过程就是用纳税人的钱为纳税人办事的过程。这就要求政府预算的编制和预算资金安排必须对纳税人负责,要有效率观念和效益观念,要建立责任制和绩效考评制度,对预算的执行过程和完成结果实行全面的追踪问效,强化对预算资金分配使用过程的监督和使用效益的考核分析,不断提高预算资金的使用效益。

二、政府预算草案的编制依据

预算草案是指各级政府、各部门、各单位编制的未经法定程序审查和批准的预算收支计划。各级政府编制年度预算草案的依据是:

(一)国家法律、法规

国家法律、法规是国家权力机关和行政机关在财政经济活动等方面具有强制性的行为规范。它是国家意志的体现,也是政府履行其职能和实施宏观财经管理的依据和行为准则。政府预算是国家管理社会经济事务、实施宏观调控的主要手段之一。因此,在编制政府预算时,必须以国家法律、法规为依据,从预算收支规模的确定,到预算收支结构的安排都要做到有法必依,以确保预算的合法性和科学性。

目前,我国政府预算编制的法律依据主要是《预算法》和《中华人民共和国预算法实施条例》以及相关的法律法规。如在《预算法》中,对预算编制的要求、内容、形式,财政后备资金的建立,编制和批复的时间及程序等作出了明确的规定。

(二)国民经济和社会发展计划以及有关的财政经济政策

国民经济和社会发展计划是政府从宏观上对经济活动进行管理、调节和控制的基本手段之一。政府预算是政府经济活动的集中反映,它不仅直接制约着政府活动的范围和方向,而且也直接或间接地制约着国民经济和社会发展计划的实现。这就要求在编制政府预算草案时,必须与国民经济和社会发展计划相适应,根据国民经济和社会发展计划中的生产、投资、流通、就业、物价以及教育、卫生等各项社会经济发展指标和一定时期的财经政策相协调,来综合地测算和确定年度预算收支规模和结构,编制年度预算草案。

(三)本级政府的预算管理职权和财政管理体制确定的预算收支范围

预算管理职权是以法律形式规定的各级政府、各级财政部门和国民经济各部门以及各单位在预算管理中的职责和权限。就编制环节而言,《预算法》规定,各级人民政府负责编制本级总预算草案,各级财政部门具体编制本级总预算草案,各部门编制本部门预算草案,各单位编制本单位预算草案。各级政府在编制本级总预算草案时,必须依据预算管理职权和财政管理体制确定的预算收支范围编制各自的预算草案。

(四)上一年度预算执行情况和本年度预算收支变化因素

上一年度预算收支执行情况是编制下年度预算草案的基础性信息资料。除个别新增或取消的预算收支项目外,大部分预算收支项目都是相对稳定的,预算资金运动是一个连续不断的过程,过去和现在的许多特征都会延续到未来变化的部分往往是在现有基础上的发展变化。因此,在编制预算草案时,应按连续性原则,以上一年度预算收支执行情况为基础,剔除年度间的不可比因素,并结合本年度税制、财务会计制度、企业经济效益状况、物价调整,以及工资、住房、医疗、教育、投资等体制改革对预算收支的影响,综合测算确定。

(五)上级政府对编制本年度预算草案的指示和要求

为了保证预算编制的科学性和统一性,每年国务院及地方政府都要下达编制本年度预算草案的指示和要求,这些指示和要求是各级政府编制本级总预算的重要依据。

[专栏4-1] **财政部关于编制2011年中央部门预算的通知(部分)**

一、2011年中央部门预算编制的指导思想

2011年中央部门预算编制工作,要全面贯彻党的十七大、十七届三中、四中全会、中央经济工作会议和全国财政工作会议精神,以邓小平理论和"三个代表"重要思想为指导,深入贯彻落实科学发展观,按照构建社会主义和谐社会和建立完善公共财政体制的要求,继续深化改革,完善机制,优化结构,加强管理,进一步提高中央部门预算管理水平,促进经济社会又好又快发展。

1.中央部门预算编制要与国民经济和社会发展规划相适应,与部门履行行政职能及事业发展计划相适应,与国家财力状况相适应;

2.要进一步优化财政支出结构,保证重点支出,提高财政政策的针对性和有效性,促进经济结构调整和经济发展方式转变;

3.要从严从紧编制预算,严格控制"三项经费"等支出,建立厉行节约的长效机制,控制和降低行政运行成本;

4.要加强综合预算管理,细化预算编制,推进资产管理与预算管理相结合、预算编制与预算执行相结合,提高预算管理的科学化、精细化水平;

5.要加强预算编制的基础性工作,完善支出标准体系和项目库管理方式,改进预算决策机制,为预算执行创造良好的条件;

6.要进一步深化国库集中收付、政府采购和公务卡改革,加强预算执行管理,提高预算资金分配、支付和使用过程的规范性、安全性和有效性。

二、2011年中央部门预算编制工作重点

1.坚持厉行节约,努力控制和降低行政运行成本。2011年继续严格控制出国(境)费、车辆购置及运行费、公务接待费等支出,项目支出预算原则上按零增长控制;严格控制党政机关办公楼等楼堂所建设,大力压缩会议、文件、通信等一般性支出,切实控制和降低行政运行成本。

2. 深化基本支出改革，改进定员定额管理，提高基本支出预算编制的科学性和规范性。在全面总结经验的基础上，积极稳妥地推进基本支出定员定额改革试点，进一步完善定员定额标准体系，扩大试点范围，研究将符合条件的参照公务员法管理事业单位和部分公益性事业单位纳入试点；稳步推进实物费用定额试点，优化定额项目，完善实物费用标准和费用定额，改进测算方法，探索建立人员定额和实物定额相结合的基本支出标准体系；做好基础数据管理工作，推进中央部门人员基础信息库建设，不断丰富信息内容，提高信息质量，拓展系统功能，夯实基本支出预算管理的基础。

3. 加强项目库建设，完善项目支出标准体系，推进项目支出预算精细化管理。切实加强项目库建设和管理，完善项目管理，规范信息填报，做好入库项目的审核、论证、立项、遴选及排序等工作，严格按照规定的规模、内容和方式申报支出预算；积极推进项目支出定额标准体系建设，完善项目支出分类方法，稳步开展通用和专用定额标准研制工作，注重标准的应用，提高项目支出预算管理的标准化水平；细化项目支出预算编制，控制和减少代编预算规模，提高年初预算到位率，做好项目的前期准备工作，为改进预算执行创造良好的条件；加强项目支出预算执行管理，推动预算编制和预算执行相结合。

4. 进一步推进预算项目支出绩效评价试点，强化部门绩效观念，提高公共服务质量。继续扩大绩效评价试点理顺管理体制，明确各相关方在绩效评价工作中耳朵指责；规范工作程序，加强对包括绩效评价项目确定、事前自评、事后自评和绩效评价、评价结果运用在内的全过程的管理；完善评价内容和评价文本，提高评价工作的规范性和可操作性；积极运用绩效评价结果，调整和优化支出结构，探索绩效评价结果与项目支出管理的有机结合；建立完善绩效评价公开制度，对项目绩效评价目标、结果等进行部门内部公示或有选择地向社会公开。

5. 加强财政拨款结转和结余资金管理，加大结转和结余资金统筹力度，提高财政资金使用效率。在编制2011年中央部门预算时，要结合本部门结转和结余资金情况，主动提出统筹使用结转和结余资金计划，加强结余资金在部门本级和下级预算单位之间、不同预算科目之间的统筹安排使用，延续项目有结转资金的，也要根据结转自己和项目年度自己需求情况，统筹安排财政拨款预算。

6. 加强政府非税收入管理，强化综合预算编制，提高部门预算完整性。按照全国人大的要求，自2011年取消预算外资金。除教育收费实行专户管理、交通运输部的主管部门集中收入纳入政府性基金预算管理外，其余预算外资金全部纳入公共预算，原通过上述资金安排的支出改由公共预算安排；对按规定应列入部门预算编报范围的单位和资金，应全部编报部门预算；要按照综合预算的原则，加强对部门除财政拨款以外的事业收入、经营收入和其他收入的管理，完善收支测算方法，切实提高部门预算编制的完整性和准确性。

7. 加强国有资产管理，研究建立资产配置标准体系，推进资产管理与预算管理的有机结合。加快制定资产配置等标准，完善资产标准体系；加强行政事业单位资产配置预算管理，建立健全资产管理与预算管理有机结合的机制，促进国有资产的合理配置和有效利用；要规范对中央行政事业单位国有资产有偿使用及处置活动的管理，行政单位国有资产处置收入、出租出借收入以及事业单位国有资产处置收入，要按照非税收入纳入预算管理的有关规定，上缴中央财政。

8. 进一步完善政府性基金预算管理，全面提高政府性基金预算编制的完整性、准确性和精细化程度。提高政府性基金预算年初到位率，减少预留安排，保证预算完整性。进一步细化预算编制,基本支出按照支出经济分类科目编报,项目支出编报到具体执行单位的明细支出项目,为按规定细化预算的,不能作为预算执行指标拨付资金;严格按照规定的范围安排政治性基金支出,除国务院或财政部又明确规定外,不得用于行政管理经费支出;政府性基金支出涉及固定资产投资的,要与固定资产投资计划相衔接。政府性基金安排的项目支出要进行充分论证,保证项目可执行,提高基金预算编制的真实性、准确性。政府性基金年初预算确定后,在预算执行中控制和减少调整。

9. 认真编制政府采购预算,规范政府采购行为,推进政府采购制度改革。认真做好政府采购预算的编制细化工作,所有使用财政性资金采购货物、工程和服务的支出必须编制政府采购预算。

三、2011年中央部门预算编报时间安排

1. 2010年7月31日前,各中央部门将部门预算一式两份(附数据盘)报财政部,其中项目申报文本只需报送软盘。

2、2010年10月25日前,财政部根据国务院审定的中央预算(草案)确定分部分的预算分配方案,向各中央部门下达预算控制数,其中,基本支出"一下"控制数细化到款级科目或项级科目。同时,向项目支出按经济分类编制预算试点部门发放专门的预算编制软件。

3. 2010年12月10日前,中央部门根据财政部下达的预算控制数编制"二上"预算,一式两份(附数据盘)报财政部,提请全国人大审议的中央部门预算要报送一式四份。

4. 2010年12月31日前,财政部将汇编的中央预算(草案)及拟提请全国人大审议的中央部门预算报国务院审批。

5. 2011年1月15日前,财政部将国务院批准的中央预算(草案)报全国人大常委会预算工作委员会。

6. 2011年2月15日前,财政部将中央预算(草案)提交全国人大财政经济委员会。

7. 财政部在全国人民代表大会审议通过中央预算草案的30日内批复各中央部门预算,各中央部门自财政部批复本部门预算之日起15日内,批复所属各单位预算。

资料来源:国家财政部网站

思考提示:深刻领会"财政部关于编制2011年中央部门预算的通知"中的指导思想和重点工作对预算编制的指导意义。

第三节 政府预算收支测算的基本方法

为了有计划地安排政府预算收支,财政部门要对计划年度的预算收支进行大体匡算和具体测算,这是确定预算收支规模、编制政府预算的必要步骤,也是国家经济预测工作中的一个重要组成部分。

在长期的预算收支的预测实践中,财政部门总结并创造了许多方法。这些方法从不同的角度,结合定性分析和定量测算的优点,适用于某个或几个范围预算收入与支出的预测,它们各有特点,对预算收支的预测工作起了重要的作用。

一、系数法

系数法是利用两项不同性质而又有内在联系的数值之间的比例关系(即系数),根据其中一项已知数值,求得另一项指标数值的方法。在测算政府预算收支时,一般都是根据计划年度的有关经济指标来测算计划年度预算收支指标。由于预算收入主要来自国民经济各部门创造的国民收入,预算支出又直接或间接地用于发展国民经济和社会各项事业。所以,预算收入和预算支出同国民经济和社会发展事业的有关经济、事业指标之间,必然存在着某种内在联系,这种内在联系反映出来的比例关系就是系数。采用系数法测算预算收支指标的关键,是掌握有关经济、事业指标与预算收支指标之间的内在联系。因此,在测算时,首先应搜集相关资料,通过历年的统计资料,掌握二者之间的内在联系,找出它的规律性,这种规律性的比例关系就是测算预算收支指标时所需要的系数。利用该系数乘以已知的计划年度的有关经济、事业指标,就可以测算出计划年度有关预算收入或支出的指标数额。

采用系数法测算预算收支指标时,所利用的系数一般有两种:一种是两个绝对数指标之比,也叫绝对数系数;另一种是两项指标的增长速度之比,也叫增长速度系数。

(一)用绝对数系数测算预算收支

其测算步骤如下:

第一步:求系数,其公式为:

系数=一定时期预算收入或支出数/同期有关经济、事业指标数

第二步:计算计划年度预算收支数,其公式为:

计划年度预算收入或支出数 = 计划年度有关经济事业指标数额×系数

(二)用增长速度系数(又称相对系数法)测算预算收支

其测算步骤如下:

第一步:求系数,其公式为:

系数=一定时期预算收入或支出数的增长速度/同期有关经济、事业增长速度

第二步:测算计划年度预算收支的增长速度,其公式为:

计划年度预算收入或支出的增长速度 = 计划年度有关经济、事业增长速度×系数

第三步:测算计划年度预算收支数额,其公式为:

计划年度预算收入或支出数额 = 报告年度预算收入或支出数×(1+计划年度预算收入或支出的增长速度)

二、比例法

比例法是利用局部占全部的比例关系,根据其中一项已知数值,计算另一项数值的一种方法。一般是利用预算单项收支占收支总额的比例关系,根据预算单项收支预算收支总额,也可以根据预算收支总额测算预算单项收支数额。其测算步骤如下:

第一步,测算报告年度某项预算收支占预算收支总额的比例,其公式为:

报告年度某项预算收支占预算收支总额的比例 = 某时期某项预算收支/同期预算收支总额×100%

第二步,测算计划年度某项预算收支数额,其公式为:

计划年度某项预算收入或支出数额 = 计划年度预算收入或支出总额×某项预算收入或支出占预算收入或支出总额的比例

或:

计划年度预算收入或支出总额 = 计划年度某项预算收入或支出数/该项预算收入或支出

数占预算收入或预算支出总额的比例

[例 4 - 1] 某县 2006 年预算总支出为 16 亿元,同期社会保障支出为 10 000 万元,预计 2007 年预算总支出为 170 000 万元,测算 2007 年社会保障支出额。

第一步,求出社会保障支出占预算总支出的比例。
10 000÷160 000＝0.0625
第二步,测算 2005 年度社会保障预算支出额。
170 000×0.0625 ＝10 625（万元）。

三、定额法

定额法是利用预算定额和有关经济、事业指标,测算预算收支的方法。预算定额是根据历年统计资料和长期的实践确定的,用来测算某些预算收支项目时采用的经济指标额度。有的预算定额是国家统一制定的,有的则是在实践中形成的,根据有关经济、事业计划指标和预算定额,便可测算出计划年度有关预算收入或支出数额。其计算公式为:

计划年度预算收入或支出数 ＝计划年度有关经济事业发展指标×预算定额

定额法又可分为单项定额法和综合定额法。单项定额法是依据经济事业发展指标计算出有关基本数字,再根据各单项定额,分别计算出各具体项目的收支数,然后进行汇总。其计算公式是:

计划单项预算收（支）数 ＝单项定额×基本数字

综合定额是相应地采用综合定额,即各单项收支加权计算得出的定额值,再与基本数字相乘测算预算收支的方法。其计算公式是:

计划年度预算收（支）数 ＝综合定额×基本数字

我国对文教事业单位经费的测算,采用的便是综合定额法,适当增减专项补助。

[例 4 - 2] 计划年度某高校年初在校学生人数为 2 万,财政部门核定的每个学生的综合定额为 4 000 元,基本建设专项补助为 2 000 万元,利用定额法测算财政部门对该校预算支出数。

根据综合定额计算公式：
预算支出数 ＝4 000×20 000＋20 000 000＝10 000（万元）

四、基数法

基数法也称基数增减法,是传统方式下财政部门测算预算收支指标时常用的方法之一。它是以报告年度预算收支的执行数或预计执行数为基数,通过分析影响计划年度预算收支的各种有利因素和不利因素,预测这些因素对预算收支的影响程度,确定增减调节量,从而测算出计划年度的预算收支数。其计算公式是:

计划年度某项预算收（支）数 ＝上年度某项预算收（支）数±计划年度各种增减因素影响调节数

影响预算收支的增减因素很多,包括国家出台重大的经济措施,财政与财务管理体制的改革动态,价格、税率、利率和工资等的调整措施。

[例4-3] 1997年国家公务员工资普调,每人每月增发150元,以中央国家机关公务员30万人计算,1997年中央财政应增加预算支出54 000万元。因此,在预测1997年度的预算支出时应在1996年度的基础上加上这个因素调节数。

五、因素法

因素法是在本年度实际执行的基础上,分析经济形势和任务的变化,预测各种变化因素对增减预算收支产生影响的一种方法。计划年度影响预算收支增减的因素是常有发生的,如国家实行的重大经济政策和改革措施,预算管理体制的改变,财政、财务管理制度的改革与变化,还有价格、税率、工资等的调整,等等。这些变化对预算收支会有不同的影响,有的可以增加收入,减少支出;有的将会减少收入,增加支出。分析计划年度影响预算收支的各种因素,测算各种因素对计划年度有关预算收支项目带来的后果,以上年预算收支数为基础,进行增减调整,测算有关项目的预算收入或支出指标。其计算公式为:

计划年度某项预算收入或支出数=某项预算收入或支出上年基数±各种增减因素对收支的影响

[例4-4] 某大学本年度实际支出为9 500万元,下年度计划减少专科生100人(年经费0.3万元/人);增加本科生60人(年经费0.4万元/人),硕士研究生15人(年经费0.5万元/人),博士研究生3人(年经费0.6万元/人)。另需购计算机等设备200万元。(暂不考虑其他影响因素)

下年度教育事业费计划支出数 =9 500-(100×0.3)+(60×0.4)+(15×0.5)+(3×0.6)+200=9 703.3(万元)

六、综合法

综合法是综合运用系数法和基数法测算预算收支的一种方法。这种方法是在报告年度预算执行的基础上,既使用系数法计算经济、事业增长因素对预算收支的影响,又考虑影响预算收支的其他各种因素,进行综合分析测算,使其计算结果更为准确。其计算公式为:

计划年度预算收入或支出数=计划年度有关经济、事业指标×系数±各种增减因素

或:

计划年度预算收入或支出数=报告年度预算收入或支出数×(1±计划年度预算收支增长速度)±各种增减因素

对营业税收入的预测就可采用综合法。

营业税是对在我国境内从事交通运输业、建筑业、金融保险业、邮电通讯、文化体育、娱乐业、服务业、转让无形资产、销售不动产等业务的单位、个人,就其营业收入或转让收入征收的一种税,它是工商税收中的主要税种之一。营业税大部分税目的税率为5%,交通运输、建筑业、邮电通讯业、文化体育业为3%,只有娱乐业的税率为5%～20%的弹性税率。

首先,确定系数 =上年营业税税额/上年实际营业额。

其次,测算计划年度营业税额,其计算公式是:

计划年度营业税额=计划年度营业额×系数±其他因素影响增减数项

运用综合法可测算个人所得税收入。

个人所得税是对税法规定的个人所得额征收的一种税。我国税法规定,在中华人民共和国境内有住所或者无住所而在境内居住满一年,从中国境内和境外取得所得的个人及在中国境内无住所不居住或在中国境内居住不满一年,但从中国境内取得所得的个人都是个人所得税纳税人。

其计算公式是:

计划年度个人所得税收入额 ＝上年收入预计完成额×(1＋计划年度个人所得税收入增长率)±调整因素

关键术语

预算科目　预算表格　预算原则　系数法　比例法　定额法　基数法　综合法

复习思考题

1. 我国正式编制政府预算前应作哪些准备工作?
2. 我国政府预算的编制原则有哪些?
3. 简述政府预算草案的编制依据。
4. 简要说明政府预算收支测算的基本方法。

第五章　政府预算收支编制及审查批准

政府预算编制是将政府年度财政收支计划以一定的方法和形式表现出来,再经过权力机关的审核,形成具有法律地位的文件。政府预算的编制主要是通过预算收支范围的界定和调整以及预算收支结构的变动来体现国家的方针政策。政府预算编制是政府预算执行的基础,是政府预算过程的开端,必须严格地加以审查和管理。本章主要介绍政府预算收入和支出的测算方法,政府预算编制的程序、内容和方法以及政府预算审批的程序和内容,重点是政府预算主要收支测算的方法和政府预算编制的程序和内容。本章是政府预算执行理论的基础。

第一节　政府预算主要收入测算

政府预算收入是国家通过预算,采用适当的形式,有计划筹集的货币资金。它是财政分配活动的第一阶段,是保证政府职能正常履行的前提。我国政府预算收入主要包括税收收入、社会保险基金收入、非税收入、贷款转贷回收本金收入、债务收入和转移性收入。

一、税收收入的测算

税收是按照法律规定,强制地、无偿地取得预算收入的一种形式,在政府预算收入中占有重要地位。

(一)增值税收入的测算

在实际工作中,财政部门测算增值税收入,通常是根据计划年度国民经济和社会发展计划的有关指标和国民经济发展趋势以及税收统计资料等进行的。增值税收入采用以下方法进行测算:

1. 产量定额法

对于经济计划列有产量指标的主要产品,可划分产品品种,按计划课税数量和上年单位税额直接计算。其计算公式为:

计划年度增值税收入＝计划年度课税数量×上年实际单位税额

计划年度课税数量＝计划年度产量×上年实际课税率

上年实际课税率＝(上年实际课税数量/上年实际产量)×100%

上年实际单位税额＝上年实际税额/上年实际课税数量

[例 5-1] 某部门上年度产量为 2 500 万吨,根据税务部门统计资料,该部门上年度的课

税数量为 2 000 万吨,税额为 6 000 万元。计划年度计划产量为 3 000 万吨。试测算该部门计划年度增值税收入。

上年实际单位税额＝6 000÷2 000＝3（元/吨）
上年实际课税率＝(2 000÷2500)×100%＝80%
计划年度课税数量＝3 000×80%＝2 400（万吨）
计划年度增值税收入＝2 400×3＝7 200（万元）

2. 产值定率法

对于经济计划未规定产量指标的其他产品,可按其产值进行测算。其计算公式为：

计划年度增值税收入＝计划年度产值×上年实际产值增值税税率
上年实际产值增值税税率＝(上年实际增值税税额/上年实际产值)×100%

[例5-2] 根据统计资料,某部门上年度产值为 5 000 万元,缴纳增值税 1 000 万元。计划年度预计产值为 6 000 万元。试测算计划年度增值税收入。

上年实际产值增值税税率＝(1 000÷5000)×100%＝20%
计划年度增值税收入＝6 000×20%＝1 200（万元）

3. 增长率法

增长率法是以上年实际增值税收入为基数,考虑近几年增值税收入的增长趋势,测算计划年度增值税收入。其计算公式为：

计划年度增值税收入＝上年实际增值税收入×(1＋增长率)

[例5-3] 某地区上年度增值税收入为 400 000 万元,计划年度增值税增长率为 6%。试测算计划年度增值税收入。

计划年度增值税收入：400 000×(1＋6%)＝424 000（万元）

(二)消费税收入的测算

在实际工作中,财政部门测算计划年度消费税收入,一般采取以下方法：

1. 直接计算法

直接计算法是根据计划年度国民经济和社会发展计划中的有关指标和上年的税收统计资料测算计划年度消费税收入的一种方法。其计算公式为：

计划年度消费税收入＝计划年度消费品课税数量×平均计税价格×平均税率
平均计税价格＝上年实际销售额/上年实际课税数量
平均税率＝(上年实际消费税税额/上年实际销售额)×100%

2. 定额法

定额法是根据计划年度课税数量和上年单位税额计算计划年度消费税收入的一种方法。其计算公式为：

计划年度消费税收入＝计划年度课税数量×上年平均单位税额
上年平均单位税额＝上年实际消费税税额/上年实际课税数量

3. 系数法

系数法是根据上年的产值和税额计算出系数,在已知计划年度产值的前提下,计算计划年度消费税收入的一种方法。其计算公式为：

计划年度消费税收入＝计划年度产值×系数

系数＝上年实际消费税税额/上年实际总产值

4. 增长率法

其计算公式为：

计划年度消费税收入＝上年度消费税收入×(1＋增长率)

(三)营业税收入的测算

在实际工作中，一般采用系数法来测算计划年度营业税收入。其计算公式为：

计划年度营业税收入＝计划年度营业额×平均税率

平均税率＝(上年实际营业税税额/上年实际营业额)×100％

(四)企业所得税收入的测算

在实际工作中，财政部门测算企业所得税收入一般采取以下方法：

1. 按计划年度销售额测算

由于企业所得税与企业的商品销售额或营业额有密切关系，所以财政部门可以根据各种销售额或营业额以及平均税率和平均纯益率进行测算。其计算公式为：

计划年度企业所得税收入＝计划年度销售额×平均纯益率×平均税率

平均纯益率＝(上年实际所得额/上年实际销售额)×100％

平均税率＝(上年实际所得税额/上年实际所得额)×100％

《企业所得税暂行条例》规定："缴纳企业所得税，按年计算，分月或者分季预缴。月份或者季度终了后4个月内汇算清缴，多退少补。"此外，还要按照规定计算计划年度入库的企业所得税税额，它是上年年终后的汇算清缴数和计划年1～3季度预缴数之和。其计算公式为：

计划年度企业所得税入库数＝(上年销售额×平均纯益率×平均税率－上年1～3季度预缴税额)＋(计划年度1～3季度销售额×平均纯益率×平均税率)

[例5-4] 某地区上年度销售收入为20 000万元，1～3季度预缴企业所得税为800万元。计划年度该地区预计销售收入为26 000万元，其中第4季度销售收入预计为6 000万元，平均纯益率为20％，平均税率为30％。试测算该地区计划年度企业所得税收入。

计划年度企业所得税收入＝(20 000×20％×30％－800)＋[(26 000－6 000)×20％×30％]＝400＋1 200＝1 600(万元)

2. 增长率法

其计算公式为：

计划年度企业所得税收入＝上年企业所得税收入×(1＋增长率)

(五)外商投资企业和外国企业所得税收入的测算

在实际工作中，财政部门测算计划年度外商投资企业和外国企业所得税收入，同企业所得税的测算方法相同，也是根据企业计划年度的销售额、平均纯益率和平均税率计算确定。此外，还可以采用增长率法测算计划年度外商投资企业和国外业所得税收入，计算公式和企业所得税收入的计算公式相同。

(六)个人所得税收入的测算

在实际工作中，财政部门测算计划年度个人所得税收入，一般采用基数法或增长率法。

1. 基数法

基数法是指以上年个人所得税收入为基数，考虑计划年度经济发展和国民收入增长情况，加以调整确定。其计算公式为：

计划年度个人所得税收入＝上年个人所得税收入±计划年度因素的影响

2. 增长率法

系数法是指以上年个人所得税收入为基数，根据计划年度经济发展和历年收入增长情况，确定一个增长率，测算计划年度个人所得税收入。其计算公式为：

计划年度个人所得税收入＝上年个人所得税收入×（1＋增长率）

(七)资源税收入的测算

在编制预算时，对资源税收入的测算，通常可先计算上年度实际资源税的税额占上年度应税产品生产或销售的比例（即生产或销售税收率），然后以计划年度的产品销售计划数乘以上年度生产或销售税收率，即可得出计划年度资源税收入额，再结合计划年度的其他增减因素，最后确定资源税的预算数。其计算公式为：

计划年度资源税收入＝计划年度生产或售销量×上年度生产或销售税率±计划年度因素的影响

上年度生产或销售税率＝上年度实际资源税额/上年度应税产品生产或销售量

(八)关税收入的测算

财政部门对关税收入进行测算，通常采用算大账的方法。

1. 税收计征法

税收计征法是根据对外贸易计划中的每类进出口物品的数量乘以每类物品平均完税价格，求得进出口的应税贸易额，再分别乘以进出口关税平均税率，求得关税收入。其计算公式分别为：

关税收入＝进口关税收入＋出口关税收入＋个人携带入境物品关税收入

计划年度进口关税额＝进口货物单位平均到岸价格×预计外汇比价×进口货物计划数量×适用税率－预计减免税额

应纳关税额＝单位完税价格×应税完税价格×应税进出口货物数量×适用税率－预计减免税额

2. 基数法

基数法是以上年关税收入为基数，考虑对外贸易计划以及价格、费用、税率等各种因素的变化影响，计算出计划年度的关税收入。

(九)印花税收入的测算

印花税是对在我国境内书立、领受使用应税凭证的单位和个人，就其书立、领受凭证征收的一种税。另外，由于我国证券交易税目前尚未开征，所以对证券征收印花税。测算证券交易印花税收入时，应考虑计划年度的证券交易量、证券市场的扩容计划和货币供应量的变化等。其计算公式为：

计划期证券交易印花税收入＝基期证券交易额×（1＋增长率）×税率

二、社会保险基金收入的测算

社会保险基金是国家通过立法强制收取的、用于各项社会保险事业的专项货币资金，主要包括基本养老保险基金、失业保险基金、基本医疗保险基金、工伤保险基金、生育保险基金和其他社会保险基金。社会保险基金收入主要由用人单位及个人所缴纳的社会保险费收入、财政对社会保险补贴收入和其他收入组成。其中,用人单位及个人所缴纳的社会保险费,是社会保险基金收入的主要部分。

社会保险基金按照"以支定收,收支平衡"原则筹集。在实际工作中,财政部门测算计划年度社会保险基金收入,可采用基数法或系数法。

(一)基数法

基数法是以上年社会保险基金收入为基数,结合计划年度社会经济发展情况、国民收入增长情况、劳动者工资收入增长情况、消费支出情况以及社会就业和人口年龄变化情况,加以调整确定。其计算公式为:

计划年度社会保险基金收入=上年社会保险基金收入±计划年度各种因素的影响

(二)增长率法

增长率法是以上年社会保险基金收入为基数,根据计划年度经济发展、企业效益、社会就业、人口年龄增长、劳动者工资收入增长和居民消费支出增长情况,确定一个增长率,测算计划年度社会保险基金收入。其计算公式为:

计划年度社会保险基金收入=上年社会保险基金收入×(1+增长率)

三、国有资本经营收入的测算

国有资本经营收入是指各部门和单位占有、使用和依法处分国有资产所产生的收益,按照国家有关规定应当上缴预算的部分。主要包括国有资本投资收益、国有企业计划亏损补贴及国有产权转让收入。其中,国有资本投资收益是国有资本经营收入的主要组成部分。

(一)国有资本投资收益的测算

国有资本投资收益是企业上缴的利润、股息、红利以及国有资产出租收入。财政部门对国有企业上缴的税后利润测算,主要是根据年度国民经济和社会发展计划中的有关经济指标和上年度有关财务资料以及各种变化因素进行测算。为此,应掌握计划年度有关经济指标,如工业部门的总产值、主产品产量,交通部门的运输周转量,流通部门的商品销售额等。同时还应掌握各种影响企业利润水平增减变化的重要因素,如产量、产值、成本、价格、销售额、税率等。企业的税后利润按照事先约定的办法,在国家和企业之间进行分配,如按比例上缴、定额上缴、定额递增包干上缴、按股份分红、上缴承包租赁费等。

按比例上缴的企业上缴利润=企业税后利润预计额×利润上缴比例

定额递增上缴的企业上缴利润=企业税后利润定额上缴数×(1+递增上缴比率)

若该企业为国家参股的股份制企业,则根据国家持股比例计算出国家应分得的股息和红利。由于国民经济各部门的生产经营活动和盈利水平不同,经济指标各异,国有资本投资收益测算的方法也不同,可根据不同行业的特点分别进行测算。

1. 工业部门国有资本投资收益测算

工业部门国有资本投资收益可采用基数法、产量定额法和系数进行测算。

(1)基数法。基数法是根据上年上缴的利润额,考虑计划年度各种因素对利润的影响,来测算计划年度应上缴的利润额。其计算公式为:

计划年度上缴利润额=上年上缴利润额±计划年度各种因素对利润的影响

(2)产量定额法。产量定额法也称直接计算法,是以计划年度产品计划产量指标为基础,以上年实际单位利润额为定额,考虑计划年度各种因素,如成本、价格、税率、产品结构等变化对利润增减的影响,测算计划年度应上缴利润收入。这种方法适用于产品品种比较单一,或产品种类虽然较多,但有代表性的主要产品,如冶金、煤炭、石油等部门利润的测算。其计算公式为:

某产品计划年度利润额=(计划产量×上年度单位产品利润额)+计划年度成本降低额±计划年度其他变化因素对利润的影响

上年度单位产品利润额=上年度实际利润额/上年度实际产量

计划年度成本降低额=计划产量×上年度单位成本×计划年度成本降低率

影响利润增减变化的其他因素,如价格、税率等对利润的影响程度,要同上年比较进行测算。企业计划年度实现的利润额要在国家与企业之间进行分配,按规定扣除企业留利后,即为企业上缴的利润额。

计划年度某产品上缴利润额=计划年度某产品利润额×利润上缴比例

[例 5-5] 某煤炭部门上年产品产量为 2 000 万吨,单位成本为 180 元,利润总额为 10 000 万元。计划年度产量计划为 2 500 万吨,成本降低率为 1%,价格每吨上涨 2.00 元。该部门利润上缴比例为 40%。试计算计划年度应上缴利润额。

上年度单位产品利润额=10 000÷2 000=5(元/吨)

计划年度利润额=2 500×5=12 500(万元)

计划年度成本降低额=2 500×180×1%=4 500(万元)

计划年度价格变化对利润的影响=2 500×2.00=5 000(万元)

计划年度利润总额=12 500+4 500+5 000=22 000(万元)

计划年度上缴利润额=22 000×40%=8 800(万元)

(3)系数法。系数法也称分析计算法,是以计划年度计划产值指标为基础,以上年产值利润率为系数,再考虑成本、价格、税率、产品结构等各种变化因素对利润增减的影响,测算计划年度应上缴利润收入。这种方法适用于产品种类较多,难以确定其代表性主要产品,如化工、机械、轻工等部门利润的测算。其计算公式为:

计划年度利润额=(计划年度可比产品计划产值×上年实际产值利润率)+计划年度可比产品成本降低额±计划年度其他因素变化对利润额的影响+计划年度不可比产品利润额

上年实际产值利润率=(上年实际利润总额/上年实际总产值)×100%

计划年度可比产品成本降低额=(计划年度可比产品产值×上年实际总成本占产值的比例)×计划年度可比产品成本降低率

计划年度不可比产品利润额=计划年度不可比产品价值×平均产值利润率

计划年度上缴利润额=计划年度利润总额×利润上缴比例

[例 5-6] 某机械部门上年实际完成总产值为 200 000 万元,总成本为 160 000 万元,利润总额为 22 000 万元。计划年度总产值为 300 000 万元,其中,可比产品价值为 260 000 万元,不可比产品价值为 40 000 万元。计划年度可比产品成本降低率为 6%,可比产品价值中有 50%从 1 月 1 日降低售价 10%,可比产品平均税率为提高 2%,不可比产品平均产值利润率为

20%。计划年度产品结构也发生变化,上年甲产品产值占总产值的40%,利润率为30%;乙产品产值占总产值的60%,利润率为20%。计划年度甲产品产值占总产值的50%,乙产品产值占总产值的50%,利润率不变。该部门的利润上缴比例为30%。试计算计划年度应上缴利润额。

上年实际产值利润率＝(22 000÷200 000)×100%＝11%

计划年度可比产品利润额＝260 000×11%＝28 600(万元)

计划年度可比产品成本降低额＝260 000×(160 000÷200 000)×6%
　　　　　　　　　　　　＝12 480(万元)

计划年度价格降低对利润的影响＝260 000×50%×10%＝13 000(万元)

计划年度税率提高对利润的影响＝260 000×2%＝5 200(万元)

上年实际平均利润率＝(40%×30%)＋(60%×20%)＝24%

计划年度平均利润率＝(50%×30%)＋(50%×20%)＝25%

计划年度产品结构变化对利润的影响＝260 000×(25%－24%)
　　　　　　　　　　　　　　　＝2 600(万元)

计划年度不可比产品利润额＝40 000×20%＝8 000(万元)

计划年度利润总额＝28 600＋12 480－13 000－5 200＋2 600＋8 000
　　　　　　　　＝33 480(万元)

计划年度应上缴利润额＝33 480×30%＝10 044(万元)

2. 交通运输部门国有资本投资收益测算

交通运输部门按照运输周转量和收费标准取得运输收入,扣除运输成本后的余额,为交通运输部门的利润。财政部门测算交通运输部门计划年度上缴利润额一般采用定额法,也可采用因素推演法。

(1)定额法。定额法是以计划年度运输周转量为基础,以上年实际单位周转量利润额为定额,考虑计划年度运输成本降低率以及其他影响计划年度利润额的因素综合确定。其计算公式为:

计划年度利润额＝(计划年度运输周转量×上年实际单位周转量利润额)＋(计划年度运输周转量×上年实际单位周转成本×计划年度成本降低率)±其他因素变化对利润的影响

计划年度上缴利润额＝计划年度利润额×上缴比例

运输周转量是考核交通运输部门工作量的指标,用吨/千米、人/千米或其他计量单位,编制运输计划时,把这两个指标换算成一个计量指标,如把人/千米按一定比例换算成吨/千米。

运输收入＝运输量×运输距离×收费标准

运输周转量＝运输量×运输距离

单位周转量的成本表示完成吨/千米或人/千米消耗的人力、物力、管理费等。单位周转量的利润额表示完成吨/千米或人/千米后能带来多少利润,即运输收入减去运输成本、税金后的余额。此外,价格、税率和工资调整等因素也直接影响交通运输部门利润的增减变化。

(2)因素推演法。因素推演法是把交通运输部门计划年度利润总额作为预测值,把按上年度单位周转量的利润计算的计划年度利润总额作为基期实际值,然后再把影响计划年度利润增减变化的诸因素换算成影响系数。

[例 5-7] 某运输部门上年完成运输周转量 6 000 万吨/千米，成本总额 900 万元，利润 180 万元；计划年度计划运输周转量 8 000 万吨/千米，要求成本降低 6%，从 1 月 1 日零时起每万吨/千米收费提高 15 元。该部门的利润上缴比例为 25%。试计算该部门计划年度应上缴利润额。

基期实际值 = (180÷6 000)×8 000 = 240(万元)
把影响计划年度利润增减变化的成本、收费标准因素换算成系数。
成本因素 = 8 000×[(900÷6 000)×6%]÷240 = +0.3
收费标准因素 = (8 000×15)÷2 400 000 = +0.05
影响系数之和 = 0.3+0.05 = 0.35
计划年度利润总额 = 240×(1+0.35) = 324(万元)
计划年度应上缴利润额 = 324×25% = 81(万元)

3. 流通部门国有资本投资收益测算

流通部门专门从事商品流通活动，其盈利是通过购销差价形成的。商品的售价高于进价的差额为销售毛利。销售毛利扣除流通费用后，为商品流通部门的利润，它是政府预算收入的来源之一。财政部门对流通部门计划年度上缴利润，通常采用系数法进行测算。即以计划年度商品流转额为基础，以上年实际销售利润率为系数，同时分析计划年度商品流通费用以及价格等因素对利润的影响，综合测算计划年度流通部门的利润额以及上缴利润额。其计算公式为：

计划年度利润额 = (计划年度商品流转额×上年实际销售利润率)+计划年度流通费用降低额±计划年度其他因素变化对利润的影响

上年实际销售利润率 = (上年实际利润总额/上年实际商品流转额)×100%

计划年度流通费用降低额 = 计划年度商品流转额×上年实际流通费用率×计划年度流通费用降低率

上年实际流通费用率 = (上年实际流通费用/上年实际商品流转额)×100%

计划年度上缴利润额 = 计划年度利润额×上缴比例

[例 5-8] 某商品流通部门上年度商品销售额为 300 000 万元，利润为 12 000 万元，流通费用为 6 000 万元。计划年度商品流转额为 350 000 万元，流通费用降低率为 3%，利润上缴比例为 20%。试计算计划年度应上缴利润额。

上年销售利润率 = 12 000÷300 000×100% = 4%
计划年度利润额 = 350 000×4% = 14 000(万元)
上年流通费用率 = 6 000÷300 000×100% = 2%
计划年度流通费用降低额 = 350 000×2%×3% = 210(万元)
计划年度利润额 = 14 000+210 = 14 210(万元)
计划年度上缴利润额 = 14 210×20% = 2 842(万元)

(二) 国有企业计划亏损补贴的测算

在我国政府预算中，企业亏损补贴列在收入方冲减收入。对计划年度企业计划亏损补贴的测算，主要根据国家对不同企业规定的亏损补贴定额、国家对企业扭亏增盈的计划，以及有

关商品价格的变化对企业亏损的影响状况计算。其计算公式为:

计划年度企业计划亏损补贴=(亏损补贴定额±价格变化增减补亏数)×(1- 计划扭亏幅度)

四、债务收入的测算

债务收入是国家通过信用方式从国内、国外取得的收入,包括国内债务收入和国外债务收入。通过借债的办法筹措必需的建设资金,是国际上通行的做法。但是,借债必须考虑偿债能力、应债能力和债务的使用效益等多方面的因素。因此,借债必须有合理的规模和结构,要对债务规模进行适当的控制。债务收入的测算分为两部分:

(一)国内债务收入的测算

测算计划年度国内债务收入主要应该考虑以下影响因素:
(1)年度预算对债务收入的需求量,即正常的预算收入小于预算支出的差额。
(2)国家年度发行债务计划。政府预算举债的规模要受到国家债务计划的制约。
(3)居民承受债务的能力。
(4)发行债券的条件,包括利率、期限、发行方式、能否流通等。
(5)当年还本付息额。
其计算公式为:
当年国内债券发行额=中央财政赤字额+中央财政到期需归还的国内债务本(息)。

(二)国外债务收入的测算

测算国外债务收入,主要考虑国家年度使用的外债计划,还应考虑人民币与外汇的比价。因为在政府预算中,反映的国外债务收入是以人民币为计算单位的,比价变动会使预算中编列的债务收入数相应变动。其计算公式为:

计划年度国外债务收入=计划借入外债额(外汇)×人民币与外汇比价

汇总国内债务收入和国外债务收入,就是预算年度内债务收入总额,即:

计划年度债务收入=计划年度国内债务收入+计划年度国外债务收入

第二节 政府预算主要支出测算

政府预算支出是国家将集中的预算收入进行有计划的分配,形成国家与各用款单位之间的分配关系。我国政府预算支出根据政府职能活动和开支的具体用途,分为政府支出功能分类和政府支出经济分类。支出功能分类主要反映政府各项职能活动及其政策目标;支出经济分类主要反映政府支出的经济性质和具体用途。

一、一般公共服务支出测算

(一)影响公共服务支出的主要因素

1. 人员编制数

人员编制是指国家核定的行政编制人数,人员的变化对公共服务支出的影响很大。预算人数是政府核定的行政编制人数。在实际工作中,对于编制不足的情况,可按实有人数再加上本年内可能增加的人数来编制经费预算。当实有人数少于编制人数较多时,可计算出计划年

度平均人数,作为预算人数。其计算公式为:

计划年度平均人数＝年初实有人数＋[(编制人数－年初人数)÷12]
×新增人员到职月数或计划年度平均人数
＝(年初实有人数＋本年新增人数－本年新减人数)÷12

对实有人数超过编制人数的情况,可采取三种办法来编制预算:一是对超编人员不合理的,经费不能列入预算;若是确因客观原因而超编,或其中部分合理的,可酌列一部分或全部超编人员经费;三是需要大批处理编制人员的,超编部分不再计入人员基数,经费也不列入预算,另单列超编人员处理经费。

2. 主要开支内容和标准

一是工资、补贴调整情况。工资补贴调整有政府统一调整和自动调整,职工工龄工资每年定额增加。二是邮电、交通收费标准的变化情况。三是设备购置费、修缮费开支情况。

(二)一般公共服务支出的测算方法

一般公共服务支出反映各级政府从事行政管理和提供一般公共服务方面的支出,主要根据国家规定的机构、人员编制、费用开支标准和各项预算开支定额,结合计划年度的业务计划和政府机构的改革要求,并参考上年度预算执行情况来进行测算。其计算公式为:

一般公共服务支出 ＝基本数字×支出定额

财政部门测算人员经费一般采用综合计算方法,各项人员经费和公用经费测算的预算数额相加之和,就是公共支出的全年预算数额。

二、国防支出测算

国防支出是将政府预算拨款用于国防和军队建设需要的资金。国防支出的测算一般根据各个时期的国内外形势和国防建设的需要确定。

中国人民解放军的经费开支主要根据人民解放军总后勤部提出的计划年度需要经费数和报告年度预算收入、支出、平衡情况等因素进行测算,并统一由后勤部负责归口管理,财政部门一般不同军队其他单位直接发生财务关系。国防费年度预算、决算经中央军委批准后,由总后勤部送财政部核查,并进行年终会计结算。

政府计划安排的国防研究和发展及专项工程项目支出,一般是将各项研究和项目工程在计划年度内的投资额汇总。民防支出由各地方财政负责开支,一般以报告年度支出数为基数,根据近年平均增长幅度测算。

三、教育支出测算

教育支出测算通常采用基数法、单项定额测算法和综合定额测算法。

(一)基数法

基数法是以上年度教育支出的预计执行数为基数,考虑计划年度影响教育支出的各种因素,据以测算计划年度的教育支出数额。其计算公式为:

计划年度教育支出＝上年度预计执行数±计划年度各种因素的影响

影响教育支出增减的因素很多,在人员经费方面有人员的增减、工资调整、补贴工资和职工福利费变化等;在公用经费方面有预算定额、开支标准、物价变动等,还要考虑收入增减的因素。

财政部门在编制总预算时,通常采用这种方法,其简单易行。在定员定额制度比较完善的情况下,由于上年度的预计执行数可以大体反映教育需要的经费的定额,这种方法是可行的。但在定员定额制度不健全或不能认真执行的情况下,这种方法则有明显缺点,它承认原有基数,易造成地区之间、部门之间、单位之间经费支出指标的不均,并使财政支出出现刚性。

(二)单项定额测算法

单项定额测算法是依据国家有关方针政策、国民经济和社会发展计划规定的教育事业指标计算出有关基本数字和各项单项定额,分别计算各具体支出项目的经费数,然后将具体支出项目的经费数汇总,可计算出计划年度的教育支出数额。其计算公式为:

计划年度教育支出=∑单项经费支出额=∑教育事业发展基本数字×单项预算支出定额

基本数字通常采用年度平均数,反映各教育事业单位的规模和业务工作量情况的数据,表明单位所承担的业务工作量或完成业务工作量所具有的基本条件和能力。如果没有达到核定的编制,拟在计划年度增加人员时,则按全年平均人数计算;如果实有人数大于编制人数,其超额人员经费,按上级规定要求计算。有些开支如大型设备购置费、大型修缮费等,是不能按基本数字、定额定员计算的,应根据历史开支情况、计划年度各项教育事业发展任务和财力情况进行安排。

[例 5-9] 假设某高等学校年初在校人数为 10 000 人,年度计划毕业 2 000 人,招生人数为 5 000 人。按照教职工与学生 1∶5 的定员比例配备教职工,计划年度教职工的月工资定额为 1 000 元,补助工资和职工福利费分别按工资总额的 5% 和 10% 提取,助学金按 80% 的享受面和每人每月 30 元计算。公务费定额为每个学生每年 200 元,业务费为每个学生每年 100 元,修缮费为每个学生每年 150 元。另外,设备购置费全年安排 800 000 元。试计算该学校计划年度教育支出数额。

计划年度平均在校学生人数=年初学生人数+[(招生人数-毕业人数)
  ÷12]×当年新生在校月数
  =10 000+[(5 000-2 000)÷12]×4
  =11 000(人)

计划年度教职工人数=计划年度平均在校学生人数×教职工占学生比例
  =11 000×1÷5=2 200(人)

计划年度基本工资=计划年度教职工人数×月工资定额×12
  =2 200×1 000×12=26 400 000(元)

计划年度补助工资=计划年度基本工资总额×提取比例
  =26 400 000×5%=1 320 000(元)

计划年度职工福利费=计划年度基本工资总额×提取比例
  =26 400 000×10%=2 640 000(元)

计划年度助学金=计划年度平均在校学生人数×享受助学金的比例
  ×月标准×12
  =11 000×80%×30×12=3 168 000(元)

计划年度人员经费=26 400 000+1 320 000+2 640 000+3 168 000
  =33 528 000(元)

计划年度公务费＝计划年度平均在校学生人数×支出定额＝11 000×200
　　　　　　　＝2 200 000(元)
计划年度业务费＝计划年度平均在校学生人数×支出定额＝11 000×100
　　　　　　　＝1 100 000(元)
计划年度修缮费＝计划年度年初在校学生人数×支出定额＝10 000×150
　　　　　　　＝1 500 000(元)
计划年度设备购置费＝800 000(元)
计划年度公用经费＝2 200 000＋1 100 000＋1 500 000＋800 000
　　　　　　　＝5 600 000(元)
计划年度教育支出＝计划年度人员经费＋计划年度公用经费
　　　　　　　＝33 528 000＋5 600 000＝39 128 000(元)

(三)综合定额测算法

为了加快测算过程，财政部门可以利用有关的基本数字(如学校数、平均学生人数)和相应的综合定额进行计划年度教育支出经费的测算。计算公式为：

计划年度教育支出＝∑(各类学生人数×综合定额)

式中的综合定额是财政部门或教育主管部门根据各种具体因素、预算定额核定的。

[例5-10] 假设计划年度高等学校平均学生人数150万人，每个学生的综合定额为3 000元，试计算计划年度高等学校教育支出数额。

计划年度高等学校教育支出＝150×3 000＝450 000(万元)

四、医疗卫生支出测算

医疗卫生支出测算与教育支出测算方法基本相同，即通常采用基数法、单项定额测算法和综合定额测算法。

(一)基数法

基数法是以上年度医疗卫生支出的预计执行数为基数，考虑计划年度影响医疗卫生支出的各种因素，据以测算计划年度的教育支出数额。其计算公式为：

计划年度医疗卫生支出＝上年度预计执行数±计划年度各种因素的影响

(二)单项定额测算法

财政部门对医疗卫生事业单位的预算管理方式是："核定收支，定项补助，超支不补，结余留用。"定额补助是指医院的人员经费由财政部门拨款补助，另外根据医疗卫生单位计划年度的设备购置计划，给予一定的设备购置费，用于大型医疗设备的购置，其他支出项目由医疗卫生单位的自有收入解决。其测算步骤是：首先按照计划年初原有病床数和计划年度新增加的病床数及其使用月数的加权平均数计算计划年度平均病床数，然后根据国家规定的各类医院职工与病床的比例计算计划年度平均职工人数，最后根据计划年度职工人数、工资定额、附加工资比例及设备购置计划计算出计划年度医疗卫生支出数额。

[例5-11] 假设某综合性医院年初病床数为360张，计划年度增加了200张，其中，有

120张是3月1日开始使用的,80张是7月1日开始使用的。假定国家规定综合性医院职工与病床的比例为1∶1,该医院职工平均月工资为1 000元,附加工资为工资总额的5%,计划年度设备购置费为50 000元。试计算该医院计划年度医疗卫生支出数。

计划年度平均病床数＝年初病床数＋∑(新增加病床数×使用月数)÷12
　　　　　　　　　＝360＋(120×10＋80×6)÷12＝500(张)
计划年度平均职工人数＝500×1＝500(人)
计划年度工资总额＝计划年度职工人数×月平均工资定额×12
　　　　　　　　＝500×1 000×12＝6 000 000(元)
计划年度附加工资＝工资总额×比例＝6 000 000×5%＝300 000(元)
计划年度设备购置费＝50 000(元)
计划年度医疗卫生支出数＝6 000 000＋300 000＋50 000＝6 350 000(元)

(三)综合定额测算法

综合定额测算法是根据医院的病床数和每床的综合定额来测算医疗卫生支出数额。其计算公式为:

计划年度医疗卫生支出＝计划年度病床总数×每床定额

五、农林水利支出测算

(一)农林支出测算

农林支出主要是指财政用于种植、畜牧、水产、农机、农垦、农场、农业产业化经营组织、乡镇企业以及林业保护发展等方面的支出。由于这些支出的各项资金大部分是政府预算补助性质的支出,一般没有固定的定员定额来进行测算设计,通常是根据当年的财力可能,参照上年资金预算执行情况,考虑到农业、林业生产发展的资金需要,提出资金分配计划来安排确定的。其计算公式为:

计划年度农林支出＝上年农林支出数×(1＋增长率)

(二)水利支出测算

水利支出的范围主要是国有事业单位的人员经费、公用经费等。对国家举办的水利事务支出测算一般采用算大账和单项定额两种方法。

1. 算大账法

根据上年度实际执行数,再考虑计划年度的增减因素来确定。影响水利支出增减变化的因素主要有:事业计划的调整,人员编制和经费定额的重新核定,收费标准的变动等。算大账的方法多用于财政部门匡算农林水利事务总支出规模。

2. 单项定额法

根据各类事业部门、单位的基本数字及定员定额、开支标准等,分别对人员经费和公用经费各具体项目逐项计算,然后汇总为部门、单位的计划年度经费预算。这种方法测算的农林水利支出比较准确。

[例5-12] 假设某地区有农业技术推广站100处,每站平均人员编制8人,预算定额:平均每人每年工资6 000元,补助工资及各种生活补贴每人每年1 200元,职工福利费按国家规

定的比例,以工资总额的3%计算,业务费每站每年12 000元,公务费每人每年500元,计划年度每站添加办公用软件一套,价值2 000元,每站修缮费6 000元,每站其他费用10 000元。试计算该地区农业技术推广站的事业费支出。

工资总额＝100×8×6 000＝4 800 000(元)

补助工资及各种生活补贴＝100×8×1 200＝960 000(元)

职工福利费＝4 800 000×3%＝144 000(元)

业务费＝100×12 000＝1 200 000(元)

公务费＝100×8×500＝400 000(元)

设备购置费＝100×2 000＝200 000(元)

修缮费＝100×6 000＝600 000(元)

其他费用＝100×10 000＝1 000 000(元)

该地区农业技术推广站的事业费支出
＝4 800 000＋960 000＋144 000＋1 200 000＋400 000＋200 000＋600 000＋1 000 000
＝9 304 000(元)

[专栏5-1] 定员定额分类

公共部门的业务活动范围与其单位性质是紧密联系在一起的,单位的性质、特点和工作范围决定着定员定额的内容和种类,是定员定额分类的主要依据。

一、定员分类

公共部门的定员,按照单位的性质可以分为行政单位定员和事业单位定员两种。

(一)行政单位定员

行政单位定员是国家根据"精兵简政"原则,按照行政单位的机构设置和工作任务、所处区域面积大小、所辖人口多少而规定的人员配置标准。行政定员的一个显著特征是与国家承担的纯公共职能大小直接相关,机构设置数量和级次反映了职能任务的一个侧面。

(二)事业单位定员

事业单位定员可以按照两种情况分类。一是按照机构类型规定的定员标准,二是按照特定的业务计算单位核定的定员标准。

1.按机构类型定员。这种定员是国家按照事业单位的类型差异、规模大小、工作任务繁简和业务量的多少规定的人员配置数量。比如文化馆、卫生防治防疫机构编制等。

2.按特定比例定员。这种定员是按照特定的业务计算单位和规定的定员比例确定人员配置数。比如:学校按照学生和教职工之比,多少学生配置一名教职工;医院按照病床数与医护人员之比,来确定平均每一张病床配置多少医护人员。

以上定员,主要用于核实人员编制和控制人员经费。在一个单位的定员内部,也应有一定的比例关系。一般还应根据工作性质和业务工作的需要,在规定的总的定员中,确定各类人员之间的比例。

二、定额分类

公共部门定额内容较多,可以从不同角度进行分类。

(一)按定额的用途分类

按照定额的用途划分可以分为预算定额和执行定额。

1. 预算定额。预算定额是在设计、编制、核定预算时直接使用的定额,是分配预算的合理依据,一般由财政部门制定。比如,财政部门对学校按每个学生每年多少教育经费分配支出预算指标。

2. 执行定额。执行定额是预算(财务计划)实际执行时使用的定额,是直接用于对日常财务管理、财务成果、预算执行情况和资金使用效益进行检查考核的定额,是有效地控制各项支出的手段和具体依据,一般由主管部门、基层单位制定。财政部门在分配教育经费时根据预算定额,学校在执行预算中,可以根据本单位的实际收支情况,进一步制定各种开支定额。

(二)按定额性质分类

按照定额性质划分可以分为收入定额和支出定额。

1. 收入定额。收入定额是公共部门开展业务和劳务活动,为合理组织收入所规定的定额。收入定额可以进一步分为如下几种:

(1)补偿性收入定额。部门在开展业务活动时,为补偿其人力、物力、财力的消耗而规定的收入指标。比如,医院每一门诊人次平均收费、高校每一学生学年平均学费、艺术表演团体平均每场演出收入定额等。

(2)生产性收入定额。部门以实物形式向社会提供产品时,为保证再生产的需要,收取相应收入的定额。比如,种畜场平均每头优良种畜出售平均收入、文物部门每件文物复制品出售平均收入、科研单位试制产品平均收入等。

(3)代办性收入定额。部门代为其他单位或个人办理代办事项,收取必要收入的定额。比如,高等学校提供招生资源及其信息、图书馆为读者提供有关资料、科研单位提供科技情报等都可以规定相关收入定额。

(4)行政性收入定额。行政单位按照国家法律法规或行政命令,向有关单位或个人收取的国家预算科目"行政性收费"和"罚没收入"中规定项目的相关定额。比如,公安部门收取的治安管理费、出入境管理费、边防检查费等;法院、检察院、卫生、工商、海关等部门依法行政过程中的罚款与没收收入。

2. 支出定额。支出定额是公共部门因开展工作和业务活动,为合理掌握各项支出所规定的指标额度,支出定额分为以下两种:

(1)人员支出定额。人员支出定额是对公共部门人员经费中各项费用支出所规定的指标额度。主要包括基本工资、补助工资、其他工资、职工福利费、社会保障费和助学金等各项用于人员支出的费用。以上定额要根据国家规定的开支范围和标准按照人均水平确定。比如,平均每一工作人员年(月)基本工资总额、平均每一离退休人员的离退休金、平均每一学生每学期助学金标准等。在每一支出项目中,还可进一步细化,如在"其他工资"中,规定各种津贴、补贴和奖金的指标额度。

(2)公用支出定额。公用支出定额是对公用经费中各个不同部分的开支规定的指标额度。主要包括公务费、业务费、设备购置费、修缮费、业务招待费和其它费用等。以上定额要按照国家有关规定分项制定。比如,每一工作人员每年(月)公务费定额、科研单位每一工作人员业务费定额、学校平均每一在校生业务费定额等。在每一支出项目中,还可以具体细化,如在"公务费"中,规定办公费、差旅费、会议费、每一辆汽车年燃修费等定额。

(三)按定额反映的效果分类

按定额反映的效果划分可以分为人工工效定额、设备工效定额和成果费用定额,这种划分主要是为了提高工作效率、设备利用率及资金使用效益。

1. 人工工效定额。人工工效定额是职工应当在一定时期内负担或完成的工作量定额，也就是工作人员与事业成效或服务对象数量之间的比例。主要用于确定和考核人员配备情况。比如，学校每一教师学期平均工作量或周工作量（课时）、艺术表演团体的演职人员人均每年演出场次定额等。

2. 设备工效定额。设备工效定额是在一定时期内公共部门各项设备的利用率，也就是行政事业单位中主要设备与事业的任务或成效之间的比例，主要用于确定和考核设备配备和使用情况。比如，医院病床每年平均使用天数、每台大型医疗设备每月平均检查多少人次、学校每台计算机每周平均使用人次等。

3. 成果费用定额。成果费用定额是在一定时期内部门取得一定事业成果需要开支多少费用的定额，主要用于考核资金使用效果。比如，培养一名高中学生需要多少开支、培养一名高等学校博士研究生需要多少经费、国家培养一名优秀运动员平均需要多少经费等。

（四）按定额包含的范围分类

按照定额包含的范围分类可以分为单项定额、综合定额和扩大综合定额。

1. 单项定额。单项定额又称个别定额，是指对某一项具体收支规定的指标额度。一般来说，按照国家预算科目规定的"节"级科目所制定的定额都是单项定额。比如，部门公务费中办公费定额、差旅费定额和水电费定额等；医院的门诊收入中的挂号费、医疗费、药品费收入等都是单项定额。单项定额是组成综合定额的基本单位。

2. 综合定额。综合定额是在同一类型、同一性质的项目中，相关的某几个单项定额的汇总。比如，公务费、邮电费、水电费、设备购置费、修缮费和业务费汇总起来就构成了公用经费的定额。

3. 扩大综合定额。扩大综合定额是若干综合定额的汇总，表现为某一扩大计量单位的综合收支定额。比如，医院病床数与每张病床每年平均收入数综合而成的病床收入总定额；艺术表演团体平均每场收入定额和全年计划演出场次定额综合而成全年演出收入定额等。

单项定额与综合定额是相对而言的。有些定额是单项定额，同时又是综合定额，这要看具体的比较对象而定。如公务费定额，与办公费、水电费相比，它是综合定额；而与公用经费定额相比，它又是单项定额。

（五）按定额的计量单位分类

按照定额的计量单位划分，可以分为货币定额和实物定额。

1. 货币定额。货币定额是直接以货币计算或者按照实物折算成货币的定额。货币定额可以是直接按货币数量规定的收入定额和开支标准，比如，医院每一门诊人次平均收费标准、每个工作人员每年公务费数额；也有一些货币定额是按照实物定额折算成货币数量的，比如，学校每一教室需要配备的桌椅数量是多少，然后按价值计算为多少元。

2. 实物定额。实物定额是按实物数量确定的配置量或消耗量的定额，这类定额一般是以实物的计量单位表示的。比如，行政单位多少人配置一辆小汽车，图书馆按相应等级购置多少图书，各类不同性质的学校要配备的教学、实验、实习设备的数量，艺术表演团体演出服装、道具、音响设备、乐器数量，一个运动员一天需要的营养食物量等。

货币定额和实物定额互为补充，实物定额最终也要落实到货币计量上。从实践中看，以实物数量测算的定额比直接以货币数量测算的定额较为科学合理。原因是：第一，以实物量计量的定额可以满足同一地区、同一类型、同一性质单位的一般需要,防止衡量尺度宽严不一、误差较大的情况发生,有利于部门之间的横向对比和考核。第二,实物定额具有在一定年度间的相对稳定性,一般不会受到物价变动因素的影响而需要经常调整,有利于部门纵向对比和考核。第三,比起直接用货币数量计算的平均定额更加切合实际,有利于避免因盲目采购而造成的资金浪费和物资积压。但是,在实际工作中,还是要根据具体情况需要来确定究竟是采用货币定额还是采用实物定额,不应简单从事。

资料来源:李兰英主编:《公共部门财务管理概论》,中国财政经济出版社,2002年8月第1版,第78页
思考提示:如何理解定员定额对预算收入与支出编制的重要作用及意义?

第三节 政府预算编制程序和内容

一、政府预算编制的程序

(一)政府预算编制的一般程序

我国政府预算的编制一般采取自上而下和自下而上、上下结合、逐级汇报的程序。

(1)国务院于每年第四季度下达关于编制下一年度政府预算草案指示,财政部根据国务院指示部署编制政府预算草案的具体事项。国务院的指示和财政部部署的内容一般包括:编制政府预算的方针、政策和任务;主要收支预算具体编制的原则和要求;各级预算收支的划分范围、机动财力和管理权限变动的使用原则;预算编制的基本方法、修订政府预算收支科目、制定统一的预算表格和报送期限等。

(2)中央各部门根据国务院的指示和财政部的部署,结合本部门的具体情况,提出编制本部门预算草案的要求,具体布置所属各单位编制预算草案。中央各部门负责本部门所属各单位预算草案的审核,并汇总编制本部门的预算草案。

(3)地方各级财政部门根据本级人民政府的指示和上级财政部门的部署,具体布置本级各部门和下级财政部门编制预算草案,并负责汇总本级总预算草案,由本级人民政府审核后,提请本级人民代表大会审查和批准。

(4)财政部将中央预算草案和地方预算草案汇编成政府预算草案,并附以简要的文字说明,上报国务院审查。经国务院核准后,于每年3月份左右提请人民代表大会审查和批准。

(5)各级总预算经本级人民代表大会批准后,本级人民政府的财政部门向本级各部门批复预算。各部门向本部门所属各单位批复预算。

(6)地方各级人民政府将本级人民代表大会批准的预算,报上一级人民政府备案。各级人民政府将下一级人民政府上报备案的预算汇总后,报本级人民代表大会常务委员会备案。

(二)我国部门预算编报程序

目前我国部门预算实行"二上二下"的编报程序。

"一上"是指由部门编制预算建议数上报财政部。行政事业单位根据预算年度工作计划、工作任务和收支增减因素,提出包括财政预算拨款收入、预算外资金收入、其他收入和各项支出组成的收支概算,汇总后由主管部门报送同级财政部门。

"一下"是指财政部门与有预算分配权的部门审核部门预算建议数后下达预算控制数或预算指标。财政部门根据本级人民代表大会批准的财政预算及本级政府批准的财政预算外资金收支计划,参照行政单位编报的收支概算,按照预算编报审批原则测算、分配下达单位预算指

标,包括财政预算拨款指标和预算外资金核拨数额。行政单位应当按照规定程序逐级报送主管预算单位或者财政部门审批。

"二上"是指部门根据预算控制数编制本部门预算报送财政部。行政单位根据财政分配的预算指标,核实调整单位各项收支,按照预算编报的要求,正式编制年度收入和支出预算,经主管预算单位审核汇总后报送同级财政部门。

"二下"是指财政部门根据人代会批准的预算草案批复部门预算。财政部门对上报的行政单位预算,应进行认真审核,在规定期限内批复下达部门预算;主管部门再在部门预算的范围内批复单位预算。单位预算经财政部门、主管预算单位批准后作为预算执行的依据。

实行"二上二下"预算编报和审批程序,有利于提高单位预算的科学性和准确性,可使财政部门与行政单位相互交流信息,沟通情况,使预算更加符合单位实际情况,以保证预算执行的严肃性。

(三)政府预算编报流程

1. 中央部门预算的总流程

随着"金财工程"建设的逐步深入,中央各部门可通过利用"中央部门预算子系统",编制、汇总和上报本部门的预算建议数;财政部业务司局按照其管理职能分别对部门预算建议数进行审核,并下达预算控制数;各部门根据预算控制数编制预算,上报财政部;财政部再对部门预算数进行审核汇总,报送国务院审定后报送全国人大批准;根据全国人大批准的预算,由财政部统一批复给各部门。中央部门预算的总流程如图5-1所示。

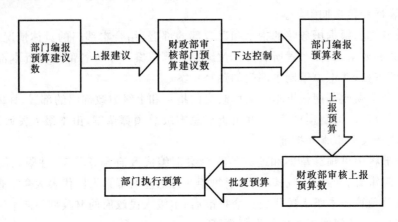

图5-1 中央部门预算总流程图

2. 部门编报预算的流程

部门或单位在编报预算的过程中通过利用"中央部门预算编报子系统",编制和上报部门预算建议数,根据预算控制数编制和上报部门预算数。部门编报预算的流程如图5-2所示。

3. 财政部审核和上报预算的流程

财政部在管理部门预算的过程中根据现行管理职能将部门预算拆分给各业务司局;各业务司局通过预算专网在自己的权限范围内审核各部门预算数据,给各部门下达部门预算控制限额;根据全国人大批准后的中央预算,预算司向各部门批复预算。财政部审核部门预算和上报中央预算的流程如图5-3所示。

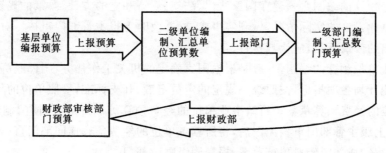

图 5-2 部门编报预算流程图

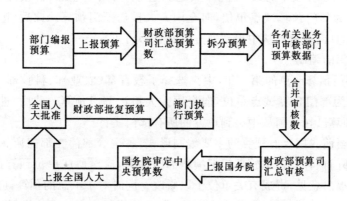

图 5-3 财政部审核部门预算和上报中央预算流程图

4. 财政部批复预算的流程

全国人大批准中央预算后,财政部在一个月之内将预算批复到各部门。其流程如图 5-4 所示。

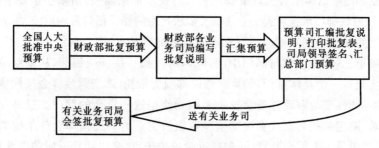

图 5-4 财政部批复预算流程图

二、政府预算编制内容和方法

政府预算编制包括单位预算编制、部门预算编制和中央与地方总预算编制。

(一)单位预算的编制

单位预算是政府预算的基本组成部分,是列入部门预算的国家机关、社会团体和其他单位的收支预算。它以资金的形式反映着国家机关、社会团体和其他单位的各种活动,是实现其职能或事业计划的财务保证,是各级总预算构成的基本单位。单位预算是预算编制的基础,是汇总编制部门预算和总预算的基本条件。单位预算编制主要以国家机关、社会团体等预算单位为主,一般是指行政事业单位的年度收支计划,此外,还包括国有企业财务收支计划、基本建设财务计划等。预算的编制必须遵守国家法律、法规、规章和党的方针、政策的规定,结合本单位行政管理和事业发展的实际情况,做到实事求是,并及时上报主管部门审核。对于主管部门或上级单位提出的修改意见,应认真执行。

行政事业单位预算的编制,一般是根据国家确定的机关工作任务,国民经济和社会发展计划规定的事业计划各项指标,按照统一规定的定员定额、开支标准,参照单位的具体情况,编制行政事业单位的经费预算草案。行政事业单位的经费预算编制好后,连同编制说明书一同上报主管部门,上级主管部门审核无误后,将所辖各单位的经费预算连同部门直属机构的经费预算一同汇总,编制成部门经费预算草案,报送同级财政部门。

2000年是部门预算改革的第一年,中央选择了教育部、农业部、科技部、劳动和社会保障部等4个部门作为部门预算试点单位,向全国人大报送部门预算。此后,进一步扩大改革范围。目前,部门预算已在全国从中央到地方的所有部门实行。

(二)部门预算的编制

2000年是部门预算改革的第一年,中央选择了教育部、农业部、科技部、劳动和社会保障部等4个部门作为部门预算试点单位,向全国人大报送部门预算。此后,进一步扩大改革范围。目前,部门预算已在全国从中央到地方的所有部门实行。

部门预算是当前我国政府预算的主要编制形式,各主管部门在部门所属单位上报的预算基础上,汇编本部门预算。各主管部门汇编本部门预算,应对所属单位预算进行认真审核,对不符合规定的要提出意见,责成有关单位予以修改。同时对于汇总的预算,应及时上报同级财政部门审核,对本级财政部门提出的修改意见,应遵照执行。出现重大分歧难以统一时,要及时报本级政府裁定。

1. 部门预算的内涵和意义

部门预算是部门依据国家有关政策规定及其行使职能的需要,由基层预算单位编制,逐级上报、审核、汇总,经财政部门审核后提交立法机关依法批准的涵盖部门各项收支的综合财政计划。

部门预算是市场经济国家财政预算管理的基本组织形式,其基本含义有三点:一是部门作为预算编制的基础单元,取消财政与部门中间环节,财政预算从部门编起,从基层单位编起。二是财政预算要落实到每一个具体部门,预算管理以部门为依托,改变财政资金按性质归口管理的做法,财政将各类不同性质的财政性资金统一编制到使用这些资金的部门。三是"部门"本身要有严格的资质要求,限定那些与财政直接发生经费领拨关系的一级预算会计单位为预算部门。因此,部门预算可以说是一个综合预算,既包括行政单位预算,又包括其下属的事业单位预算;既包括一般预算收支计划,又包括政府基金预算收支计划;既包括正常经费预算,又包括专项支出预算;既包括财政预算内拨款收支计划,又包括财政预算外核拨资金收支计划和部门其他收支计划。

编制部门预算有重要的意义,它可以更好地体现《预算法》的基本要求,促进预算法制建设,也是深化我国社会主义市场经济体制改革、建立公共财政框架的重要举措。编制部门预算可以使预算编制进一步细化,有利于防止预算分配和执行中的不规范做法,便于人大代表及其常委会的审查和监督,提高政府预算的透明度。实行部门预算,将预算编制、上报、审批、下达的时间均予提前,保证在年度开始前,预算就已确定好,有利于提高预算的时效性,改变了过去部门内各级预算核定单位和基层单位基本上都不同程度地存在"一年预算,预算一年"的现象。编制部门预算有利于提高预算管理水平,增强预算的严肃性。实行部门预算后,预算编制进一步科学化、制度化和规范化,客观上会要求和促进各级领导强化预算观念,减少追加支出的随意性,提高预算管理水平。更重要的是,实行部门预算后,预算资金的使用权将逐渐过渡到必须经过全国人大的审议和批准。这样政府预算将更具有法律效力,增加了预算的约束力,贯彻了依法治国的方针。总之,实行部门预算反映了政府预算编制的基本原则要求。

2. 部门预算的编制内容

部门预算要全面反映部门所有收支活动。从资金类型看,其编制内容包括一般预算和基金预算收支;从机构层次看,包括本级行政单位预算和所属事业单位预算收支;从资金管理看,包括正常经费预算、建设性资金收支和专项支出预算,也包括财政预算内拨款收支计划、预算外核拨资金收支计划和部门其他收支计划。

(1)部门收入预算的编制。部门收入是各预算单位从不同来源取得收入的总称,具体包括由财政拨款形成的部门一般收入、单位自行组织的预算外资金收入、纳入预算管理的政府性基金收入和其他收入。中央部门的各类收入要按照不同来源分别编制预算,汇总后形成部门收入预算。

①部门收入预算编制的内容。部门预算收入包括行政事业单位的财政拨款、预算外资金收入和其他收入等。财政拨款收入是指由财政部门拨款形成的部门收入,即财政部门根据预算单位的基本支出预算、项目支出预算以及各方面收入来源情况,综合核定对某一单位的年度财政拨款额。预算外资金收入包括行政事业性收费、政府性基金、主管部门集中收入和其他预算外收入。其他收入包括上级补助收入、事业收入(指从事专业业务活动取得的收入)、事业单位经营收入、附属单位上缴收入和用事业基金弥补收支差额等。

②部门收入预算编制的程序。部门预算的编制程序是"二上二下"。"一上"时,只填报部门预算年度自行组织收入计划大数以及与基本支出有关的基础数据和项目申报文本、报表;"一下"时,财政部下达基本支出控制数、财政拨款控制数和项目预算控制数。"二上"时,部门在填报有关支出报表时,必须进一步夯实收入预算表。各部门在安排下年收入计划时,要根据历年收入情况和明年预计增减变动因素,按收入类别逐项测算编制。特别是对预算外收入、其他收入等部门自行组织的收入,各单位要充分挖掘收入潜力,实事求是地安排,不能虚报、少报;"二下"时,部门预算经全国人大批准后 30 日内,财政部向各部门批复预算,并由各部门在 15 日之内向下级预算单位批复下级单位的预算。部门收入预算表如表 5-1 所示。

5-1 收入预算表

填报单位: 单位:万元

科目编码			单位代码	单位名称(科目)	合计	上年结转	财政拨款	行政单位预算外资金	上级补助收入	事业收入		事业单位上缴收入	附属单位上缴收入	其他收入	用事业基金弥补收支差额
类	款	项								金额	其中预算外资金				
				行政单位											
				事业单位											
				其 他											
				合 计											

该表要求部门和单位填列。设计此表的目的：一是反映部门和各二级单位的总收入情况；二是反映部门和各二级预算单位分项收入情况，如上年结转、财政拨款、行政单位预算外资金、上级补助收入、事业收入、事业单位经营收入、附属单位上缴收入、其他收入及用事业基金弥补的收支差额；三是反映部门收入在行政单位、事业单位和其他三种类型分布情况；四是反映部门所属二级预算单位按科目的收入情况。这张表是整套部门预算报表体系的一张基本表，它不仅是汇总表的数据来源，也是设计各表格之间平衡关系的基础。

(2)部门支出预算的编制。部门预算支出要求各部门根据国家现有的经费政策和规定，测算部门的人员经费和公用经费，在支出预算编制上取消"基数加增长"编制方法，推行零基预算，即按预算年度所有因素和事项，分轻重缓急测算每一级科目和项目的支出需求。所有支出预算都要编列到具体项目。

①部门基本支出按定员定额核定。a.标准定员的制定。定员是根据行政事业单位的规模或工作量，对人员编制或定员比例所规定的人员指标额度。对行政单位来说，就是国家根据精简的原则和各地的经济情况、人口多少、区域大小以及行政任务的需要所确定的人员编制。行政单位的人员编制必须既能适应当前行政工作的需要，又符合精兵简政方针的要求，防止和克服机构臃肿、人浮于事、效率不高的情况。对事业单位来说，一般有两种情况：一种是国家根据单位工作任务的繁简、机构的类型和大小，分别规定人员编制，类似于行政机关的做法。另一种是国家根据特定的业务计算单位或服务对象所要求的定员比例，确定职工人员数额，如学校的教职工定员。事业单位的定员在国家事业劳动计划指标内，根据事业单位的不同性质、规模和特点，由业务主管部门或全国编制主管部门制定。制定方法有两种：一是根据机构的级次和工作任务制定定员人数；二是根据业务工作量定额制定定员人数。b.标准定额的制定。定额是国家对行政事业单位在一定时期内，有关人力、物力、财力的补偿、消耗或利用方面所规定的各种经济限额。定额的制定种类繁多，情况各异，既有收入定额，又有支出定额；有的以货币指标反映，有的以实物指标反映；有的是财政、财务主管部门测定，单位执行的，有的是单位根据业务需要自行制定经上级批准执行的；有的是预算定额，有的是执行定额。因此，制定定额是比较复杂的工作。c.制定定额的一般程序：一是明确定额内容；二是搜集资料；三是加工整理和分析；四是确定方案。根据搜集的资料和分析得到的基本数字，结合当前具体情况和今后的发展趋势，提出初步方案，并将方案报请单位领导或上级主管部门、财政部门审查批准执行。d.制定定额标准的方法：一是充分准备基础性资料；二是按照一般预算支出科目，对行政经费中的各个支出项目进行细化，并尽可能地予以量化；三是确定各单位行政经费开支中共性支出的范围、项目及基准标准；四是按部门的性质，划分定额项目中支出标准的等级；五是各项开支标准以国家规定为主，实际支出为辅予以确定；六是严格清理不合理的开支项目。

定员定额标准制定以后，要根据情况的变化不断完善，因为定额的制定来源于客观现实，对通过实际执行反映不尽合理的定额标准进行修订。另外，随着客观情况的发展变化，国家政策的调整，定额的标准也应相应进行调整，以保证定员定额的先进性和合理性。

②部门基本支出预算的编制。基本支出预算包括人员经费和公用经费。按照预算编制改革的总体部署，今后部门基本支出预算的核定不再以上年基数为基础，而以财政部门核定的定员定额标准为依据。

各部门和单位编制公用经费预算时，应根据其拥有的政府资源的情况和业务工作的性质，按照财政部门核定的单项定额标准和调整系数测算编制。要逐步扩大公用经费定额标准的涵盖范围,凡属共性的、经常性的开支项目,都要实行单项标准定额;对无法细化成单项定额的支出项目,也应按照量化的原则归类核定综合定额;其他一次性、不宜在基本支出预算中通过标准定额核定的开支项目,可纳入项目预算进行管理。部门支出预算表如表5-2所示。

表5-2 支出预算表

填报单位: 单位:万元

科目编码			单位代码	单位名称（科目）	合计	基本支出	行政事业性项目支出	基本建设项目支出	其他项目支出	上缴上级支出	事业单位经营支出	对附属单位补助支出
类	款	项										
				行政单位								
				事业单位								
				其 他								
				合 计								

表5-2是按部门所属二级预算单位汇总的支出总表。设计该表的目的为:一是反映部门和所属二级预算单位总支出情况;二是反映部门和所属二级预算单位分项支出情况,如行政事业支出、生产建设和事业发展支出的情况;三是反映部门支出在行政单位、事业单位和其他三种类型的分布情况;四是反映部门支出在各科目之间的分布情况。

(三)总预算编制

国家总预算包括中央预算和地方预算。中央预算和国家总预算由财政部汇编。地方总预算包括省(直辖市、自治区)总预算和市、州、县(市)、乡镇总预算,由各地方财政部门汇编,并报上级政府和财政部门备案。

1. 中央政府预算编制

中央政府预算,简称中央预算,是经法定程序批准的中央政府的财政收支计划,由中央各部门(含直属单位)的预算组成,并包括地方向中央上解的收入数额和中央对地方返还或者给予补助的数额。中央预算草案由财政部具体编制,报国务院审定后,提请全国人民代表大会审查和批准。财政部在汇编时,并不是简单地将各部门预算中的收支数额进行汇总,而是根据预算汇编的口径和预算管理办法对中央各部门预算草案进行审核,还要把财政部直接掌握的收支,如债务收支、总预备费以及预算调拨收支等一并编制,经过审核、汇总和综合平衡后,编制成中央预算草案。

中央预算的编制内容包括:①本级预算收入和支出;②上一年度结余用于本年度的支出;③返还和补助地方的支出;④地方上解收入。

2. 地方政府预算编制

地方政府预算,简称地方预算,是经法定程序批准的地方各级政府的财政收支计划的统称,由各省、自治区、直辖市总预算组成。根据政府预算管理体制,地方预算收入主要来源于国家税收中属于地方的税收、地方政府所属企业的上缴利润、中央和地方共享收入中的分成收入以及上级政府的返还和补助收入等。地方预算的支出,主要是承担本地区政权机关运转所需支出以及本地区经济、事业发展所需支出。地方预算草案由地方各级财政部门具体编制,经本级政府审定后,提请本级人民代表大会审查批准。同时,财政部汇总地方预算草案,提请全国人民代表大会审查。根据《预算法》规定,县以上地方各级财政部门除编制本级预算草案外,仍要审核汇总本级政府所辖行政区域总预算草案,即将本级政府预算与下一级政府总预算汇总而成,经本级政府审定后,报上级政府以便汇总,同时提请本级人民代表大会审议。

(1)地方政府预算编制的基本要求:①服从中央统一领导。在预算编制过程中,要执行国家的法律、法规及有关的财政政策,按照政府预算管理体制的规定,处理好各级预算的关系,特别是处理好地方与中央预算的关系。在服从中央统一领导的前提下,保证收入任务全面完成,支出的安排则要统筹兼顾,保证重点。②坚持地方预算的收支平衡。地方总预算作为政府预算的组成部分,必须充分挖掘潜力,保证完成收支任务,搞好地方预算的收支平衡。③执行国家统一的财政方针和制度。地方预算必须根据国家的财政政策和财经制度编制,严格执行国家统一规定的制度、办法和开支标准,如中央制定的政府预算决算制度、税收制度、会计制度、工资制度、企业征税成本和商品流通费用的开支范围等。

(2)地方本级政府预算的编制内容:①当年预算收入和支出;②上年结余当年安排支出的部分;③上级返还和补助收入;④返还和补助下级的支出;⑤上解上级的支出;⑥下级上解的收入。

3. 国家总预算的编制

由于国家总预算是根据中央各部门预算和地方预算汇编而成的,所以财政部在收到中央各部门预算和各省、自治区、直辖市的总预算后,经过审核和汇总编成国家预算草案,并编制国家预算说明书,然后报国务院审核和全国人民代表大会批准。国家总预算说明书的内容如下:

(1)分析检查上年预算预计完成情况。分析时要与上年核定的预算数和国民经济计划完成情况进行对比,说明超收、短收和支出超支或结余的原因,总结经验教训,提出改进措施,保证完成任务。

(2)说明预算编制的指导思想。包括如何具体地贯彻党的方针、政策和一定时期的中心任务,使之更好地体现在财政收支预算中。

(3)说明预算编制的主要依据。包括国民经济计划的各项经济指标及其对财政收支预算的影响。

(4)说明预算中的主要收支数据、收支规模和收支结构,以及收支预算安排的平衡情况。

(5)通过计划年度的收支计划数和上年预计完成数进行的比较,说明计划年度收支增减变化的幅度和原因。

[专栏5-2]　　　　　　　　**加拿大政府预算编制特点案例**

加拿大作为发达的市场经济国家,在长期的市场经济实践中,形成了一整套较为完善的政府预算管理制度,在政府预算的编制方面也积累了一些成熟的经验和做法。通常来说,加拿大的一个完整预算管理周期是从政府准备预算和议会财政经济委员会主持预算前期磋商开始,到审计署对政府公共账目进行审计并向议会公共账目委员会提交审计报告而结束。其中,预算编制阶段一般指政府准备预算和议会财政经济委员会主持进行的预算前期磋商,直至向议会正式提交预算与估算案之前的这一过程。加拿大的预算年度从当年4月1日至次年3月31日。与其他国家相比较,加拿大政府在预算编制方面主要有以下几个特点:

一、预算编制建立正可靠预测的基础之上,并实行滚动预算

现行加拿大法律对政府预算编制的预测机制做出了明确的规定。根据《预算透明与责任

法案》，政府要成立经济预测委员会，为财政部长进行财政经济形势预测提供建议。在预算编制以前和预算编制过程中，经济预测委员会将根据财政经济形势的发展变化，不断更新其财政经济形势预测。在每年正式编制预算之前，加拿大财政部首先会根据经济形势的发展变化不断更新其"经济与财政展望"报告，这一报告包括对未来2～3年的财政收入、支出和盈余（或赤字）情况的预测，这是财政部开始准备预算编制的标志，也是预算编制的重要基础。财政部长的预算案就是根据不断更新的"经济与财政展望"报告，参考下两年的经济和财政预测，编制当年的政府预算收支计划。从1979年开始，加拿大就在预算编制中引进了滚动计划方法。预算案不仅包括当年收支的具体内容，还包括其后3年的大致内容。

二、预算编制建立在充分的前期磋商基础之上，并注重吸引社会公众的广泛参与

通常，在预算编制以前，政府内部都会就下一年度预算的编制进行充分的讨论和准备。每年6月，内阁召开1～2天的"静修会"，从较为广泛的角度来讨论可能影响下一年度预算的主要因素，包括政府因素、经济与财政因素和政府的优先事项，讨论的结果是形成一个"夏季工作计划"，用以指导各部委和中央机构进行预算编制，10月，财政部长向内阁成员报告上一年度预算执行情况，对当年和下一年度财政收支、盈余（或赤字）的最新预测，财政部长与各部部长讨论新的支出建议，总理与政府的议员和党派讨论确定下一年度预算的基调和主题。

加拿大在预算编制过程中十分重视鼓励和吸引社会公众的参与，广泛地听取社会公众的意见和建议。每年10月末或11月初，财政部长向议会财政经济委员会报告当前的财政经济形势及其前景，阐明政府的预算政策目标，并向财政经济委员会提交最新的财政经济形势报告。这代表着正式的预算前期磋商开始，各媒体会对此进行广泛报道。财政经济委员会还会主持一系列由专家、利益集团和普通公众参加的公开听证会，听取各方面的意见和建议。12月，财政经济委员会对收集到的各种意见和建议加以汇总整理，形成咨询报告，在报告中会提出对政府编制预算的具体意见和建议。咨询报告中所提出的意见和建议，不是原始材料的罗列，而是经有关专家进行整理、分析、评估后形成的审慎的思考，是能让有关各方面容易接受的"平衡方案"，这将成为政府编制预算的重要基础。

三、编制部门预算，部门预算编制所依据的支出标准具体详细

加拿大联邦预算一直以部门预算编制为基础。在每个部门预算中，又按管辖的单位编制若干个单位预算。不论是联邦总预算，还是部门预算、单位预算，统一按运营支出、资本支出、转移和补助支出、项目支出等功能进行分类。加拿大部门预算中用于人员和公用经费的支出，都有非常详细和具体的支出标准，所依据的文件资料多达15 000页。在用车、礼费等公用经费方面，各部门的标准基本是统一的；各部门的工资标准是由相关部门的工会提出各自标准后协商确定，存在着一定的差异。

四、预算编制、执行和监督相互制衡

加拿大参与预算管理的部门相对较多，它们在预算管理过程中相互制衡和约束。在预算编制过程中，财政部主要负责确定总体财政框架，财政委员会及其秘书处主要负责各部委、机构、国有企业支出预算的审核与编制。在预算执行过程中，各部委、机构、国有企业具体执行预算，财政委员会及其秘书处对各部委、机构、国有企业执行预算的情况进行监督，议会及其常设委员会和审计署对政府预算进行全面监督，议会财政经济委员会通过主持预算前期磋商参与预算的编制，议会审查和批准预算。各个预算管理部门之间虽然互相制衡和约束，但在预算管理过程中它们的共同目标是维护总体财经纪律，根据政府工作重点分配资源和提高公共服务

的效率,它们的相互制衡和约束有力地保证了这些共同目标的实现。

简要分析:

通过考察加拿大的预算编制,可以看到,在预算指导思想的形成、预算请求的提出、财政部门进行预算上下协调以及初步编制的整个过程中,政治家、技术官员、各类专家与社会公众参与程度越高,预算中反映出来的社会意愿的准确程度越高,预算在议会内讨论和辩论的越充分、透彻,预算的安排就越合理。

在我国,预算是社会经济的综合反映,是实现国民经济和社会发展规划的主要财力保证,体现了政府的决策意图,关系到百姓切身利益。因此,为了提高预算的执行效果,达到预期目的,编制预算时也应当尝试建立一套事前协商机制。不论是政府财政部门、预算执行部门,还是人大,都应当在事前广泛听取各方意见,集中民智,反映民意。这个过程要形成规范的程序,应当有一套工作制度,便于各方遵循。

资料来源: 沈葳,《加拿大政府预算编制的特点》,《中国审计》,2006年第6期

思考提示:

1. 加拿大预算编制都有哪些特点?
2. 借鉴加拿大的经验,我国的预算编制应该如何进行完善?

[专栏5-3] 2011年我国中央和地方预算安排案例

根据中央经济工作会议确定的2011年经济发展预期指标、经济社会政策和财政预算编制的总体要求,2011年公共财政预算主要指标拟安排如下:中央财政收入45 860亿元,比2010年执行数(下同)增长8%。从中央预算稳定调节基金调入1 500亿元。合计收入总量为47 360亿元。中央财政支出总量54 360亿元,增长12.5%。其中,中央本级支出17 050亿元,增长6.7%;中央对地方税收返还和转移支付支出37 310亿元,增长15.3%。中央财政收支总量相抵,赤字7 000亿元,比2010年预算数减少1 500亿元。中央财政国债余额限额77 708.35亿元。

根据地方预算初步安排情况,中央财政代编的地方本级收入43 860亿元,增长8%,加上中央对地方税收返还和转移支付收入37 310亿元,地方财政收入合计81 170亿元,地方财政支出83 170亿元,收支相抵,差额2 000亿元,国务院同意由财政部代理发行地方政府债券弥补,并列入省级预算管理。地方财政收支安排以同级人民代表大会批准的预算为准。

汇总中央预算和地方预算安排,全国财政收入89 720亿元,增长8%,加上从中央预算稳定调节基金调入1 500亿元,可安排的收入总量为91 220亿元;全国财政支出100 220亿元,增长11.9%。全国财政收支差额9 000亿元,占GDP的比重由2010年的2.5%下降到2%左右。这样安排,既考虑了巩固和发展应对国际金融危机冲击成果、保持经济平稳较快发展的需要,也体现了促进财政可持续发展的要求。

中央预算稳定调节基金情况。2010年底余额为2 368.13亿元,2011年预算调入使用1 500亿元,剩余868.13亿元。

资料来源: 节选自2011年《政府预算报告》

思考提示: 从2011年政府预算安排的总体思路及主要指标方面体会预算2011政府预算的特点。

第四节　政府预算的审查和批准

我国《预算法》规定,国务院在全国人民代表大会举行会议时,向大会作关于中央和地方预算草案的报告;地方各级政府在本级人民代表大会举行时,向大会作关于本级总预算草案的报告。中央预算由全国人民代表大会审查和批准;地方各级政府预算由本级人民代表大会审查和批准。这表明政府预算编制完成以后,并不意味着真正形成了具有法律意义的当年年度预算,还必须经过人民代表大会的审查和批准后才成为一个法律文件。

一、财政部门对政府预算草案的审核

财政部门对政府预算草案审核的主要内容:

(1)预算收支的安排是否贯彻了党和国家的各项方针、政策,以及国务院关于编制预算草案的指示精神。

(2)预算收支的安排是否符合国民经济和社会发展计划指标及政府预算指标的要求,如各地方总预算的收入是否符合中央下达的任务指标,预算支出是否符合政府规定的各项事业计划,以及是否按照规定的人员编制、定额、开支标准编制等。

(3)预算收支的安排是否符合现行预算管理体制的要求。

(4)预算编制的内容是否符合要求,资料是否齐全,核算口径是否正确,相关联表格的有关数字是否一致,有无技术性和数字上的差错等。

财政部将中央预算草案和地方各预算草案汇编成全国预算草案以后,并附编制政府预算草案的文字说明书,上报国务院审查,经国务院核准后,提交全国人民代表大会审查批准。

二、政府预算的审查和批准

(一)政府预算审查和批准的程序

1. 各级人民代表大会对预算草案的初步审查

初步审查是指在召开人民代表大会之前,由全国人民代表大会财经委员会或地方人民代表大会常务委员会有关的专门委员会对预算草案的主要内容进行初步审查。财政部在每年全国人民代表大会会议举行的一个月前,要将中央预算草案的主要内容提交全国人民代表大会财经委员会的预算工作委员会进行初步审查,省、自治区、直辖市,设区的市、自治州政府财政部门也应在本级人民代表大会会议举行的一个月前,将本级预算草案的主要内容提交本级人民代表大会有关的专门委员会或本级人民代表大会常务委员会有关的工作委员会进行初步审查;县、自治县、不设区的市政府财政部门,也要将本级预算草案的主要内容提交本级人民代表大会常务委员会进行初步审查,并在本级人民代表大会开会期间向大会报告审查结果。

2. 各级人民代表大会对预算草案的审查批准

审查批准是首先由国务院向全国人民代表大会作关于中央和地方预算草案的报告(一般是报告上年度中央和地方预算执行情况和本年度中央和地方预算草案),提请人民代表审议。在审议过程中,人民代表有权就有关问题提出质询,国务院和财政部必须作出明确答复。在此期间,全国人民代表大会财经委员会要向大会作关于中央预算草案审查结果的报告,提请大会

讨论审查。经讨论、审查并通过报告以后，大会作出批准中央预算的决议。如果作出修改预算的决议，国务院应据此进行修改和调整。经过全国人民代表大会审查批准的中央预算，即为当年的中央预算。地方各级预算草案由本级人民代表大会审查批准，其审查批准过程是：由地方各级政府在本级人民代表大会举行会议期间，向大会作关于本级总预算草案的报告，经讨论审查，批准本级预算。

(二)政府预算的批复

各级预算经各级人代会批准后，财政部门应及时办理批复预算手续，以保证各级预算的执行。按《预算法》要求，财政部应自全国人民代表大会批准中央预算之日起30日内向中央各部门批复预算；中央各部门应在财政部批复本部门预算之日起15天内，向所属单位批复预算；地方各级财政部门应自本级人民代表大会批准本级政府预算之日起30日内批复本级各部门预算；地方各部门应当在本级财政部门批复本部门预算之日起15日内，向所属各单位批复预算。

各级政府预算按上述过程经各级人民代表大会审核批准后，即具有法律效力，应向社会公布，各地区、各部门、各单位都要依法贯彻执行。

(三)政府预算的备案制度

《预算法》规定，地方各级政府应当及时将本级人民代表大会批准的本级预算及下一级政府报送备案的预算汇总后，报上一级政府备案，并将下一级政府上报备案的预算汇总，报本级人民代表大会常务委员会备案。国务院将省、自治区、直辖市报送备案的预算汇总后，报全国人民代表大会常务委员会备案。当上级政府对下一级政府报送备案的预算，认为有与法律、行政法规相抵触或者有其他不适当之处，需要撤销批准预算的决议时，应当提请本级人民代表大会常务委员会审议决定。这些规定加强了上一级政府和本级人民代表大会常务委员会对下级预算的监督。

[专栏5-4]　　　　　　　我国试行国有资本经营预算

一、国有资本经营预算改革进程

国有资本经营预算，是国家以所有者身份依法取得国有资本收益，并对所得收益进行分配而发生的各项收支预算，是政府预算的重要组成部分。国有资本经营预算制度，就是指国家对取得的国有资本收入及其支出实行预算管理的一项制度。建立国有资本经营预算制度，对于深化国有企业改革、规范国家与国有企业分配关系、增强政府宏观调控能力具有十分重要的意义。

1993年，中共中央《关于建立社会主义市场经济体制若干问题的决定》中就提出建立政府公共预算和国有资产经营预算。2003年，中共中央《关于完善社会主义市场经济体制若干问题的决定》再次提出建立国有资本经营预算制度。2007年9月，国务院发布《关于试行国有资本经营预算的意见》，标志我国开始正式建立国有资本经营预算制度。根据该文件精神，中央本级国有资本经营预算从2007年起试行，地方试行国有资本经营预算的时间、范围和步骤由各省(区、市)及计划单列市人民政府决定。在对地方试行国有资本经营预算实践的基础上，国务院国资委于2009年9月草拟了《中央企业国有资本经营预算管理暂行办法》和《中央企业国有资本经营预算执行监督检查暂行规定》，这是国资委按照《企业国有资产法》的规定履行"干干净净"出资人职责的重要一步，对于国有企业战略重组和大型国有企业，特别是中央企业母公司的公司制改革具有巨大的推动作用。

《国务院关于试行国有资本经营预算的意见》和《中华人民共和国企业国有资产法》强调了财政部门在编制预算方面的主导地位，但又为国资委独立编制国有资本经营预算留有余地。国资委草拟的《中央企业国有资本经营预算管理暂行办法》和《中央企业国有资本经营预算执行监督检查暂行规定》，表明了国资委方面对编制、管理国有资本经营预算的基本意见。可以说，如何协调好国有资本经营预算相关部门之间的关系，设计出一套较为完善的国有资本经营预算管理制度，仍是亟待解决的根本问题。

具体说来，下一步，财政部将会同有关部门在总结近年编制中央国有资本经营预算试点经验的基础上，进一步加大工作力度，不断完善相关制度，推进国有资本经营预算编制工作迈上新台阶。一是研究扩大中央国有资本经营预算试点范围；二是完善国有资本收益收取政策；三是推动地方国有资本经营预算试点工作，做好汇总编制全国国有资本经营预算准备工作。

二、2011年中央国有资本经营预算编制重点

2011年中央国有资本经营预算支出，按照"统筹兼顾，留有余地"的原则，通过对国有资本收益的合理分配及使用，推进中央企业加快转变经济增长方式，提高企业自主创新能力，提高节能环保水平，完善企业社保体系，积极开展国际能源资源互利合作，推动中央企业的兼并重组，促进国有资本的合理配置，推动国有企业的改革和发展，实现国民经济可持续发展目标。编制重点包括：

（一）产业结构调整、兼并重组支出。为切实加快经济发展方式转变和结构调整，重点支持中央企业兼并重组和调整优化产业结构，以及向重点企业补充资本金。

（二）重大科技创新项目支出。根据《财政部关于印发〈中央国有资本经营预算重大技术创新及产业化资金管理办法〉的通知》（财企[2010]153号）及有关申报文件规定，重点支持中央企业围绕《财政部 工业和信息化部关于印发中央国有资本经营预算重大技术创新及产业化资金项目指南（2010年版）的通知》（财企[2010]63号）所确定的技术领域和重点，实施技术创新能力建设和开展重大技术研发活动，涉及信息电子、石油化工、化工、钢铁、有色金属、建筑材料、机械装备、船舶、轨道交通装备、轻工、纺织、医药等12大行业的74项重点技术。

（三）重大节能减排项目支出。根据《财政部关于印发〈中央国有资本经营预算节能减排资金管理暂行办法〉的通知》（财企[2008]438号）规定，支持中央企业实施的燃煤电厂烟气脱硫脱硝、钢铁行业烧结烟气脱硫改造项目；燃煤工业锅炉（窑炉）改造、余热余压利用、区域热电联产等重点节能工程项目；电力、钢铁、石油石化、煤炭、有色、建材等行业循环经济项目；电力、钢铁、水泥等行业以合同能源管理方式实施的重大节能改造项目；交通运输、建筑行业节能改造，以及重点行业节能减排技术研究及产业化项目等。

（四）企业境外投资支出（"走出去"专项支出）。根据《财政部关于印发〈中央国有资本经营预算境外投资资金管理暂行办法〉的通知》（财企[2009]210号）规定，支持中央企业通过新设、并购等方式在境外设立非金融企业或取得既有非金融企业的所有权、控制权、经营管理权等权益行为。

（五）企业改革补助支出。支持企业改革脱困工作，帮助企业解决改革中的重点问题等。

（六）社会保障补助支出。根据中央组织部、财政部、人力资源社会保障部、国资委《关于进一步落实中央企业离休干部医药费保障机制的意见》（组通字[2008]46号），补助困难中央企业离休干部医药费专项支出；补助中央企业离退休人员部分统筹外费用支出；补助困难企业职

工生活补助支出。

资料来源：选自国家财政部网站，经整理而成。

思考提示：思考并分析国有资本经营预算进一步深化和完善的路径。

关键术语

政府预算收入　政府预算支出　政府预算编制　单位预算　部门预算　总预算

复习思考题

1. 分析比较各种预算收支预测方法的优缺点。
2. 简述单位预算和部门预算编制的基本内容。
3. 简述政府预算编制的一般流程。
4. 简要说明我国政府预算审批的内容和程序。

第六章　政府预算执行任务与组织机构

政府预算经过法定程序批准,在新的预算年度开始后,就进入了执行阶段。政府预算执行是按照批准后的预算组织预算收支,并对其进行平衡和监督的活动,是把预算收支由目标变为现实的必经步骤,是预算管理工作的中心环节,其效力以本年度为限。政府预算执行涉及每一笔预算收支活动,是一项艰巨、复杂、细致的日常性工作,执行的内容包括各级政府、各部门和各单位等预算执行机关对预算收入、预算支出、预算平衡和预算监督的组织工作。

我国政府预算执行组织体系由国家行政领导机关和职能机构组成,包括各级政府、各级财政部门、预算收入征收部门、各预算部门及单位、各商业银行、政策性银行和国家金库等。这些机构从不同层次、不同角度和不同方面负责或参与政府预算的执行活动。

通过本章的学习,应重点掌握我国政府预算执行的组织体系,各执行机构的基本任务和职责。

第一节　政府预算执行的任务

一、政府预算执行的特点

政府预算执行工作是完成政府预算收支任务的关键步骤,也是整个预算管理工作的中心环节。政府预算执行与政府预算编制相比较具有以下特点。

(一)预算执行是一项经常性工作

从整个预算管理看,尽管政府预算的编制、执行和决算都是预算管理的重要环节,但政府预算和决算的编制一般在一个较短的时期内即可完成,时间上相对集中;而政府预算执行则是从预算年度的开始,在每日、每旬、每月里进行的一项经常性工作,直到预算年度结束。

(二)预算执行是完成预期收支目标的过程

从时间观念上看,在编制政府预算时其收支计划是根据当时政治经济形势和国民经济与社会发展计划设计的,它只是反映可能实现的目标,但要使这种可能变为现实,还需要各部门和各单位在整个预算年度内每天进行大量艰苦细致的具体工作,以达到收支任务的预期目标。

(三)预算执行需要随着客观情况的变化组织新的平衡

从动态组织预算平衡看,预算执行经历着一个不断组织平衡的过程。因为不平衡是绝对的,它既是编制预算时组织静态数字平衡的必要依据,又是在预算执行过程中不断组织新平衡的依据,这是一个循环往复的过程;而预算编制时的平衡是相对的、暂时的,这个平衡仅是平衡表的基本要求,随着政治经济形势的变化,必然要求组织新的平衡。这就是说,由于预算的执行过程在不断出现新情况、新问题,原来的平衡就会被打破,变为不平衡,这就要求根据现实客观情况对收支指标作及时调整,不断组织新的平衡。

(四)预算执行情况和结果是下一年度预算编制的基础

经法定程序批准后的年度预算是预算执行的依据,而当年预算执行情况和结果又是设计下一年度预算的基础。因此,做好预算执行工作是安排下一年度预算的基础,为更好的编制下一年度预算创造有利条件。

二、政府预算执行的任务

政府预算执行是组织预算收入、支出、平衡和监督等一系列工作总称。政府预算执行按预算级次可分为:中央预算执行和地方预算执行;按预算内容可分为:预算收入的执行、预算支出的执行、预算平衡和预算监督等。政府预算执行的基本任务可分为以下四个方面。

(一)积极组织预算收入

根据国家的政策、财政制度法规以及税法,把各地区、各部门、各企事业单位应缴的预算收入,及时、足额地收缴入库。税收是预算收入的主要来源,要加强各项税收的征管工作,严格执法,做到按政策应收尽收,各预算收入征收部门不得擅自减征、免征或者缓征应征的收入,不得截留、占用、挪用应上缴的预算收入,这是预算执行的首要任务。通过组织收入工作,要充分调动各方面的积极性,努力促进各部门根据社会需要调整产业结构,增加生产,加强经济核算,改善经营管理,提高经济效益和盈利水平。

(二)及时拨付预算资金

各级财政部门在大量组织收入的同时,还要做好预算支出的执行工作。做好预算支出的执行关系到国民经济的宏观结构,为此,必须根据年度支出预算和季度用款计划,及时拨付预算资金,保证经济和社会发展的资金供给。在拨付资金的过程中,既要按照计划及核定的资金用途,结合各部门的经济事业发展进度,及时合理地拨付资金,还要监督各用款单位管好用好资金,通过建立预算资金支出效益评价体系,提高资金使用效率。

(三)组织预算收支平衡

政府预算的执行,是从平衡到不平衡再达到新的平衡的一系列过程。这是由于国家政治经济形势的变化,以及在年度执行预算的过程中,会出现预算收入超收或短收,预算支出增加或减少,国家政策的调整,新的改革措施的出台,自然灾害及季节性因素的影响等等,都会引起预算收支的变化。这就要求组织预算执行的机关,及时分析掌握预算收支执行情况,并采取有效措施,不断地组织新的预算收支平衡,以保证预算收支任务的顺利实现。

(四)加强预算执行监督

在预算执行过程中,要按照有关的法律、法规和规章制度,对预算资金集中、分配、使用过程中的各种活动加以控制,即监督检查各预算执行单位执行预算和遵守财经纪律的情况,防止预算执行中的各种偏差。要把事前监督、日常监督和事后监督三者有机结合,使监督成为保证政府预算正确执行的有效措施。

三、政府预算执行的基本要求

(一)硬化预算约束

政府预算执行要严格按现行财政体制的有关规定划分预算收支范围,分别执行,分级管理,不能互相挤占;要严格区分收入分类、支出功能分类和支出经济分类,准确直观地反映财政活动,增强预算分配的透明度,强化预算管理,逐步建立预算收支硬约束机制。

(二)涵养培育财源

政府预算执行必须以经济建设为中心,为培养和扩大财源提供财政支持,增强财政发展后劲;同时,要合理地安排和调度财政资金,保证各级政府履行职能,为各项事业发展和经济建设保驾护航。

(三)严格预算程序

政府预算执行要增强法制观念,依法办事,认真执行预算法及其实施条例。预算经过各级人民代表大会依照法定的程序批准后,就是一项法律文件,任何部门都无权随意更改,如确因特殊情况需要改变原批准的预算时,必须按法定程序办理。

(四)注重协调配合

政府预算执行必须加强与国民经济各部门的紧密配合,共同完成预算收支任务。预算执行机关,要紧密依靠各部门、各单位及时了解情况,反映问题,并提出有效的措施,确保预算的圆满完成。

第二节 政府预算执行的机构和职责

一、政府预算执行的组织机构

我国政府预算执行组织机构有各级政府、各级财政部门、预算收入征收部门、国家金库、各有关部门和各有关单位等。这些机构从不同层次、不同角度和不同方面负责或参与了政府预算的执行活动。

(一)领导机关

根据宪法和预算法的规定,国务院以及地方各级人民政府是政府预算执行的组织领导机关。国务院作为国家最高行政机关,负责组织全国预算和中央预算的执行;地方各级人民政府负责本级政府预算和本行政区域内总预算的执行,并负责对本级各部门和所属下级政府预算执行进行检查和监督。

(二)执行机关

根据《中华人民共和国预算法》规定,政府预算的具体执行机关是本级政府的财政部门。各级财政部门是预算执行的主管机关。财政部对国务院负责,在国务院的领导下,具体负责组织中央预算的执行,指导和监督地方预算的执行,并定期向国务院报告预算执行情况;地方各级财政部门对地方各级政府负责,并在其领导下,具体负责组织本级预算的执行、监督和指导所属下一级预算的执行,并定期向同级人民政府和上一级财政部门报告预算执行情况。

(三)执行主体

各有关部门和单位是部门预算和单位预算的执行主体。中央和地方各级主管部门负责执行本部门的部门预算的财务收支计划,提出本部门预算调整方案,定期向同级财政部门报告预算执行情况;各企业、事业、行政单位负责本单位预算和企业财务收支计划的执行;财政部门统一负责组织政府预算收支的执行工作,并按各项预算收支的性质和不同的管理办法,分别由财政部门和各主管收支的专职机构负责组织管理。即除财政部门外,国家还根据预算收支的不同性质和不同的管理办法,设立或指定了专门的管理机构,负责参与组织政府预算的执行工作。

(四)参与机关

国家还指定专门的管理机关参与国家预算的执行工作。组织预算收入执行的机关主要有税务机关、海关及财政机关；参与组织预算支出执行的机关主要有国家开发银行、中国农业发展银行等政策性银行和有关国有商业银行；由中国人民银行代理的国家金库担负着政府预算执行的重要任务,具体负责预算收入的收纳、划分和留解,也是预算执行的参与机关。

二、政府预算执行机构的职责

为了保证预算执行任务的实现,需要明确各类机构在预算执行中的职责。

(一)各级人民政府的职责

各级政府是预算执行的组织领导机关。国务院作为国家最高行政机关,负责组织中央和地方预算的执行,具体包括:执行政府预算法律、法令;制定预算管理方针、政策;核定政府预算、决算草案;组织领导政府预算的执行;颁发全国性重要的财政预算规章制度;审查批准中央预算预备费的动支。

地方各级政府负责组织本级政府预算和本行政区域内总预算的执行,具体包括:颁发本级预算执行的规定、法令;批准本级预备费、机动财力的动支;按规定执行预算调剂权;按规定安排使用本级预算结余;审查本级预算执行情况和决算。

地方各级人民政府执行地方预算的权限包括:根据国家有关法令、法规规定和预算管理体制,结合本地区的具体情况,制定各本级预算执行的有关规定和具体实施办法;批准动用本级预算的预备费和地方机动财力;在保证完成上级下达和同级人民代表大会核定的预算收支任务及各项事业计划的前提下,除了上级指定的有特殊用途的专款之外,可以按规定程序在收支项目之间进行必要的调剂。但是,执行中因经济形势变动、调整工资、调整价格或减免税收等重大变化,或由于自然灾害影响需要核减收入预算或追加支出预算时,必须经同级人民代表大会常务委员会批准,并报上级人民政府备案;分析检查本地区预算执行情况和审查本地区年度决算。

(二)各级财政部门的职责

在政府预算的执行中,具体负责组织执行的职能机构是财政部和地方各级财政机关。财政部在国务院领导下,研究制定组织预算收入和管理预算支出的制度和办法;具体负责组织政府预算的执行工作,执行中央预算并指导检查地方预算的执行;协调预算收入征收部门、国库和其他部门的业务工作;提出中央预算预备费动用方案;具体编制中央预算的调整方案;定期向国务院报告中央和地方预算的执行情况。

地方各级财政机关在同级政府领导下,具体负责组织本级预算的执行,保证其预算收入和支出任务的完成,监督和指导下级预算的执行;指导和监督各部门、各单位建立健全财务制度和会计核算体系,按照规定使用预算资金;提出本级预算预备费的动用方案;具体编制本级预算的调整方案;定期向本级政府和上一级政府财政部门报告本级总预算的执行情况。

(三)征收部门的职责

征收部门是负责预算收入的征收管理机关。我国目前预算收入的征收部门除了财政部门外,还包括税务部门和海关。

1. 税务机关的职责

在政府预算的执行过程中,税务机关的主要职责是进行税收征收管理,组织预算收入和实施税收调节,贯彻国家有关政策。在组织收入方面,负责各项工商税收和企业所得税的征收管理,以及国家交办的其他预算收入的征收管理,研究和制定税收征管政策、规章,分析检查税收计划的完成情况,依法审批减免税事项。

根据分税制及税种划分要求,由国家税务局和地方税务局各自负责所管理税种的征收管理。

各地国家税务局负责征管海关征管之外的中央税和中央地方共享税。主要有:增值税,消费税,中央企业所得税,地方和外资银行及非银行金融企业所得税,证券交易税,铁道部门,各银行总行,各保险总公司集中缴纳的收入(包括营业税、所得税、城市维护建设税),出口产品退税管理,中央税的滞补、罚没收入,境内外商投资企业和外国企业的各项税收,等。

地方税务局负责地方税的征收管理。主要有:营业税(不含铁道部门、各银行总行、各保险总公司集中缴纳的营业税),地方企业所得税(包括地方国有企业、集体企业、私营企业所得税),个人所得税,土地增值税,城市维护建设税,车船使用税,房产税,城镇土地使用税,屠宰税,资源税,印花税,耕地占用税,地方税的滞、补、罚没收入,等。

2. 海关的职责

海关在预算执行中的职责是:对进出口的货物和各种物品、旅客行李等依法征收关税和规费,征收进口货物的增值税、进口消费品的消费税,以及国家交办的涉及进出口产品的其他税收的征收管理工作。

(四)有关各部门、各单位的职责

在预算执行中,其主要职责是:按规定向国家缴纳应缴预算收入;按照支出预算,办理各项支出;对单位的各项经济业务进行会计核算,编制会计报表;定期向主管部门及同级财政部门报告部门(或单位)预算的执行情况并接受预算管理部门的监督。

上述各方面构成的有机整体,从组织体系上保证了政府预算的顺利执行。

(五)有关银行的职责

政府预算的执行机构,按各种不同用途的预算支出和管理分工,分别由财政部门、各主管拨款和贷款的银行及主管财务部门负责。国家指定或委托办理拨款或贷款的银行主要有:

1. 中国人民银行

中国人民银行是我国的中央银行,而经管办理国库业务是国家赋予中央银行的一项重要职能。国家金库是政府预算执行的重要组织机构,是办理预算资金的收纳、保管和拨出等预算业务的出纳机关。

2. 中国建设银行

中国建设银行担负着办理预算内和预算外基本建设贷款和拨款的任务,并负责监督企业挖潜改造资金的使用,监督国有施工企业的财务管理工作。对于中国建设银行办理的预算内基本建设拨款、贷款业务,要求做到及时地组织基本建设资金的供应,监督资金合理使用,充分发挥经济效益,严格控制基本建设支出,按照规定收回基本建设贷款。

3. 国家开发银行

国家开发银行主要负责办理政策性重点建设贷款和贴息业务。

4. 中国农业银行和中国农业发展银行

它们在预算执行中的职责是:负责办理农业事业费及国家支援农业生产资金的拨款工作,办理国家规定的农业政策性金融业务,协助财政部门和主管部门安排支农资金,检查执行情况和资金使用效果。中国农业银行的基层营业所还担负代理国库经收处的任务,将收纳的预算收入划转国库。

上述各方面构成了有机整体,从组织体系上保证了预算的执行。当然,政府预算执行与国民经济有密切关系,只有在各级政府的领导下,依靠各部门、各单位的共同努力,才能真正保证政府预算执行任务的圆满完成。

第三节 国家金库

一、国家金库管理

(一)国库组织机构

国家金库简称国库,是办理预算资金的收纳、划分、留解和库款支拨以及报告国家财政预算执行情况的专门机构。其概念包含两层含义:首先,国家金库是政府预算收支的保管出纳机关,是国家财政的"财政库";其次,国家金库不是单纯的收款、付账的现金出纳,而是参与组织和执行政府预算的专门机构。

我国国家金库的组织机构是按照国家财政管理体制设立的,原则上一级财政设立一级国库。即国库机构按级次自上而下设立中央总库、省分库、市中心支库和县支库。中国人民银行总行经理总库;各省、自治区、直辖市分行经理分库;省辖市、自治州和成立一级财政的地区由市、地区(州)分行经理中心支库;县(市)支行经理支库。中国人民银行未设分支机构的地区由上级人民银行分支机构与有关地方政府财政部门商定后,委托有关银行办理。中央总库办理中央国库业务,并监理地方国库业务;地方国库既办理同级预算收支的出纳工作,也办理上级和中央预算收支的出纳工作。支库是国家金库的基层金库,支库以下的经收国家库款的机构,称"国库经收处",其业务由商业银行的基层机构代理,负责收纳报解财政库款。经收处的业务工作,受支库领导。各级国库的工作机构,按《中华人民共和国国家金库条例》第9条的规定设立,即总库在中国人民银行内设国库司,分库在省、市分行设处,中心支库设科,支库设股。

我国的国家金库机构的设置和预算管理体制相适应。原则上国家列为一级财政进行管理的,则相应设置一级国库。我国预算管理体制,分为中央预算和地方预算,国库也与此相适应,分别设置中央国库和地方国库。各级国库直接对上级国库负责,下级国库应定期向上级国库报告工作情况,上级国库可以直接向下级国库布置检察工作。中央国库应当接受财政部的指导和监督,对中央财政负责;地方国库业务应当接受本级政府财政部门的指导和监督,对地方财政负责。

(二)国库的职责

政府预算的一切收入都由国库收纳,预算的一切支出都通过国库拨付。国库工作是预算执行工作的重要组成部分,担负着办理预算收支,反映预算执行情况的重要任务。为使各级国库在实现政府预算收支任务中,能充分发挥其职能作用,必须规定其相应的职责。国库的基本职责是:

1. 准确及时地办理预算收入的收纳、划分和留解

政府的一切预算收入应当依照财政、税务部门的规定和期限,按照国库制度规定的缴款方法,办理税款的缴库,国库应当及时地收纳入库,并按照中央、省、地、县不同的预算级次和国家规定的预算科目进行划分,按照上级财政规定的比例办理分成留解。

2. 根据财政机关填发的付款凭证,审查办理同级财政库款支拨

各级财政的国库存款,一律凭同级财政机关填发的付款凭证办理拨付;中央财政的国库存款凭财政部的拨款凭证办理拨付;各级地方国库款凭同级财政机关的拨款凭证办理。收款单位不在当地银行开户的,应汇划到收款单位的开户银行。

3. 通过核算,向上级国库和同级财政机关正确地反映预算收支执行情况

按照国家金库制度的有关规定,每日营业终了后,支库应将收纳的各项预算收入进行划分,按照规定的预算级次和预算科目编制各种报表,并向同级财政机关和上级国库报送有关预算收支的报表,主要有预算收入日报、旬报、月报、库存报表,以及年度会计决算表。

4. 协助财政、征收机关组织预算收入的收缴并监督预算收入的退库

根据征收机关填发的签证核收滞纳金;根据国家税法协助财税机关扣收个别单位屡催不缴的应缴预算收入;按照国家财政制度的规定审查、监督、办理库款的退付。

5. 组织管理下级国库和经收处的工作

6. 办理国家交办的其他有关工作

(三)国库的基本权限

(1)各级国库有权监督检查国库经收处和其他征收机关所收的款项是否按规定及时全部缴入国库,发现拖延和违法不缴的及时查缴处理。

(2)各级财政机关要及时准确执行国家预算管理体制规定的预算收入划分方法和分成比例,对于擅自变更上级财政机关规定的分成比例的,国库有权拒绝执行。

(3)各级财政、征收机关应按照国家统一规定的退库比例、项目和审批程序办理退库,对不符合规定的,国库有权拒绝执行。

(4)监督财政存款的开户和财政库款的支拨,对违反财政体制规定的,国库有权拒绝执行。

(5)任何单位和个人强令国库办理违反国家规定的事情,国库有权拒绝执行,并及时向上级报告。

(6)国库的各种缴库、退库凭证的格式、规格、颜色、用途以及填写内容应该按规定办理,对不符合规定的缴退库凭证,或填写不准确、不完整的凭证,国库有权拒绝受理。

(四)国库管理体制

从世界各国的情况看,国家金库的管理制度分为独立国库制、委托国库制和银行制三种。

1. 独立国库制

国家特设专门机构办理政府预算收支的出纳业务。由于自设国库费用大,且容易使财政资金在国库闲置,所以采用独立国库制的国家很少,如芬兰。

2. 委托国库制

国家委托中央银行经理或代理国库业务。采用这种类型的国家较多,如美国、英国、法国、日本、德国、韩国等。

3. 银行制

国家不设国库,也不委托中央银行代理国库,而是由财政部门在银行开设账户,办理预算收支业务。

我国的国库制度一直采用委托制,即国家金库由中国人民银行代理。现在世界各国,凡经济较发达的国家大多数采用委托制。实行委托制的优点在于:一是银行机构遍及全国城乡,有利于缴款人缴款,也有利于将预算资金及时拨付到用款单位账户;二是预算收支的上解下拨,

通过银行系统划转，比较迅速灵活；三是通过银行办理有利于加强对预算收支的监督管理。具体来说，中央国库业务由中国人民银行经理；未设中国人民银行分支机构的地区，由中国人民银行商请财政部后，委托有关银行办理。地方国库业务由中国人民银行分支机构经理；未设中国人民银行分支机构的地区，由上级中国人民银行分支机构商请有关的地方政府财政部门后，委托有关银行办理。

二、国库在预算执行中的作用

国库工作在预算执行中的作用，是在执行预算的业务活动中，通过办理国库业务工作实现的。各级国库在实现预算收支任务中，发挥着执行作用、监督作用和反映作用。

(一)执行作用

国库的执行作用，是在它经办预算收支业务过程中实现的。国库执行作用的基本要求是准确地、及时地办理预算收支的各项业务。年度预算计划确定后，要把计划变为现实，离不开专门的国家财政出纳机关办理各项预算收入的收纳和库款的支拨。国家每年成千上万亿的预算收入，都是由国库一笔一笔的收纳，并按照预算级次、预算科目分类整理，进行核算。然后，按照财政管理体制的规定，进行划分、留解，将各级财政应有的预算收入分别入账，增加财政在国库的存款，以保证预算资金的分配运用。政府的预算支出也要通过支拨出去，并转拨到基层用款单位，及时满足各单位的资金需要，保证经济建设和各项事业的顺利进行。

(二)反映作用

国库的反映作用，主要是通过利用各种国库会计资料，进行综合研究，为同级财政部门和上级提供国库会计有关数据和系统分析资料。一是通过国库会计的日报表、月报表及年报表，可以准确地反映一定时期的预算收入执行情况；二是利用国库会计报表及有关资料进行综合分析，可以反映一定时期的国民经济活动情况；三是可以准确地、及时地反映预算拨款、退库及财政库存情况。国库运用银行联系面广、经济信息灵通的有利条件，通过有关数据进行分析，采取有效措施，协助财税机关组织预算收入及时入库，促进预算收入任务的圆满完成。国库反映的各项数据，不仅对财政、金融的宏观决策具有重要意义，对于国民经济综合平衡的研究分析，也是不可缺少的重要资料。

(三)监督作用

国库的监督作用，主要是在经办预算收支中，发挥国库处于预算执行第一级的特点进行的。国库的监督作用主要体现在如下几个方面：一是通过办理预算收支业务，可以监督预算的执行，为国家守计划、把口子；二是监督财政、税务部门、海关，以及国库经收处，所收税款是否及时、足额入库，加快预算收入的入库进度；三是监督各级财政机关正确执行上级财政规定的收支划分范围和留解比例；四是监督库款的退付和支拨，确保按政策、按规定办理退库款的支拨。

三、国库会计核算

(一)国库会计核算的基本要求

1. 认真执行有关法规，贯彻各项规章制度

国库会计的核算方法除《国家金库实施条例细则》规定外，其余均按中国人民银行《会计基本制度》执行。各级国库还应按照会计法和《国家金库条例》的有关规定，加强国库会计核算工

作,严格核算手续,健全账簿、报表,以保证各级预算收支数字完整、准确,及时完成国库会计的核算任务。

2. 准确、及时地办理各项预算收入的划分和留解

根据国家财政管理体制规定的预算收入级次和上级财政机关确定的分成留解比例,正确、及时地办理各级财政库款的划分和留解,以保证各级财政预算资金的运用。

3. 为各级财政机关开立账户

按照财政制度的有关规定和银行开户管理办法,为各级财政机关开立账户,并要根据财政机关填发的拨款凭证,及时办理同级财政库款的支拨。

4. 按期报送国库报表

对各级预算收支进行会计账务核算,按期向上级国库和同级财政、征收机关报送日报、旬报、月报和年度决算报表,定期同财政、征收机关对账,以保证数字准确一致。

5. 开展国库会计核算的检查分析

对所属国库的会计核算工作定期进行检查,研究分析政府预算执行情况,为政府宏观决策提供信息依据。

(二)国库会计的特点

1. 综合反映政府预算收支执行情况

各级国库会计部门通过办理收纳、划分、报解和支拨等业务活动,准确、及时地反映政府预算收支的执行情况,从而促进政府预算的完成。

2. 按日编制国库会计报表

对日常业务核算按照有关账簿编制国库,并及时与财政、税务部门进行账务核对。

3. 国库各项业务活动必须通过国库会计来实现

国库的主要业务就是办理各级财政预算收入的收纳、划分、报解和库款的支拨,而这些业务活动最终都必须由国库会计来逐笔完成。国库会计工作是国库的一项重要基础工作。

4. 国库会计在凭证使用、账务设置上也有其特点

在凭证使用上,国库会计有一套特定的凭证。从种类上讲,收纳库款使用的是缴款书,退付库款使用的是收入退还书,这两种收入凭证的联次、格式都有严格、明确的规定,缴款书是国库会计收纳预算收入款项的唯一合法凭证。在库款支拨上,同城使用预算拨款专用凭证,异地必须使用信、电汇凭证,在分成报解上划库款时,必须使用银行的基本凭证。国库会计每一过程使用的会计凭证,都有明确的制度规定。在账务设置上,采用设置账簿结合的方式,即总账—分账或登记簿。登记簿是按照政府预算收支"款"级科目(工商税收类列项)设置的。

(三)国库会计的科目设置

国库会计科目划分为全国银行统一国库会计科目和各银行系统内国库会计科目两大类。全国银行统一国库会计科目名称和代号,由中国人民银行总行制定。人民银行经理国库业务的会计科目名称和代号,由人民银行总行制定;国有商业银行和综合性银行代理国库业务的会计科目,应使用人民银行规定的会计科目名称,其代号由各国有商业银行和综合性银行总行制定。国有商业银行、综合性银行国库会计科目的设置、变更和取消,必须报经人民银行总行批准。各人民银行分行可增设辖内专用国库会计科目,但须抄报总行,其代号与总行规定的代号应当既有联系又有区别。国库会计科目能正确核算和综合反映国库业务活动,国库款项的上划、下拨、调拨都应使用规定的科目。国库使用的会计科目主要有18个(见表6-1)。

表 6-1　国库使用的会计科目

代码	科目名称	解释
0201	中央预算收入	总库收纳的和各分库支库就地收纳的、分库按规定上缴总库的中央预算收入以及中央预算收入的退付都使用本科目
0202	中央预算支出	总库办理财政部实拨资金的中央预算支出使用本科目核算（总库专用）
0203	财政预拨经费限额款	财政部预拨的中央级事业行政经费限额资金使用本科目核算
0204	中央经费限额支出	各行办理中央事业行政经费限额拨款单位的经费限额支出,以及当商业银行因经办中央经费限额拨所垫付的资金在财政性存款不够轧减时,其所垫付资金在经人民银行核实后划转当地人民银行,两者在办理限额拨款的年终结算签证时,使用本科目
0205	地方财政库款	地方各级预算的固定收入、分成收入、补助收入、专项收入、借款收入以及预算支出拨款、拨款的缴回、专项支出、借款支出、补助支出,均使用本科目核算
0206	财政预算外存款	中央财政和地方各级财政掌管的预算外资金的收入、支拨、上解等。均使用本科目核算
0207	待结算财政款项	凡由国库经收处代收的各级预算收入款项用本科目核算。每天代收的各项预算收入先进入本科目专户,当天营业终了前汇总上划支库,结清本专户,因此,本专户为过渡户
0229	待报解中央预算收入	该科目暂记中央国库各分库、支库当日收到的中央与地方共享收入,每日划分报解后,该科目无余额,是共享收入的过渡性科目
0208	待报解地方预算收入	该科目暂记各分、支库当日收纳的地方预算收入,每日报解后本科目无余额,是反映地方预算收入的过渡性科目
0214	代收单位购买国库券款项	凡各单位购买国库券交来的款项以及上划该款项时使用本科目核算
0215	代收个人购买国库券款项	凡个人购买国库券交来的款项以及办理上划时使用本科目核算
0211	代收国家其他债券款项	凡代收除国库券以外的国家其他债券款项时用本科目核算,并根据国家其他债券的名称在本科目下设专户
0216	兑付国家债券基金	财政部拨来的兑付国家债券款项用本科目核算
0300	兑付国家债券本息款项	兑付国库券及国家其他债券款项时用本科目核算。根据国家债券的名称在本科目下设专户
0401	未发行国家债券	总、分行收到和拨给到所属行处及商业银行的国家债券,用本表外科目核算。拨入时记收入,拨出、缴还或销毁时记付出,余额为国家债券的库存数。未发行的国家债券按券别、数额记载

续表 6-1

代码	科目名称	解释
0402	有价证券及收款单	凡本行认购的国库券、国家重点建设债券等有价证券及收款单,用本表外科目核算。科目下按有价证券种类、类别分设账户
0403	已兑付国家债券	各行对商业银行等金融机构缴来已兑付的国家债券以及上缴、销毁的国家债券用本表外科目核算。缴来时记收入,上缴或销毁时记付出,余额为已兑付国家债券的结存数。已兑付的国家债券按券别、数额记载
0404	重要空白凭证	对于空白的现金支票、转账支票、汇票、限额结算凭证以及国库券收款单等重要凭证用本表外科目核算。印制拨入或领来时记收入,调出或领发时记付出,余额为重要空白凭证的库存款,它以每本 1 元的假定价格记载

各经收处、各级国库在办理国库业务时,必须使用规定的国库会计科目,均不得乱用、乱设科目。

(四)国库会计报表的种类及编制方法

国库会计报表分为:日报表、旬报表、月报表、年度决算报表四种。

日报表是国库的基础报表,旬报表、月报表和年度决算报表是在日报表的基础上,按预算科目归类反映从当年 1 月 1 日起至报表上报截止日收入累计数的报表。

国库日报表分为:预算收入日报表、共享收入计算日报表和财政库存日报表三种。

1. 预算收入日报表

预算收入日报表是各级国库收纳、划分、报解库款的基础报表。征收机关据以检查收入征收入库情况,并逐日对账。预算收入日报表的编制方法是:根据预算收入明细账或登记簿,按照政府预算收入科目,分别中央、省、地、县等不同的预算级次逐日汇总编报。

2. 共享收入计算日报表

共享收入计算日报表是计算中央财政与地方财政、地方上下级财政之间每日分成(共享)收入留解的报表。分成收入计算表的基本内容包括:收入总额、中央、省、地市、县级分成数等栏次。各级国库只办理与上级财政预算的分成。分成收入的计算,按照财政管理体制划分的预算级次逐级办理。分成(共享)收入计算日报表的编制方法是:根据预算收入日报表中属于共享收入各科目数字之和,按照上级财政部门规定的分成留解比例计算填列。其中应上解的分成收入,列入上级财政有预算收入日报表的"上解收入"科目,随"划款报单"将库款上划上级国库。

3. 国库收入月报表

国库收入月报表是预算收入日报表的定期综合。按照预算级次、预算科目分别报本年累计数。它是根据各级预算收入明细账或登记簿余额,按预算科目编报的。各省、自治区、直辖市分库向总库编送的中央预算收入月报,采用计算机联网的方式报告。

4. 国库年度决算表

国库年度决算表是国库一年来收纳、划分、报解国家预算收入的总结,根据中央预算收入明细账或登记簿编制。各省要在规定的时间内将中央预算收入决算表报达总库,总库汇总后报财政部。地方预算收入决算表应由国库在规定时间内报同级财政部门和上级国库。

各级国库年度决算报表编成后,应附国库决算说明书,随决算表一并报同级财政部门及上级国库。

[专栏6-1]　　　　外国国库探秘:国库存些什么?家底怎么花?

一、什么是国库?

人们常说的国库,通常是指国家金库,是一个存放具体实物、货币和黄金的库房。但现代意义上的国库已经超出实物金库的功能,每个国家的国库都担负着保管、管理该国财政的资产和负债,以及反映该国预算执行情况的一系列国家财政职能。国库的职能已由传统的"库藏"管理发展成控制政府预算内、外资金,管理政府现金和债务等全面财政管理。

每个国家都有自己的国库制度。日本的国库由财务省主管,但绝大部分具体业务委托中央银行——日本银行——来实施。1993年,俄罗斯政府颁布了建立联邦国库的政府令,在俄财政部设立了联邦国库管理局,委托中央银行具体管理。美国的国库预算由财政部管,但财政部主要是管理资金的使用,具体保管是由美国国库局来执行。美国国库局是财政部的下属单位,具体负责印制美元、铸造硬币、灌注金锭,以及保管这些钱财,是美国政府真正的"钱袋子"。

二、各国国库存什么?

国库分为财政国库和财产国库两大类。比如俄罗斯,所有的财政国库资金收支都是通过财政部在俄中央银行及其分支机构中设立的国库账户进行的。财产国库则是所有国有资产的总和。从这个意义上说,财产国库所存放的不仅仅是黄金、白银这些贵重金属,还包括了形形色色的固定资产。但因为国有土地、政府办公大楼、军舰、飞机等不需要收藏,所以国库里真正需要收藏保管的还是体积小、价值大的黄金、美元和各种债券等。

政府没收的许多私人物品,入了国库后,政府会把它们拍卖,因为政府不保管这些零零碎碎的东西,而是把它们变成货币入库。比如,美国纽约一年就有几次专门拍卖海关没收的东西。

瑞士国库里堆满了黄金是众所周知的事。现在各国的货币发行量,早已不与它们国库的黄金存量挂钩,但瑞士除外。瑞士国库里始终储备着足够的黄金,因而至今仍然保持着全世界唯一的金本位制。据世界黄金协会最新公布的数据,目前世界各国国库的黄金总储量为32 946吨,其中储量超过1 000吨的国家和国际组织是美国、德国、法国、意大利、瑞士和国际货币基金组织。瑞士国库目前有黄金储备2 590吨,约占世界各国国库黄金总储备量的7.7%。按人均算,瑞士是全球人均拥有黄金量最多的国家。瑞士联合银行贵金属部首席分析师里德向记者表示,瑞士国库中除了黄金、白银等贵重金属和美元资产外,也存有一定数量的欧元、英镑等主要硬通货和外国政府的债券;此外,瑞士国库不仅管理着巨额的不动产,而且凭着力求盘活富余资金的原则,还在千方百计地进行着各种金融投资。

在日本国库中,储存的主要是外汇、外国债券、黄金等贵重金属以及国际货币基金组织的特别提款权和世界银行的票据等。据日本财务省的统计数据,截至2004年12月底,日本国库中的外汇储备相当于8 445.43亿美元。其中,外国债券折合成美元为6 993.98亿;外国货币现金1 248.66亿美元,有的存在外国中央银行和国际清算银行,有的存放在日本国内的金融机构,还有的存在外国金融机构设在日本的分支机构;此外,还有国际货币基金组织的特别提款权以及世界银行的票据，一共95.03亿美元。另外还有相当于107.76亿美元的黄金储备。

俄罗斯国库中既存有货币黄金，也有外汇等其他储备，还有一部分黄金、外汇储备存在国外。20世纪50年代，苏联为了避免石油收益的美元存放在美国被美国政府冻结的危险，将大量外汇收入存到欧洲，形成了脱离美国政府控制的大量"离岸美元"。

三、国库财宝怎么存？

瑞士国库里的黄金，部分存放在伯尔尼瑞士联邦政府大楼和联邦议会大厦前面的广场地下深处。它处在地下百米处的防核弹掩体内。除了这座从未对外开放的地下金库外，瑞士还有不少储备黄金的国库是对公众开放的，目的在于炫耀储备之安全，吸引更多的国外托管客户。当你走进任何一家安全系数超过100%的开放金库，都会为如此多的黄金而惊叹不已。1 000多公斤重的大金板堆至房顶，来回挪动都得靠重型铲车和起重机，数百平方米的地下室，到处是标有纯度为99.9%的黄金。进入这些金库的人既可观看，也可触摸，还可以购买，但是这一切都是在陪同人员和摄像机的监视下进行的。

瑞士国库的安全程度可称得上世界之最。国库的每个过道和入口处都设有先进的红外线电子检测系统，任何异样的动静和异物都无法逃脱它们的监控。每进一道门都得由分别掌管三把不同钥匙的三个人同时将钥匙伸进锁槽，并经过对持钥匙人身份证、指纹、眼球的红外扫描检测合格后，再输入由数字和字母混合组成的一连串密码，只有上述程序正确无误，厚重的国库第一道门才能开启。然后是只能容纳单人进出的狭小的电子遥控旋转门，若身上带有稍大的物件根本无法进出。对所有参观者和工作人员都实行24小时拍摄录像监控以备查。

日本的现金以及黄金储备大部分都存放在日本中央银行的地下金库中。但在部分黄金交易中，只是账面上的来往。

众所周知，美国联邦储备委员会具有黄金储备功能，英国伦敦塔专门收藏珠宝首饰，俄罗斯的国家金库则是两种功能兼具。据俄媒体透露，俄有一个专门的国家金库。它坐落在一幢不起眼的灰色楼房中，电梯陈旧，但每个房间都配备了厚厚的钢制大门，一排排编码的保险箱中存放着各种具有文化和历史价值的珍宝。据报道，有黄金、宝石、首饰、钱币和各类贵重金属。金库内一块黄金就重达10多公斤。截至2004年11月1日，俄央行持有的黄金价值约37亿美元。此外，金库中珠宝的比重也很大，目前所藏的各类宝石大约有9 000种。存放的各类琥珀都是极品。据介绍，为了严格保持特定的温度和湿度，金库为这些宝石的存放费尽心机，还安排了大批工作人员每天根据宝石的形状、大小、颜色和质地将其分门别类，仔细包装。这里的工作人员是清一色的娘子军。

美国储藏本国黄金的有两个地方：一个在肯塔基州的诺克斯堡，一个在纽约州的西点。两地都是军事基地，也都是地下金库。偌大的军事基地，许多地方可以随便开车进入，唯独金库用铁丝网拦住，外人不得入内。至于纽约联邦储备银行的地下金库，主要是存放外国的黄金。

四、存在国库里的家底怎么花？

根据瑞士国库管理法，存入国库的黄金不能轻易动用，若要减持国库黄金存量，则必须经全民公决，征得多数公民同意后政府方可动用。瑞士社民党发动议员向联邦政府多次施压，要求政府将过剩的黄金抛售，用所得款项进一步改善养老福利，然而，瑞士国库一次次地顶住了压力，不让动用。

俄罗斯的国库是有进有出。2002年8月，俄财长阿列克谢·库德林曾表示，为了偿还外债，俄罗斯打算把存国库中的珠宝拿出一部分出售换成现金。俄国库的东西进出规定是非常严格的:首先,出售或者转让方式通常是举行拍卖。其次,必须得到总统的批准,拿到总统令才可以开始拍卖。第三,近年来国库的拍卖品主要是"俄国家珍宝储备"中超过10.8克拉的巨型钻石。第四,拍卖形式独特。拍卖品在拍卖会上不展示,竞拍者只能提前一个月去看一眼,拍卖会上各方在特制的信封上写上姓名并在信封内标明报价,谁的报价高谁最后胜出。

从2002年开始,俄联邦财政开始进入稳定的盈余期,原来为应对石油降价而建立的稳定基金累计已有近150亿美元。俄罗斯目前正考虑动用国库钱财提前偿还外债。

资料来源:《环球时报》,2005-02-05

思考提示:为什么各个国家都必须有自己的国库制度?

[专栏6-2]　　　　　　　英国国库管理制度

一、国库管理体制

皇家国库部(以下简称国库部)是国库管理的主要机构。国库部是负责公共收支预算及管理的部门。它管理政府预算和政府借款;向各部门分配预算、监督各部门财政资金的分配和使用,并负责制定有关经济政策。每年由政府内阁首先提出为期三年的滚动计划,指定税收和其他政府收入计划和政府借款计划,以满足政府公共支出的需求。

国库部根据三年滚动计划编制政府滚动三年预算,提交政府内阁审核。政府内阁对预算进行审核之后提交给议会审议,由议会批准政府当年预算及以后的调整计划。

议会批准预算之后,国库部将预算资金拨付到皇家总支付办公室(Office of H. M. Paymaster General, OPG,以下简称支付办公室)为各部门开设的账户上,再由支付办公室集中为各部门进行支付。

英格兰银行为国库资金的开户行。各部门在支付办公室开设的账户统一设在英格兰银行。英格兰银行为国库办理日常的收支业务。国家审计署负责对设在英格兰银行的财政账户上支取的款项进行审计,对政府各部门和其他公共机构的账户进行稽核,并对预算资金的使用效果进行财务分析。审计署每年将审计情况向下议院公共委员会报告。

英国国库管理制度的基本原则是:通过国库单一账户制度对预算资金进行严格管理,但是不限制预算支出部门管理支出的权力。国库部编制部门预算,议会按部门审批指出预算。每个部门的行政长官要对本部门的财务负责。

二、国库资金的收入与支出程序

政府收入主要是税收和发债。税收包括直接税和间接税,主要税种有:个人所得税、企业所得税、社会保障收入、增值税、关税等。支出大于收入的部分通过政府借债进行弥补,政府通过英格兰银行向货币市场发放金边债券或向公众发放国民储蓄券进行融资。

税收收入和发债收入都直接纳入开设在英格兰银行的财务部账户上,财政部账户由国库部管理。国库部每一笔支付首先要送审计署审批,说明批准支出的法律文本或议会表决案。审计署审查之后以统一编号的印章确认同意支付。国库部根据批文指令英格兰银行进行付款。英格兰银行则从财务部账户向设在支付办公室的各部门指定的账户划转资金。

政府各部门按照议会批准的预算进行安排支出,负责有效的使用预算资金。各部门的资金存在支付办公室各自的账户上,只有立即对商品和劳务的供应商进行支付时,资金才转出支付办公室的账户。在财政年度内,各部门指定按月分配的用款计划,根据需要从财政部账户上的未提余款中逐笔向支付办公室各自的账户上划转,每月的用款计划和实际支出数之间的差额不能大于或小于5%,大于5%要按高于银行利率2个百分点向支出部门收取利息。为了减少政府的净借款,支付办公室账户上的所有贷记余额每晚都自动转回到财务部账户。

英格兰银行是通过三个主要账户来管理国库资金的,这三个账户分别为:(1)统一资金。除借款之外的所有政府收入,以及所有支出都在这项资金中反映;(2)国家贷款资金。即政府发放的金边债券和国民储蓄券;(3)支付办公室账户。英格兰银行随时根据国库部的指令从统一资金向支付办公室各部门的账户划转资金用于各部门的支付。当收入超过支出时,财政部账户就表现为贷记余额,并以此从英格兰银行取得利息;当收入不足支付时,统一资金就立即从国家贷款资金中划入资金,用于支付。

三、国库资金运作的具体操作

(1)关于税收收纳的操作程序。英国国内收入署在全国境内设立了两个核算办公室,一个设在北部的苏格兰,一个设在南部的英格兰。以设在南部的英格兰约克郡Shipley城的核算办公室(Accounts Office Shipley)为例,这个办公室的职能是处理整个英格兰地区的税收收入。处理过程是:首先由各地的税收办公室向该核算办公室提交征税名单及相关资料,核算办公室根据名单向税收人邮寄统一格式的税票(Paylist)和专用支票。纳税人填写汇票和支票并寄回给核算办公室。核算办公室通过自动化设备对纳税人填好的税票和支票进行分拣、记账,并将支票存入西敏斯商业银行。西敏斯商业银行当天将税款转入英格兰银行。核算办公室的自动化程度很高,一些处理程序是专门设计的。该核算办公室每天处理的信件达到28 000封,能够保证及时、准确地将纳税人缴纳的税款交到国库。纳税人通过转账方式交纳税款,直接将账款划到核算办公室在西敏斯商业银行账上,由核算办公室汇总划转到国库在英格兰银行的账户上。

(2)关于支出的操作程序。以国内收入署和上述Shipley核算办公室作为支出单位的例子。国内收入署的年度支出预算确定以后,国库部按国内收入署的用款计划和进度将资金从英格兰银行的财政部账户上划转。国内收入署每天可以在这个账户中进行开支。国内收入署下属的全国各地税务办公室没有自己的账户,全部统一在上述账户中集中支付。集中支付方法主要分为三种:①工资。国内收入署64 000名职员的工资统一由英格兰银行直接汇到职员个人账户上。②采购支出。国内收入署及其所有下属单位的采购活动的程序是:各支出单位与供应商签订采购合同,交国内收入署采购中心审批,经批准后交支付办公室办理审查和支付。③小额支付。国内收入署给其所属各单位一本支票簿,对于一些小额零星支付,允许支出单位直接用支票支付。支票最终从国内收入署在支付办公室的账户上兑付。

资料来源:财政部预算司编:《预算管理国际经验透视》,中国财政经济出版社,2003年12月,第117页

思考提示:英国国库制度对我国有哪些借鉴?

[专栏6-3]　　　　　　　中国现行国库体系的基本弱点

1.现金余额的分散化

中国现行国库体系的弱点,最主要的在于现金余额的分散化,导致现金管理系统包括付款系统的支离破碎,从而使现金管理集中化这一发达国家中最重要的国库功能完全落空。在实践中,现金余额的分散化还包括无法有效地实施预算(典型的例子是普遍的拖欠),大量的现金闲置和高昂的机会成本(剩余现金不能投资),大量的违规、腐败和低效率,以及财政信息反馈和报告滞缓。

2. 缺乏集中性的付款系统

在 OECD 国家中付款业务由国库办理,各部委不能使用(或只能非常有限地使用)银行账户。具体分为两步:首先由支出部委向国库提出付款申请,然后国库进行审核并开出付款凭证,据以从支出部委在中央银行的国库单一账户上付款。而在我国由于缺乏集中性的付款系统,财政资金需要首先划拨到各部委和支出单位在商业银行的账户上,然后由其自主支配。

由于各部门和支出单位各自开设的多重账户进行分散拨付,中间环节多,造成资金大量沉淀。

3. 缺乏集中性的收款系统

收款过程的分散化严重。各支出单位都可以在银行开立账户,加上财政管理信息系统和监督检查机制不健全,许多财政收入项目的款项由征收部门设立过渡账户收缴,国库款项的退库管理漏洞也很大,常被一些部门和单位滥用,流失了大量收入;大量预算外资金未纳入国库和预算管理,财政资金极为分散。据有关资料统计,1999 年全国预算外资金收入达 3 385 亿元,其中有 907 亿元未缴入专户管理;又据 2000 年对 239 户国税机关征管情况进行的专项检查,以"待结算账户"、"待结算财政款项——等解税金账户"等形式开设的过渡性账户多达 170 多个,严重影响了财政收入的及时入库。

4. 缺乏集中性的交易监管与会计控制系统

OECD 国家普遍通过核心部门——政府国库机构——来追踪和记录支出周期各个阶段的财政交易,包括对承诺的记录与监督。履行这一功能的关键成分是国库会计系统。会计系统按照统一的预算分类和会计科目对一个完整的支出周期的各个阶段进行全程式的追踪与记录,并在此基础上汇总数据和提供能够满足管理、决策和受托责任要求的财务报告和其他报告。相比之下,我国一直缺乏一个类似于发达国家的集中性会计与报告系统。形式上看,中国有一个由"三驾马车"——总预算会计、行政单位会计和事业单位会计——构成的较完整的预算会计体系,然而该系统无法适时为核心部门——财政/预算/国库部门——提供预算单位发生的大量财政交易信息,因此无法履行财政监督、预算评估和其他重要的财政管理职能。此外,会计与报告系统是分离的:通过国库会计核算预算收支,通过单位会计核算实际收支,预算外的实际收支又通过单独的账户进行核算,而这些彼此分离的账户系统提供的信息又是财政管理报告(包括月报和年度)的基础。由此,预算会计系统无法提供及时、全面和可靠的财政信息,尤其是财政支出方面的信息。

5. 国库组织机构重心的错位

发达国家在银行系统之外,普遍设立了专门负责处理国库事务的机构,而我国目前没有明确的国库机构。财政部被授权行使大多数国库的职能,中国人民银行承担会计职能,负责收纳税款,管理各部委的财政资金,充当公债发行的财政代理。中央银行承担的这些财政代理职能与 OECD 国家的国库职能相比,OECD 国家的国库组织机构的重心在政府部门,而我国对公共支出的监控与报告的重心在银行部门。因此,我国现行国库体系缺乏明确负责现金管理与执行预算计划的机构。财政部和中央银行国库司在履行国库职能中所扮演的角色,与 OECD 国家中能够执行全部国库职能的部门机构是不同的。在诸如现金管理、月度财政报告等基本的财政管理职能方面,中国目前的国库职能是相当脆弱的。

资料来源:节选自王雍君:《中国国库体系的改革:从分散到集中化》,《中国问题》,2003 - 12 - 14

思考提示:请进行国库集中制与分散制的利弊分析。

关键术语

政府预算执行　国家金库　国库管理制度　国库会计

复习思考题

1. 政府预算执行有什么重要意义？
2. 简述我国政府预算执行的组织体系以及各执行机构的基本任务和职责。
3. 什么是国家金库？它有什么职责？
4. 简述国库管理的基本制度。
5. 我国国库管理制度改革的指导思想和原则是什么？
6. 简述我国国库管理制度改革的主要内容。

第七章 政府预算执行

政府预算执行是组织政府预算收支计划实现,并对其进行平衡和监督的过程。政府预算经法定程序批准后即进入执行阶段,它是完成政府预算收支任务的关键步骤,是政府预算管理工作的中心环节。政府预算执行的过程是实现预算管理目标、完成预算收支任务、贯彻政府预算政策的过程,是把政府预算由目标变为现实的必要过程。

要使预算执行任务圆满完成就必须有相应的机构作为组织保障,并赋予各级预算执行机构相应的职责。预算执行包括收入执行和支出执行两个方面。在预算执行中,为使预算适应不断变化了的新情况,还需适时对预算进行必要的调整和修正,以达到预算收支新的平衡。为了保证预算执行的顺畅运行,还要对预算收支情况进行检查。进入 21 世纪以来,预算执行方面进行了多项改革,比如国库集中收付制度改革、政府采购制度改革等。本章将对改革的主要内容进行介绍。通过本章学习,要明确政府预算执行的目的和相关的组织系统的设置及其任务,了解政府预算执行的内容,把握预算执行制度改革的内容,熟悉预算检查的方法。

第一节 预算收支的执行

政府预算执行涉及政府预算组织收入、支出、平衡、监督一系列经常性的、艰巨的、复杂的工作。做好这项工作的直接目的在于圆满完成政府预算赋予的任务,为实现政府职能服务,具体而言有以下几点:第一,为达到政府预算目标,建立严密的组织机构,将预算的计划付诸实践。在执行过程中根据变化了的情况不断调整计划,组织新的平衡,以保证计划目标的实现,即保证政府预算收支任务与平衡由可能性变为现实。第二,调节社会经济运行状态,培养财源。这些需要预算收入计划圆满实现及资金的合理使用,从而为政府预算的稳定增长提供更加雄厚的物质基础。第三,依法行事,加强监督,使监督成为保证政府预算正确执行的有效措施。主要体现在,按照有关法律、法规和制度规定,对预算资金的集中、分配和使用过程中的各种活动加以控制。

一、预算收入的执行

政府预算收入的执行是指按年度预算确定的收入任务,在预算执行中去组织实现,这是政府预算执行的首要任务。只有预算收入任务圆满完成,才能保证预算支出的及时拨付,完成全年预算收支业务;只有完成和超额完成国家预算收入,才能保证各项生产建设事业的资金需要。

(一)预算收入的缴库

政府预算收入是在预算年度内陆续组织入库的,为了便于缴纳单位正确、及时、足额地将应缴款项缴入国库,需要明确缴库的依据,规定预算收入缴库的方式和方法。

1. 预算缴款的依据

各缴款单位向国家上缴各项预算收入,都要有一定的依据,即按照一定的缴款计划执行。缴款计划主要体现在国有企业财务收支计划和税收执行计划中。各种税收执行计划是税务机关组织收入的依据;国有企业财务收支计划是企业缴纳上缴利润的依据。

(1)国有企业利润缴库计划。国有企业每年都要编制企业财务收支计划。企业年度收支计划中的向国家缴纳的利润、资金占用费等预算缴款数字,就构成政府预算收入的内容。为了更好地组织年度预算执行,基层企业还要根据核定的全年向政府预算的缴款计划,编制季度分月的利润等缴款计划,作为税务机关监督企业上缴利润的依据;对于少数亏损国有企业,则要编制年度亏损计划和季度分月的亏损计划,作为税务机关审查监督并弥补企业计划亏损的依据,以便有计划、有秩序地组织国有企业缴纳各项企业收入的入库工作。

(2)税收执行计划。各级税务机关每年都要依据政府预算确定的年度工商税收任务,按季编制分月的税收执行计划,作为税务机关组织工商税收入库的依据。税务机关要根据计划,按旬掌握收入进度,按月进行分析,按季做出收入执行情况的分析检查报告。

2. 收入缴库的方式

无论是国有企业,还是集体企业,以及外商投资企业和个体经济的单位和个人都应按法律规定向政府预算上缴款项。众多的预算缴款单位,由谁来办理预算缴款的入库手续,由哪一级单位向哪一级国库办理预算缴款入库手续,这就是预算收入的缴库方式应解决的问题。

(1)直接缴库。即不论企业隶属关系如何,企业向政府预算缴纳的各种款项,都是在企业所在地,通过企业的开户银行,以转账的方式向当地国库办理缴款。基层企业采取直接缴付方式,既方便缴款人,也有利于政府预算收入的及时入库。因此它是预算缴款的主要方式。直接缴库的预算收入项目主要是税收收入、社会保障缴款等。

(2)集中汇缴。由征收机关和依法享有征收权限的单位按照法律法规规定,将所收取的预算收入汇总直接缴入国库单一账户。适宜这种缴款方式的预算收入项目是小额零散税收和法律另有规定的应缴收入。

3. 预算收入缴库的方法

预算收入的缴款方法,是依据收入的性质和缴款单位的不同情况分别规定的。各项税收一般依照国家税法规定的计税价格、税率,依率计征,在纳税期限内缴入国库;其他收入按照收入实现的数额定期缴库。国有企业缴款,分别按照计划数和实际数缴库。

(1)按计划缴库。国有企业缴款单位,按照上级核定的年度缴库利润计划和季度分缴款计划,按月一次或分次缴库。目前,工业、交通企业一般都采取这种方法,其缴款期限根据应缴税利数额的大小,分别按1日、5日、10日或按月缴库,在次月10日前,按企业上月会计报表进行结算,少缴的部分在本期补缴,多缴的部分可抵扣本期缴款计划。但在年终后,则应将多缴的利润退还企业。按计划利润缴库的办法,有利于国家及时均衡地得到预算收入,同时也有利于促进企业加强计划管理。

(2)按实际缴库。每月月终后10日内一次缴库,如届时没有算出实际利润,一般先按上月实际利润数估缴,待算出实际利润后再行结算。这主要是因为商业供销企业各个时期的销售额变化较大,流动资金占用较多,按实际实现利润缴库,则可避免出现把银行贷款当作利润缴库的情况。

(二)预算收入缴库的划分与报解

预算收入缴库的划分和报解,是指各级国库对已入库的预算收入,按照预算管理体制关于收入级次的划分和分成比例规定,向上级国库和各级财政机关报告预算收入执行情况和划解财政库款的工作。

所谓预算收入的划分,就是国库对于每天收纳入库的预算收入,根据预算管理体制规定的各级预算固定收入的划分范围,以及中央与地方、地方上下级之间分成收入的留解比例,划分并计算中央预算收入和地方各级预算收入。而所谓报解,即在划分收入的基础上,按照规定的程序将各级预算收入的库款分别报解各级国库,相应地增加各级预算在各级国库的存款,以保证各级预算及时取得预算收入。具体来说,"报"是指国库通过编报"预算收入统计表"向各级财政机关报告预算收入的情况;"解"是在划分预算收入和办理分成收入的留解比例后,把库款逐级解缴到同级财政的国库存款账户上。

中央各支库收纳的中央固定收入,按预算科目编制中央预算收入日报表,报上级国库;收纳的中央、地方共享收入,编制成共享收入日报表,按中央、地方分享比例,将属于中央的预算收入列入中央金库,将属于地方的收入划入地方金库。

地方金库收纳的属于本级预算固定收入的编制收入统计表,增加本级财政收入。收纳的上下级之间的分成收入,编列分成收入日报表,按上级规定的比例,分别增加本级收入和上级财政收入。

各级预算收入一律以缴入基层国库即支库的数额为正式入库。

(三)预算收入的退库管理

收入退库,通俗地说,就是在政策批准的范围内,按规定将缴入国库的预算收入退还给原缴款单位或缴款人。预算收入缴入国库后,就成为政府预算资金,退库属于减少政府预算资金,因此需要严肃对待。入库的预算资金在一般情况下是不能退还的,如有特殊情况需要退库,也必须在国家规定的退库范围内并经过一定审批程序才能办理。

1. 预算收入退库的范围

(1)由于工作疏忽发生技术性差错,如多缴、错缴、预算级次搞错等,需要退库的。

(2)企业改变隶属关系,办理财务结算,收入级次转移,需要退库的。

(3)企业单位按计划上缴入库的税利等,超过实际数过多,需要办理退库的。

(4)按规定可以从预算收入中退库的国有企业计划亏损补贴。

(5)地方财政从已入库的税款中提取的税收附加、从工商各税中提取的代征手续费等,需要退库的。

(6)财政部规定的或专项批准的其他退库项目。

凡是不符合上述退库范围的,各级财政机关和主管收入机关不得办理审批手续,对于不符合规定的退库,各级国库有权拒绝办理。

2. 预算收入退库的审批

各级财政部门和其授权的收入机关,对于收入退库的审查应注意如下问题:

(1)严格审查弥补企业亏损和补贴的收入退库。在收入退库中,弥补企业亏损的数额较大,存在问题也较多。因此,监缴机关和财政部门要把这项退库作为重点,认真核实企业亏损和补贴数额,防止弄虚作假,扩大亏损以及假借亏损之名乱退库。对经营性亏损一般不予退库;对超计划的亏损,需要严格按照规定的审批程序办理,不能随便乱批退库。

(2)为了明确责任,严格执行审批手续,必须认真审查国家规定的退库凭证的统一印鉴。收入退库书要按国家规定分别盖有财政部门或县以上(含县)税务局公章和负责人印章方为有效。

(3)收入退库一律转账退付,不退现金,个别特殊情况必须退付现金时,要由财政、征收机关严格审查,并加盖明显戳记,国库才能审查付款。

(4)各级预算收入的退库,应按预算收入的级次办理,属于哪一级的预算收入退库,必须从哪一级库款中退付,库款不足的不得退库。

(5)财政部门不是预算缴款单位,原则上不能自批自退已经缴库的预算收入。

(6)补助地区不办理退库手续。

(7)严格执行收入退库报告制度。

3. 办理预算收入退库的程序和方法

(1)各单位及个人申请退库,首先应向财政机关或征收机关填写退库申请书,经财政机关和征收机关严格审查同意后,签发"收入退还书"交退库单位或退库人向国库办理退库;

(2)预算收入退库后应从当日入库款中退付。中央预算收入的退库从中央预算收入科目中退付;地方预算收入退库从地方预算收入中退付。

国库经处所收款项是代收性质,不算正式入库,所以不能办理收入退库。但当日预算收入未上划之前,如征收机关发现错误可以更正。

二、预算支出的执行

预算支出的执行就是按年初确定的预算支出任务分配和使用预算资金的过程,这是预算执行中最重要的工作。预算支出的执行是由财政部门负责组织指导和监督,由各支出预算部门或单位具体负责执行。财政部门主管预算资金的分配和供应,各支出预算部门和单位按照预算规定的用途具体负责资金的运用。

财政部门在预算支出执行中的任务是:按照预算支出执行工作的需要,制定有关的管理制度和办法;根据年度支出预算和季度计划,适时地、正确地拨付预算资金,以保证用款单位完成各项生产建设任务和事业计划的资金需要;帮助并监督预算单位(部门)充分挖掘内部资源,加强资金管理,精打细算,提高资金使用的经济效益;经常深入实际,调查研究,及时掌握预算支出执行情况和事业进度,研究分析各部门、各单位执行预算定额、开支标准的情况和存在的问题,及时采取措施,不断提高预算支出的管理水平。

(一)预算拨款原则

预算拨款是预算执行过程中按照预算安排和程序实施的对预算资金的再分配。为了保证预算支出的顺利进行,财政部门应当加大对预算拨款的管理,并遵循下列原则办理预算拨款:

1. 坚持按预算计划拨款

为有计划、有效地使用预算资金,各用款单位应根据核定的预算,编制季度分月用款计划,经上级部门和财政部门核准后,作为用款单位的拨款依据。各级财政部门的预算拨款,必须控制在年度预算和季度预算用款计划范围内,不能办理无预算、无计划、超计划、超预算的拨款。如遇有特殊情况需要超过预算,必须经过办理追加支出预算的手续后方能拨款。

2. 坚持按核定的支出用途拨款

即分别事业经费、行政经费、基本建设支出拨款的不同用途,分别付款。各级财政部门办理预算拨款时,应根据预算规定的用途拨款。用款单位必须专款专用,除国家特殊规定外,不得随意改变用途,以保证各项事业计划的顺利进行。

3. 坚持按规定的预算级次拨款

按预算级次拨款,就是按国家规定的预算级次逐级办理拨款,财政部门只对一级主管部门办理拨款,各主管部门一般不能向没有经费领拨关系的单位拨款,同级主管部门之间也不能发生横向的拨款关系。

4. 坚持按事业进度拨款

按照用款单位的基建项目工程进度、生产和事业发展的实际进度办理拨款,既要保证资金需要,又要防止积压浪费,以保证预算资金的统筹安排和灵活调度。按生产和建设事业进度进行拨款时,不仅要考虑本期的资金需要,同时要考虑上期资金使用结余情况,还要考虑为以后年度做储备。对实行定额或者定项补助的预算单位的拨款,应按照实行定额或者定项补助的单位全额收支情况,核实需要,合理拨付,以促进节约、有效地使用预算资金。

(二)预算支出的拨款方式

1. 划拨资金

划拨资金也称实拨资金,这是财政部门用拨款凭证通过金库向用款单位直接拨付预算资金的方式。其程序是:首先由主管部门根据国家下达的支出预算和季度分月用款计划,填写经费拨款申请书,经财政部门审核同意后,签发拨款凭证(一般用委托付款书),通知国库,将预算资金直接拨到各主管部门开户银行的存款账户上,由主管部门按照预算所规定的用途,办理转拨或支用。

划拨资金拨款一般每月一次或分几次拨付,手续简便,能及时满足用款单位的需要,但容易造成预算资金分散积压的现象,影响财政部门统一调度资金。1998年之前,地方各级财政部门的预算拨款除基本建设拨款外,一般都采用划拨资金的方式。目前,行政事业经费拨款和补助已全部实行划拨资金的方法。

2. 限额拨款

限额拨款这是由财政部门根据主管部门申请,在核定的年度支出预算之内,按季或按月开出限额通知书,核定用款额度,通过金库通知申请单位的开户银行执行的方式。其程序是:先由财政部门根据主管部门的限额申请书,在核定的年度预算内,分期(一般是每季一次)给用款单位下达用款限额,通知主管部门及其开户银行。主管部门据此向开户银行申请开立限额用款账户(属银行的表外科目),在下达限额内,主管部门可以动用或向下属单位转拨限额。按期由银行向财政部门办理结算,结算方式有两种:一是1985年以前实行银行代垫,月度终了,银行与财政部门结算,财政归还。二是1985年起实行财政预拨,限额结余自动注销,即财政按下达的限额拨足资金给银行,不由银行垫款,限额拨款以"暂存资金"户头存入银行。用款单位动用限额,银行在限额内拨款,相应减少财政暂存资金。年终,未用完的限额注销,银行将存款余额退还财政。

限额拨款只给用款单位在限额内支配资金的权力,其优点是可以避免资金的分散积压,简化拨款程序,便于年终结算和加强银行监督。中央级的行政事业经费和基本建设以前一直采用限额拨款的方法,现在主要对非经营性的基本建设拨款才采用这种方式。

(三)预算支出的数字核算基础

预算支出的数字核算基础是指财政部门和预算单位列报支出的口径和依据。

各级财政的预算拨款和预算支出是资金分配使用的两个阶段。预算拨款是指财政机关对各用款单位拨付的资金。一般来说,财政机关对主管部门拨付资金,然后由主管部门层层下拨,逐级分配到各基层用款单位,因此,预算拨款是主管部门所属用款单位开支的主要来源。预算支出是指基层用款单位从开户银行提取拨款,办理支出用于各方面的需要。通过预算支出数可以反映经济和文化事业发展的规模。

预算资金运动从分配到使用大体要经过财政拨款、银行支出、实际支出和预算结余各环节。财政拨款数是财政资金从国库划拨的预算资金数;银行支出数是基层用款单位从银行存款中支取的预算资金数。实际支出数是用款单位实际消耗掉的预算资金数。银行支出数大于实际支出数的差额是用款单位已从银行支取,但尚未实际消耗掉的周转性的库存材料、库存现金和一部分待结算的暂付或应收款项,是用款单位执行支出预算必须周转使用的资金;预算结余则是年终全年预算收支的差额,真实的预算结余应该是在第二年可以用来进行重新安排的资金。

1. 总预算的列支基础是预算拨款数

1997年预算会计改革将总预算支出的列支基础由银行支出数改为财政拨款数,财政拨款就成为各级财政部门总预算支出的数字核算基础,也成为财政部门和主管部门结算预算拨款的依据。财政以拨做支不仅简化了结算事项,而且符合财政总预算资金的运动特点。

2. 单位预算的列支基础是实际支出数

实际支出数是基层用款单位从银行支取并且实际消耗的资金数,它是核算单位预算数字的基础,也是各单位支出报销的数字依据。基层用款单位只能在资金使用报销后才能作为实际支出入账。基层用款单位的银行支出未用数,是不能作为其实际支出入账,否则就不符合支出报销原则,不能真实反映预算资金的使用情况和真实体现用款单位的资金使用效果。以实际支出数作为单位预算支出数的核算基础,有利于真实反映各单位实际消耗的预算资金,有利于考核各单位的生产建设事业计划和预算的执行情况。

三、政府预算在执行中的调整

(一) 政府预算调整的概念及法律规定

国家预算在执行过程中,由于客观政治、经济情况的变化,常常会使预算的某些部分超过或达不到原定计划,为了使年度预算符合客观实际,保证各级预算在执行中的平衡,除编制季度收支计划外,有必要根据实际情况的变化对预算及时进行调整,以避免收支脱节,达到新的平衡。

预算调整是指经全国人民代表大会批准的中央预算和经地方各级人民代表大会批准的地方本级预算,在执行中需要增加支出或减少收入,使原批准的收支平衡的预算的总支出超过总收入,或者原批准预算中举借债务的数额增加,因此发生的预算收支指标的增减变化。从法律审批的角度界定的预算调整的概念主要包括政府预算调整和单位预算调整,也就是说凡是涉及各级预算总收入和总支出变化,打破原有预算平衡,扩大预算收支逆差或者原批准的债务增加的,都属于预算调整,而且这种调整必须经同级人民代表大会常务委员会审查批准。因上级政府返还或者给予补助而引起的预算收支变化,不属于预算调整。但接受上级返还或者补助的地方政府,应当按照上级政府规定的用途使用,并向本级人大常委会或人代会报告有关情况。

预算调整的主要形式是预算的追加追减。在原定预算支出规模之外按照法定程序增加预算支出数额称为追加预算支出；在原定预算收支规模之外按照法定程序减少预算收入数额称为减征预算收入。必须注意的是，追加支出必须有相应的收入来源，追减收入必须有相应的压缩支出。在预算执行过程中，中央预算对地方预算，各级总预算对部门单位预算都会发生追加追减的情况。

预算调整必须符合法律规定。第八届全国人民代表大会第二次会议通过的《中华人民共和国预算法》(1995年实施)中明文规定：

第一，各级政府对于必须进行的预算调整，应当编制预算调整方案。具体调整程序是：中央预算的调整方案必须提请全国人民代表大会常务委员会批准；县级以上地方各级政府预算的调整方案必须提请本级人民代表大会常务委员会审查批准；乡、民族乡、镇政府预算的调整必须提请本级人民代表大会审查批准。

第二，未经批准不得调整预算。各级政府不得做出任何使原批准的收支平衡的预算的总支出超过总收入或者使原批准的预算中举借债务的数额增加的决定。

第三，地方各级政府预算的调整方案经批准后，由本级政府报上级政府备案。

(二)政府预算调整的方法

政府预算调整实际上是通过改变预算收支规模或改变收入来源和支出用途，组织预算新平衡的重要方法。在预算执行的过程中，预算调整按调整幅度不同分为全面调整和局部调整。

1. 全面调整

全面调整也称盘子外的大调整。国家对原定国民经济和社会发展计划作较大调整时，国家预算也相应对预算收支的总盘子进行大调整。这种调整的特点是涉及面广、工作量大，实际上等于重新编制一次政府预算，因此在预算执行过程中需要慎重考虑。一般只有在出现例如遭遇特大自然灾害、战争等，或者国民经济发展过分高涨或过分低落等情况出现时才进行。

政府预算进行全面调整时，各级财政部门要根据国民经济和社会发展计划的变动以及国家人力、物力、财力的可能和国家各项生产建设、人民物质文化生活的需要，测算政府预算各项收入和支出的增减数额。各主管部门也要根据各自的具体情况进行某些收支项目的调整。财政部门和主管部门经过上下协商，反复平衡，最后确定政府预算收支的新规模，以适应经济发展的需要。

政府预算的全面调整，一般都是在第三季度或第四季度初进行的。全面调整政府预算时，首先由国务院提出调整预算计划，上报全国人民代表大会审查批准，然后下达各地区、各部门执行。

2. 局部调整

局部调整又称盘子内的小调整。局部调整是对政府预算做的局部变动。在政府预算执行中，为了适应客观情况的变化，而重新组织预算收支平衡，是经常发生的。局部调整的措施主要有：

(1)动用预备费。各级总预算的预备费一般是为了解决预算执行中某些临时急需和事先难以预料的重大开支而设置的备用资金。如果发生较大的自然灾害和经济上的重大变革，发生原来预算没有列入而又必须解决的临时性开支等情况，可以动用预备费。由于预备费是用作急需的备用资金，动用各级预备费必须从严掌握，一般要控制在下半年使用，并经过一定的批准程序。中央预算预备费的动用方案，由财政部提出，报经过国务院批准。地方预算预备费的动用方案由本级财政部门提出,经本级人民政府批准。

(2)预算的追加追减。在原核定各地区、各部门预算收支总额以外,增加预算收入或支出数额称为追加预算;减少收入和支出数额称为追减预算。各部门、各单位由于国家政策、计划、制度发生重大变化以及事先难以预料的特殊原因而需要追加追减收支预算时,均应按照规定要求编制预算调整方案,办理相应的手续。

预算的追加和追减需考虑以下问题:追加收入必须建立在发展经济的基础上;追减收入必须有抵补办法或紧缩开支措施;追加支出必须有确定的支出来源,追减支出要相应的调整建设事业计划。各级总预算当年收入确有把握有较大的超收,在按规定弥补有关开支后还有盈余,需要安排某些急需的支出,应视同预算调整处理,并通过法定程序进行办理,凡未经本级人民代表大会批准的,不得调整预算。此外,在审定追加、追减预算时,要考虑到政府预算与银行信贷、物资供求以及外汇收支各方面的综合平衡。

未经批准,各级政府不得做出任何使原批准的收支平衡的预算的总支出超过总收入,或使原批准的预算中举债数额增加的决定。对违反上述规定的决定,本级人民代表大会、常务委员会或上级政府有权责令其改变或者撤销。

(3)经费流用。在预算调整的方式中,这种在保证完成各项建设事业计划,又不超过原定预算支出总额的情况下,由于预算科目之间的调入调出和改变资金使用用途而形成的预算资金再分配,叫做预算科目之间的经费流用。在预算执行中,各预算科目的执行结果不同会产生不同的资金余缺情况,为了充分发挥预算资金的使用效果,在保证完成各项事业的计划又不超过原定的预算支出总额的前提下,在一些科目之间进行调整可以达到预算资金以多补少、调节余缺的目的。预算科目之间的经费流用,虽然不影响预算的总规模和收支平衡,但由于不同科目的资金各有不同的用途,因此在相互调剂时要遵循一定的原则,包括:不影响政府预算总规模和收支平衡以及各项建设事业的完成;严格遵守国家规定的流用范围,做到基本建设资金不与流动资金相互流用、人员经费不与公用经费相互流用、各项专款不与一般经费相互流用等。此外还要通过一定的审批程序,不同科目间预算资金需要调剂使用的,必须按照财政部门的规定报经批准。

(4)预算划转。预算划转指由于行政区划或企事业单位隶属关系改变而使其预算的隶属关系发生改变,从而将全部资金划归新的领导部门或接管单位的调整方法。企业、事业隶属关系改变后,各单位的各项应上缴的预算收入和应拨付给各单位的各项拨款和经费,一律按照预算年度划转全年预算,已经缴入国库的收入和已经实现的支出也要同时划转,由划出和划入的双方进行结算。一般来说,预算划转在中央预算与地方预算之间、地方之间以及部门之间进行。预算的划转应报上级财政部门。

第二节 政府采购

一、政府采购的概念及特点

(一)政府采购的概念

政府采购(Government Procurement),也称公共采购,是指各级政府及其它公共部门为了开展日常政务活动和为公众提供公共服务的需要,在财政的监督下,以法定的方式和方法从国内外市场上购买所需商品、工程及服务的一种经济行为。政府采购不仅是指具体的采购过程,而且也是采购政策、采购程序、采购过程及采购管理的总称。

(二)政府采购的特点

与私人采购和企业采购相比,政府采购有如下特点:

1. 采购主体的特殊性

政府采购的主体是使用财政性资金采购依法制定的集中采购目录以内的或者采购限额以上的货物、工程和服务的国家机关、事业单位和团体组织,也就是说政府采购主体是公共部门。

2. 采购资金的公共性

政府采购的资金来源是公共资金,即财政拨款和需要由财政偿还的公共借款。而这些资金的最终来源是纳税人的税收、政府债务收入和政府公共服务收费。而私人采购的资金来源是私有资金。这是政府采购的根本特点。

3. 采购对象的广泛性

政府采购的对象从办公用品到军火武器,涉及货物(包括原材料、燃料、设备、产品等)、工程(包括建筑物和构筑物的新建、改建、扩建、装修、拆除、修缮等)和服务,无所不包,没有一个私营采购组织有如此宽泛的采购对象。

4. 采购活动的非营利性

政府采购的目的是满足公共需要,以有限的财政资金向公众提供最优质的公共产品和服务,不是为了获利。

5. 采购数量的规模性

在很多国家,政府采购在国民生产总值和财政支出中都占相当大的比重,在欧盟成员国政府采购金额占 GDP 的 15% 左右,在美国政府采购支出约占联邦预算支出的 30%。

6. 政策性

政府采购的主要目的是为了实现政府职能,提供社会公共产品和服务,因此,采购实体在采购时不能体现个人偏好,必须遵循国家政策的要求,包括最大限度节约支出、购买本国产品等。

7. 规范性

政府采购一般具有较大的透明度,采购法律、采购程序、采购过程等都是公开的,政府采购人员及整个采购活动都要受到财政、审计、社会的全方位监督。

二、政府采购的基本内容

(一)政府采购的基本原则

1. 公开透明原则

公开透明原则是指政府采购的有关信息、法律、政策,程序以及采购过程都要公开。对公众而言,公开性的关键就是政府采购活动信息具有较高透明度,符合全面性、合法性、最新性、易得性和易解性标准。为此,要求政府公开发布采购信息,公开招标,公开中标结果,公开采购法律,公开采购纪录等。除涉及国家秘密和商业秘密的政府采购,其他政府采购的过程也应当透明和公开。

2. 公平竞争原则

公平竞争原则就是要求给予每一个参加竞争的投标商均等的机会,使其享有同等的权利并履行同等的义务,不歧视任何一方。竞争只有建立在公平的基础上才能充分发挥其优化资源配置的作用,进而可以使采购者以较低的价格采购到优质的商品和服务,提高政府采购的经济效率。

3. 公正原则

公正原则是指采购方及其代理人相对于作为投标人、潜在投标人的若干供应商而言,应当站在公允的立场上,对所有的供应竞争者都应当平等对待,不能有特殊,评标和中标的选择和判断标准也必须客观公正。为了确保政府采购活动中的公正原则,《政府采购法》规定了回避制度。

(二)政府采购的基本方式

各国政府一般都根据本国的经济发展情况、社会文化背景等确立符合本国国情的政府采购方式,按是否具备招标性质,可分为两大类:即招标采购和非招标采购。

1. 招标采购

招标采购是以招标方式邀请供应商参加投标,采购实体按照事先公布的标准,从所有投标中评选出中标供应商,并与之签订采购合同。根据在招标过程中对供应商的选择范围不同,招标采购又有以下几种分类:

(1)按照公开性的程序分为公开招标采购和有限招标采购。前者指通过公开程序邀请所有有兴趣的供应商参加投标;后者指采购机构邀请若干家供应商参加投标,选择其中符合规定的最低价格提供者授予合同。

(2)按投标人的范围分为国际竞争性招标采购、国内竞争性招标采购、国际限制性招标采购和国内限制性招标性采购。前两种分别指在国际和国内范围内通过发布招标公告邀请所有符合要求的供应商参加竞标;后两种则不发布公告,直接邀请国内外供应商参加。

2. 非招标采购

非招标性采购方式是指除了招标采购方式以外的采购方式。非招标性采购方法很多,主要有单一来源采购、竞争性谈判采购、国内或国外询价采购等。

(1)单一来源采购即直接采购、无竞争采购,指达到了竞争性招标采购的金额标准,但所购商品的来源渠道单一,或属专利、首次制造、合同追加、原有项目的后续扩充等特殊情况,只能由一家供应商供货。

(2)竞争性谈判采购是指采购实体通过与多家供应商谈判,最后决定中标者的方法。适用于紧急情况(如招标后没有供应商投标等特殊情况)或涉及高科技应用产品和服务的采购。

(3)国内或国外询价采购,也称货比三家,指采购单位向国外有关供应商发出询价单,在其报价的基础上进行比较确定中标者的采购方法。采购的货物规格、标准统一、现货货源充足且价格变化幅度小的政府采购项目,可采用询价方式采购。

(三)政府采购的程序

政府采购程序是指一个政府采购项目从一开始确定立项采购直至采购活动完全结束的完整的运作过程。采购方式不同,采购程序也不完全一样;一般来说,政府采购程序主要包括以下几个阶段:

1. 确定采购需求

采购需求由各采购实体提出,报财政部门审核并列入年度采购计划内的采购需求才能执行。财政部门在审查各采购实体的采购需求时,既要考虑采购预算的限额,同时还要考虑各采购实体的采购需求的合理性,包括整体布局、产品原产地、采购项目的社会效益等,从源头上控制盲目采购、重复采购等问题。确定采购需求是整个采购过程中的一个非常关键的环节。

2. 预测采购风险

采购风险是指采购过程中可能出现的一些意外情况,包括支出增加、推迟交货、供应商的交货是否符合采购实体的要求等。这些情况都会影响采购预期目标的实现,因此,要在事先做好防范准备。

3. 选择采购方式

采购方式很多,恰当的采购方式可以节约采购时间和采购成本。我国《政府采购法》明确规定公开招标应作为政府采购的主要方式。

4. 资格审查

资格审查,即对供应商的资格进行审查,只有合格的供应商才能参加政府采购竞标活动。

5. 执行采购方式

一旦确定了采购方式,就必须按照已定采购方式的程序和要求操作,采购实体不得在执行过程中自行改变采购方式,若要改变必须报有关部门批准,同时告知供应商。

6. 签订并履行采购合同

确定采购方式后就要严格按照既定的程序和要求操作,与供应商签订采购合同。被授予合同的供应商必须是合格的,即具有政府供货资格的供应商,要按照事先公布的评审标准对其进行资格审查。供应商签订合同时必须按照标准交纳一定数额的履约保证金,作为对履行合同规定义务的必要保证。合同签订后,双方就要履行采购合同规定的权利和义务。

7. 采购验收、评估

在采购合同执行中或执行完毕,采购主体以及有关管理部门、监督部门对一采购项目的运行情况、效果进行评估,检验项目运行效果是否达到了预期目的,并判断采购主体的决策、管理能力以及供应商的履约能力,为以后办理政府采购业务积累相关信息。

三、我国政府采购制度的建立和发展

政府采购制度是指政府采购过程中以法律形式确立的采购法规、采购政策和采购管理等一系列规章制度的总称。

政府采购制度最早形成于18世纪末的西方自由资本主义国家,英国政府在1782年设立了文具公用局,负责采买政府所需货物和投资建设项目,并规定了一套政府采购特有的采购程序以及规章制度。1861年,美国政府颁布了《联邦采购法》,规定了有关采购机构设立、采购人员所应遵循的采购程序和方法。20世纪30年代以后,市场经济国家的政府开始干预经济,政府支出增加,政府采购规模迅速扩大,政府采购制度开始形成。作为政府采购国际化的标志——《政府采购守则》——于1979年制定,1981年生效。1996《政府采购协议》生效。此外,许多区域性组织也将政府采购纳入地区贸易自由化之中,如1995年APEC通过的《大阪行动议程》。近二三十年来,发展中国家也日益重视建立政府采购制度。特别是作为政府采购主要方式的招标采购,被越来越多的国家所采用,甚至一些国际组织在采购中也往往要求采用招标投标方式。

长期以来,我国政府各部门实行自由采购,即由财政部门将资金分配到政府各部门,再由政府各部门根据各自需要购买货物、工程和服务,这种采购方式极不规范,资金使用效益低,且不利于财政的监督。随着社会主义市场主义经济体制的建立,财政管理也进行了深层次的改革。我国从 1996 年开始政府采购试点工作,1998 年,全国共有 29 个省、自治区、直辖市和计划单列市不同程度地开展了政府采购试点工作,许多省市制定了政府采购地方性法规。1999 年 4 月《政府采购暂行办法》下发后,各地进一步加大了开展政府采购试点工作的力度,取得了一定成效。2002 年 6 月 29 日第九届全国人民代表大会第 28 次常委会通过了《中华人民共和国政府采购法》,自 2003 年 1 月 1 日起施行。《中华人民共和国政府采购法》的颁布标志着我国政府采购制度法制化、程序化的开始。

几年来,我国政府采购制度建设已取得的一定成就,主要包括:

(一)建立了政府采购管理机构

1998 年,国务院根据建立政府采购制度需要和国际惯例,明确财政部为政府采购的主管部门,履行拟订和执行政府采购政策的职能。随后,地方人民政府也相继在财政部门设立或明确了政府采购管理机构,负责制定政府采购政策,监督管理政府采购活动。政府采购管理机构的建立,为推动和规范我国政府采购工作提供了组织保障。

(二)成立政府采购中心,明确政府采购模式

近年来,在加强政府采购管理机构建设的同时,各地区均设立了政府采购中心,负责组织实施本级政府纳入集中采购目录范围的采购事务。政府采购中心是由政府组建并根据政府的授权负有组织行政事业单位重大和集中采购事务,并依法直接开展采购业务的事业单位。政府采购中心根据实际情况,可以将一些招标事务委托给社会中介组织承办。政府采购中心的主要职责是:组织行政事业单位的重大和集中采购事务;接受委托,参与财政拨款的公共工程的竞标;承担不具备独立采购资格的采购机构的采购业务;组织培训采购管理人员和技术人员。

从我国的国情出发,我国政府采购采取集中采购与分散采购相结合的采购模式。

(三)政府采购制度框架初步确立

财政部 1999 年颁布了《政府采购管理暂行办法》之后,又陆续颁布了《政府采购招标投标管理暂行办法》、《政府采购合同监督暂行办法》、《政府采购品目分类表》、《政府采购信息公告管理办法》、《政府采购运行规程暂行规定》、《政府采购资金财政直接拨付管理暂行办法》以及《中央单位政府采购管理实施办法》等一系列规章制度。全国大部分地区制定了相应的实施办法,为依法开展政府采购活动提供了制度保障。特别是从 2003 年 1 月 1 日开始实施的《政府采购法》的颁布,是我国政府采购制度建设的新的里程碑。

(四)政府采购规模不断扩大

1998 年全国政府采购规模为 31 亿元,1999 年为 131 亿元。2002 年全国政府采购规模超过 1 000 亿元,比上年增加 340 多亿,资金节约率一般在 10% 以上。2005 年全国实际政府采购规模近达 3 000 亿元,为 2 927.6 亿元,比上年增长 37.1%,节约资金 380.2 亿元。2005 年全国政府采购金额占全国 GDP 的比重为 1.6%,与上年基本持平。2009 年突破 7 000 亿元,累计节约财政资金 3 000 多亿元。实施政府采购改革以来,全国政府采购规模年平均增长 77.9%[①]。

(五)政府采购范围不断扩大

2003 年《中华人民共和国政府采购法》实施以来,政府采购范围已经由原来单纯的货物类

---

① 资料来源:财政部网站 http://www.mof.gov.cn

采购扩大到工程和服务类采购,并且工程采购的比重呈现上升趋势。政府采购资金来源从最初的预算内安排的资金扩展到包括预算内、预算外、自筹资金在内的各种财政性资金。一些公益性强、关系民生的采购项目纳入政府采购范围,日渐增多的民生项目成为政府采购规模扩大中的亮点。

表 7-1 政府采购规模　　　　　　　　　　　　　　　　　单位:亿元

年份	政府采购金额(1)	GDP(2)	财政支出(3)	(1)/(2)%	(1)/(3)%
1998	31.1	78 345.2	10 798.2	0.04	0.29
1999	131.0	82 067.5	13 187.7	0.16	0.99
2000	327.9	89 468.1	15 888.5	0.37	2.06
2001	653.2	97 314.8	18 902.6	0.67	3.34
2002	1 009.6	105 172.3	22 053.2	0.96	4.58
2003	1 650.4	117 390.2	24 649.7	1.14	6.70
2004	2 135.7	136 875.9	28 486.9	1.56	7.50
2005	2 927.6	182 975.0	33 650.6	1.60	8.7
2006	3 681.6	211 923.0	40 422.7	1.74	9.11
2007	4 718.8	265 810.3	49 781.4	1.78	9.48
2008	5 992.8	314 045.4	62 592.7	1.91	9.57
2009	7 413.2	340 506.9	76 299.9	2.18	9.72

资料来源:根据国家统计局网站资料整理而成

(六)政府采购信息管理系统框架初步建成

为了实现政府采购工作的公开,政府采购网也已开通,并准备实现全国网站的联通。《中国政府采购》杂志的创刊,标志着报纸、网络、杂志"三位一体"的政府采购信息管理体系建设工作初步完成。

建立规范的政府采购制度是合理、有效使用公共资金的要求,虽然我国的政府采购制度建设已取得一定进展,但距离规范的采购制度要求还有较大差距,尚需进一步完善。

[专栏 7-1]　　　　　　　　　英国政府采购的基本程序

当前国际上通行的政府采购制度起源欧洲。早在 1782 年英国就建立了政府采购,中央各部门的采购活动都是在政策指引的基础上进行。经过长期的发展演变,特别是 1973 年英国加入欧洲经济共同体以后,逐步形成了一套较为完善的政府采购体系和运作规则。

英国政府采购的具体运作,一般都经过以下几个过程:制定采购计划—确定采购需求—执行采购方式(选择供应商)—签订采购合同—合同履行—采购评估。英国权威机构的研究对成功的采购表述为:通过适当的渠道,以适当的价格获得适当数量、适当质量的商品或服务,并在适当的时间送到适当的地点。要达到这一目标,采购所必须经过的每一个过程都要加以认真对待。

第一,制定采购计划。英国预算支出部门一般制定三年的采购计划。计划由财务计划和业务计划两部分组成。编制的计划递交到财政部备案、汇总。财政部有专门负责备案支出部门的管理人员,对三年计划每年进行一次评估,主要是评估当年的采购计划安排的合理性,并对当年各部门支出做出总额控制的分配建议。当年采购计划与支出分配有差距时,财政部会对支出部门当年的采购计划安排提出质询,并有权将计划退回,要求支出部门重新编制。达成一致后,经批准,就由各预算支出部门独立组织实施。

第二,确定采购需求。各预算支出部门完全可以根据本部门的需要进行采购,但所采购的商品和服务,必须在财政部授权的支出范围内。采购部门在确定采购需求上,承担有一定的咨询义务。一些历史较长、规模较大的采购部门或采购代理机构,对于一些经常性、固定的物品还制定标准,进行标准化采购。有的甚至根据用户要求,设计特殊的需求标准,以便供应商对其产品加以改进,在投标时符合用户的要求。

第三,执行采购方式(选择供应商)。根据欧盟政府采购指令等规定,公共采购超过一定数量的必须在欧盟官方杂志上公告,实行国际竞争性招标。在英国,货物或服务超过10万英镑、工程超过350万英镑的采购,要实行国际竞标。

第四,签订采购合同。政府采购合同在欧盟采购指令或财政部制定的政府采购指南以及一些采购行业协会的有关文件中都有范本可参照制定。一般短期的、一次性的采购行为,采用固定价格合同。长期的采购行为,有的就需要采用可变价格合同。合同期限没有特别的规定,视情况而异。在英国,不同采购金额的合同必须由不同授权权限的采购官员负责签订,以明确采购职责和权限。

第五,合同的履行。合同签订后,一般不可改变,并随即按合同约定履行合同。在英国,政府采购资金的支付从时间上看,实行即期付款。一般在收到发票及收据的30天内,要将贷款支付给供应商。对于提前付款,可享受早期付款折扣。从支付人看,实行自行采购或委托代理采购的,由预算支出单位或用户支付;实行集中采购,由财政部门统一支付。

第六,采购的评估。采购的评估主要是起到对采购的监督、分析和对采购人员能力的评估等多方面的作用。不同的采购机构或采购中介代理机构,往往有不同的方式。较严格的采购评估是聘请独立的财务分析公司和专家进行抽查,被抽查的采购项目从采购计划制定到合同履约的全过程都要进行非常严格和仔细的审查。

资料来源:http://www.ccgp.gov.cn 中国政府采购网

思考提示:从英国政府采购程序中我们可以借鉴什么?

[专栏7-2]　　　　　　　我国政府采购招投标十大"黑洞"案例

案例一:度身招标

案情:某省级单位建设一个局域网,采购预算450万元。该项目招标文件注明的合格投标人资质必须满足:注册资金在2 000万元以上、有过3个以上省级成功案例的国内供应商,同时载明:有过本系统一个以上省级成功案例的优先。招标结果,一个报价只有398万元且技术服务条款最优的外省供应商落标,而中标的是报价为448万元的本地供应商(该供应商确实做过3个成功案例,其中在某省成功开发了本系统的局域网)。

法理评析:采购人可以根据采购项目的特殊要求,规定供应商的特定条件,但不得以不合理的条件对供应商实行差别待遇或者歧视待遇,更不得以任何手段排斥其他供应商参与竞争。在招标公告或资质审查公告中,如果以不合理的条件限制、排斥其他潜在投标人公平竞争的权利,这就等于限制了竞争的最大化,有时可能会加大采购成本。量身定做衣服,合情合理;度身定向招标,违法违规。

案例二:暗中陪标

案情:某高校机房工程改造进行招标。招标公告发布后,某建筑公司与该校基建处负责人进行私下交易,最后决定将此工程给这家建筑公司。为了减少竞争,由建筑公司出面邀请了5家私交甚好的施工企业前来投标,并事先将中标意向透露给这5家参与投标的企业,暗示这5家施工企业投标文件制作得马虎一些。正式开标时,被邀请的5家施工企业与某建筑公司一起投标,但由于邀请的5家施工企业不是报价过高,就是服务太差,评标结果,某建筑公司为第一中标候选人。

法理评析:这是一起典型的陪标行为。这种由供应商与采购人恶意串通并向采购人行贿或者提供不正当利益谋取中标的行为,是非常恶劣的,也是政府采购最难控制的,它已经成为政府采购活动的一大恶性毒瘤!

案例三:违规招标

案情:某年12月13日,某省级单位从中央争取到一笔专项资金,准备通过邀请招标对下配发一批公务车辆,上级明确要求该笔资金必须在年底出账。考虑到资金使用的时效性,经领导研究确定采购桑塔纳2000型轿车,并于12月18日发出了邀请招标文件。12月31日,该单位邀请了3家同一品牌代理商参与竞标,经评标委员会评审选定由A代理商中标。随后双方签订了政府采购合同,全部采购资金于当天一次拨清。

法理评析:采购人因项目特殊性,且只能从有限范围的供应商处采购的,经财政部门批准后可以采用邀请招标方式。该单位之所以这样做,似乎理由很充分,但这确实是一个违法采购行为。不能因为上级对资金使用有特殊要求,必须在年底前出账而忽略了等标期不得少于20天的法律规定;在未经财政部门批准的情况下,擅自采用邀请招标方式没有法律依据;单位领导研究确定采购桑塔纳2000型轿车作为公务用车,理由不够充分,属于定牌采购,有意无意地排斥了其他同类品牌车的竞争,且同一品牌3家代理商的竞争不等于不同品牌3家供应商的竞争;属于政府集中采购目录范围内的普通公务用车,应当委托集中采购机构采购,而不能擅自采用部门集中采购形式自行办理。这种部门定牌采购、规避公开招标的现象比较普遍。

案例四:低价竞标

案情:某市级医院招标采购一批进口设备。由于该医院过去在未实行政府采购前与一家医疗设备公司有长期的业务往来,故此次招标仍希望这家医疗设备公司中标。于是双方达成默契,等开标时,该医院要求该公司尽量压低投标报价,以确保中标,在签订合同时再将货款提高。果然在开标时,该公司的报价为最低价,经评委审议推荐该公司为中标候选人。在签订合同前,该医院允许将原来的投标报价提高10%,作为追加售后服务内容与医疗设备公司签订了采购合同。结果提高后的合同价远远高于其他所有投标人的报价。

法理评析:招标人与投标人相互串通,以低价中标高价签订合同的做法,严重影响了政府采购活动的公平性和公正性,损害了广大潜在投标人的正当利益,造成了采购资金的巨额流失,扰乱了正常的市场竞争秩序。

案例五:虚假应标

案情:某省级公务用车维修点项目招标。招标文件中对"合格投标人"作了如下规定:在本市区(不含郊区)有1 200平方米的固定场所、有省交管部门批准的汽车维修资质、上年维修营业额在200万元以上的独立法人企业。招标结果,某二类汽车维修企业以高分被推荐为第一中标候选人。根据招标文件规定,采购中心专门组织了采购人和有关专家代表赴实地进行考察。考察小组的考察报告是这样写的:经实地丈量,该企业拥有固定修理厂房800平方米,与投标文件所称拥有的修理厂房1 752平方米相差952平方米,与招标文件规定的1 200平方米标准相比少了400平方米;经对上年度财务报表的审核,该企业的年度维修营业额为78万元,与投标文件所称的350万元相差272万元,与招标文件规定的200万元标准相比少了122万元以上。鉴于以上事实,建议项目招标领导小组取消其中标资格。

法理评析:供应商参与投标、谋取中标,实属天经地义,但有个前提就是,必须以合理的动机、恰当的行为去谋取自身利益的最大化。供应商如果以不诚信行为虚假应标,一则会给自身形象抹黑,烙上"不良记录";二则会给他人造成伤害,扰乱公平竞争秩序。

案例六:倾向评标

案情:某1 200万元的系统集成项目招标。采购人在法定媒体上发布了公告,有7家实力相当的本、外地企业前往投标。考虑到本项目的特殊性,采购人希望本地企业中标,以确保硬件售后服务及软件升级维护随叫随到。于是,成立了一个5人评标委员会,其中3人是采购人代表,其余两人分别为技术、经济专家。通过正常的开标、评标程序,最终确定了本地一家企业作为中标候选人。

法理评析:这个招标看似公正,其实招标单位在评委的选择上耍了花招。根据有关规定,专家必须是从监管部门建成的专家库中以随机方式抽取,对采购金额超过300万元以上的项目,其评标委员会应当是7人以上的单数,且技术、经济方面的专家不得少于三分之二。该项目组成的5人评标委员会中采购人代表占3人,有控制评标结果之嫌疑。

案例七:故意流标

案情:某单位建造20层办公大楼需购置5部电梯,领导要求必须在10月1日前调试运行完毕。8月12至9月3日,基建办某负责人为"慎重起见",用拖延时间战术先后5次赴外省进行"市场考察",并与某进口品牌代理商接触商谈,几次暗示要其与相关代理商沟通。9月10日,由于只有两家供应商投标,本次公开招标以流标处理。按规定,这5部电梯的采购预算已经达到了公开招标限额标准,但由于时间关系,最终只能采取非招标方式采购。9月17日,通过竞争性谈判,该品牌代理商以性价比最优一举成交,9月29日,电梯安装调试成功。

法理评析:这个案例的"经典"之处,是采购人以"市场考察"之策略拖延时间,以"暗示沟通"之方法规避招标。从表面上看,造成流标的原因是公开招标投标商不足3家,最终因为采购时间紧而不得不采用非公开招标方式。实际上,采购人正是利用了流标的"合理合法"之因素,达到了定品牌、定厂商的真实意图。

案例八:考察定标

案情:某2 500万元的环境自动监测系统项目招标。据了解,国内具有潜在资质的供应商至少有5家(其中领导意向最好是本地的一家企业中标)。鉴于该项目采购金额大、覆盖地域广、技术参数复杂、服务要求特殊等,采购人在招标文件中对定标条款作了特别说明:本次招标授权评标委员会推荐3名中标候选人(排名不分先后),由采购人代表对中标候选人进行现场考察后,最终确定一名中标者。招标结果,那家本地企业按得分高低排名第三。经现场考察,采购人选定了那家本地企业作为唯一的中标人。

法理评析:考察定标在法律上并无禁止性条款。就采购人而言,要把一个采购金额比较大且自己从未建设过的环境自动监测系统项目,托付给一个不熟悉的供应商有点不放心,单从这个心理层面上讲,对中标候选人进行现场考察定标,是无可非议的,也是合情合理的。问题是,本案出现的情况有点不正常。领导意向最好是本地的企业中标,这就等于排斥了外地的4家潜在投标人;考察定标的标准没有在标书中阐明,所以人为定标的成分很大;采购人授权评标委员会推荐3名中标候选人,以排名不分先后的名义,不按得分高低定标,似乎有失偏颇。按照现有制度规定,评标委员会推荐的3名中标候选人,应当按得分高低进行排序,在无特殊情况下,原则上必须将合同授予第一中标候选人。

案例九:异地中标

案情:某省级垂直管理部门建设一个能覆盖本系统省、市、县的视频会议系统项目。该项目实行软、硬件捆扎邀请招标,其中:软件采购金额占45%,硬件采购金额占55%。该部门负责人的同学系本地一家小型软件开发公司的总经理。于是,采购人在招标文件中发出了如下要约:投标人必须以联合体方式参与竞标,软件服务必须在4小时内响应。邀请招标结果,如采购人所愿。

法理评析:因为项目的特殊性要求,实行联合体投标是可以的。现行制度对联合体有明确规定,联合体双方应当同时具备相应的资质条件,必须签订联合协议,且必须以其中的一方参与投标,双方均承担同等法律义务及责任。本案中,如将该项目实行软、硬件分开招标,本地软件企业是没有资格投标的。所以,采购人就使出了联合体投标的绝招;因为同学关系,本地小企业异地中标,这种方法实质上就是一种人情招标。

案例十:拖延授标

案情:某单位采购电脑100台,按规定:双方应于1月31日签署合同,甲方(供应商)必须在签署合同日之后7个工作日内交付货物,乙方(采购人)必须在5个工作日内办理货物验收手续,货款必须在验收完毕之日起10个工作日内一次付清。甲方于2月10日前分3次将100台电脑交付乙方,甲方指定专人分批验收投入使用。截至4月30日,甲方向乙方催收货款若干次未果。5月8日,甲方向采购中心提交书面申请,要求协调落实资金支付事宜。经查证,双方未按规定时间签署合同,未按规定办理货物验收单;乙方以资金紧张为由迟迟不予付款。

法理评析:这是一起典型的拖延授标案例。作为"上帝"的采购人利用供应商的弱势心理,在迟迟不签合同的情况下,反而要求供应商先行交付货物,验收合格后又不及时办理验收手续,并借口资金紧张原因拖延付款,致使供应商多次上门催讨货款未果。本案的主要过错是采购人拖延签订采购合同、拖延办理验收手续、拖延支付合同资金。上述现象十分普遍,供应商为了做成一笔生意,通常不敢得罪采购人,往往不计较先签合同、再供货物的合法程序,这种法律意识欠缺、惧怕采购人的不正常心理,恰好滋生了采购人拖延授标的非法行为。拖延授标的恶果,不但损害了供应商的合法权益,而且损害了政府机关的公信形象。

资料来源:http://www.cei.gov.cn,中国经济信息网

思考提示:如何从制度上规范政府采购行为,堵住政府采购活动中的"黑洞"?

第三节 国库集中收付制度

一、国库集中收付制度的概念及实施意义

(一)国库集中收付制度的概念

国库集中收付就是政府将所有财政性资金集中在国库或在国库指定的代理银行开设账

户，所有的财政收支均通过这一账户进行。国库集中收付制度又称国库单一账户制度，它是建立、规范国库集中收付活动的各种法令、办法、制度的总称，由国库集中收入制度和国库集中支付制度组成。其中，国库集中收入制度是指对公共收入从取得到划入国库全过程的监控制度；国库集中支付制度则是对从预算分配到资金拨付、资金使用、银行清算，直至资金到达商品供应商或劳务提供者账户全过程的监控制度。国库集中收付是政府预算执行的重要环节，建立国库集中收付制度也是国库制度改革的核心内容。

作为政府预算执行的关键性制度，美国、日本、英国、法国、加拿大等市场经济国家都普遍实行了国库集中收付制度。建立一套规范的、适合我国国情的国库集中收付制度，也是我国政府预算执行改革的一个重要目标。2001年，根据国务院的要求，按照总体规划、分步实施的原则，我国选择了几个有代表性的部门进行试点。首批试点单位（水利部、科技部、财政部、国务院法制办、中国科学院、国家自然科学基金会）当年纳入改革试点的资金为170.23亿元；在总结经验、优化和完善方案的基础上，2002年进一步扩大了改革试点范围。截至2009年底，中央和地方32万多个基层预算单位已经实施了国库集中支付改革，改革面已覆盖中央所有部门、36个省份的本级、320多个地市、2 100多个县（区），改革的范围已涵盖一般预算资金、政府性基金、国有资本经营预算支出资金等。

建立国库集中收付制度的指导思想是：按照社会主义市场经济体制下公共财政的发展要求，借鉴国际通行做法和成功经验，结合我国具体国情，建立和完善以国库单一账户体系为基础、资金缴拨以国库集中收付为主要形式的财政国库管理制度，进一步加强财政监督，提高资金使用效率，更好的发挥财政在宏观调控中的作用。

（二）实行国库集中收付制度的重要意义

1. 有助于克服国库分散支付制度的弊端

（1）杜绝收入缴库中普遍存在的拖欠挤占现象，解决财政收入不能及时、足额入库的问题。原制度执收单位设置收入过渡账户，人为调节税款入库进度和经费余缺的现象较为普遍，部分金融机构也从自身利益出发为上述行为提供方便。实行国库集中收付制度使财政收入直接缴入国库，从而可以有效地遏制此类问题的发生。

（2）有利于提高部门预算制定和执行的规范性，硬化预算约束。国库集中收付制度要求各政府支出部门用款时必须按照预算安排提出申请，并经国库部门批准，因此在编制部门预算时更加强调支出项目、用款金额的合法性、合理性。在预算执行阶段，由于每一笔财政资金的使用情况都详细地记录在分类账户上，便于财政部门掌握各支出机构每一笔资金的购买对象，实现对财政资金流向、流量的全程实时监控，有利于规范支出管理。

（3）有利于健全和强化对财政资金支出的监督约束机制，防止腐败。集中收付制下财政资金使用程序的透明度较高，资金流动链条较短，政府财务信息系统又使财政部门、银行系统和政府支出部门相互监督、相互制约，并从制度和财务操作上对资金运行过程做出了系统、明确的规定，因此政府可以对资金的使用情况进行有效监督，防止支出部门自行截留、挪用、克扣财政资金或者与供应商勾结起来侵蚀国家财产，避免"以权谋私"、"道德风险"等腐败行为的滋生蔓延。

2. 有利于提高财政资金的使用效率

（1）国库单一账户的设置使财政资金直接从国库流向供应商，不仅提高了资金周转的速度,而且有利于确保财政资金的安全性。

(2)由于所有的财政资金都集中在国库单一账户,财政部门有权对该账户存款余额进行自由支配,充分利用短期闲置资金,从而降低了资金持有成本,提高了整体资金的使用效率。此外,这部分资金的合理使用必然会减少短期国债的发行。

(3)有利于加强政府宏观调控能力。完善的政府财务信息系统使政府对于预算资金的执行效果了如指掌,便于政府部门及时、准确、全面地掌握有关财政信息,为其采取财政政策、货币政策、产业政策等进行宏观调控提供了必要的信息和依据。同时,由于政府部门掌握了更多的闲置财政资金,从而对财政资金的运用和调度更加游刃有余,避免出现由于财力紧张而在干预经济时出现捉襟见肘、力不从心的局面。

(4)有利于建立适应社会主义市场经济要求的公共财政框架。我国财政改革的目标是构建与社会主义市场经济相适应的公共财政框架。国库集中收付制度不仅是公共财政框架下的一项高效、规范的政府预算执行制度,也是其他公共财政制度得以顺利、有效运行的重要保证。因此,改革传统的分散收付方式,实行集中收付的国库制度,是推进我国公共财政建立的必然要求。

二、国库集中收付制度改革的基本内容

按照财政国库管理制度的基本发展要求,建立国库单一账户体系,所有财政性资金都纳入国库单一账户体系管理,收入直接缴入国库或财政专户,支出通过国库单一账户体系支付到商品和劳务供应者或用款单位。

(一)国库单一账户体系

1. 国库单一账户体系的构成

(1)财政部门在中国人民银行开设国库单一账户,按收入和支出设置分类账,收入账按预算科目进行明细核算,支出账按资金使用性质设立分账册。

(2)财政部门按资金使用性质在商业银行开设零余额账户;在商业银行为预算单位开设零余额账户。

(3)财政部门在商业银行开设预算外资金财政专户,按收入和支出设置分类账。

(4)财政部门在商业银行为预算单位开设小额现金账户。

(5)经国务院和省级人民政府批准或授权财政部门开设特殊过渡性专户。

2. 国库单一账户体系中各类账户的功能

(1)国库单一账户为国库存款账户,用于记录、核算和反映纳入预算管理的财政收入和支出活动,并用于与财政部门在商业银行开设的零余额账户进行清算,实现支付。

(2)财政部门的零余额账户,用于财政直接支付和与国库单一账户支出清算;预算单位的零余额账户用于财政授权支付和清算。

(3)预算外资金财政专户,用于记录、核算和反映预算外资金的收入和支出活动,并用于预算外资金日常收支清算。

(4)小额现金账户,用于记录、核算和反映预算单位的零星支出活动,并用于与国库单一账户清算。

(5)特设专户,用于记录、核算和反映预算单位的特殊专项支出活动,并用于与国库单一账户清算。

上述账户和专户与财政部门及其支付执行机构、中国人民银行国库部门和预算单位的会计核算保持一致性,相互核对有关账务记录。在建立健全现代化银行支付系统和财政管理信息系统的基础上,逐步实现由国库单一账户核算所有财政性资金的收入和支出,并通过各部门在商业银行的零余额账户处理日常支付和清算业务。

(二)收入收缴程序

1. 收入类型划分

按经济性质划分,所有的政府财政收入可以分为六类:税收收入、社会保障缴款、非税收入、转移和赠与收入、贷款回收本金与产权处置收入、债务收入。其中,政府收入既包括预算内收入,也包括预算外收入。

2. 收缴方式

财政收入的缴库方式包括直接缴库和集中汇缴两种。

(1)直接缴库是由缴款单位或缴款人按有关法律法规规定,直接将应缴收入缴入国库单一账户或预算外资金财政专户。

(2)集中汇缴是由征收机关(有关法定单位)按有关法律法规规定,将所收的应缴收入汇总缴入国库单一账户或预算外资金财政专户。

3. 收缴程序

(1)直接缴库程序。直接缴库的税收收入,由纳税人或税务代理人提出纳税申报,经征收机关审核无误后,由纳税人通过开户银行将税款缴入国库单一账户。直接缴库的其他收入,比照上述程序缴入国库单一账户或预算外资金财政专户。

(2)集中汇缴程序。小额零散税收和法律另有规定的应缴收入,由征收机关于收缴收入的当日汇总缴入国库单一账户。非税收入中的现金缴款,比照本程序缴入国库单一账户或预算外资金财政专户。

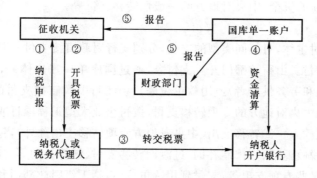

图 7-1 税收收入直接缴库程序图

(三)支出拨付程序

1. 支出类型

财政支出总体上分为购买性支出和转移性支出。根据支付管理需要,具体分为四类:工资支出,即预算单位的工资性支出;购买支出,即预算单位除工资支出、零星支出之外购买服务、货物、工程项目等支出;零星支出,即预算单位购买支出中的日常小额部分,除《政府采购品目分类表》所列品目以外的支出,或列入《政府采购品目分类表》所列品目,但未达到规定数额的

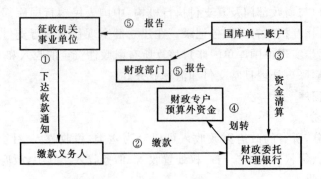

图7-2 其他各项收入直接缴库程序图

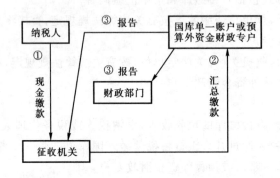

图7-3 集中汇缴程序图

支出;转移支出,即拨付给预算单位或下级财政部门,未指明具体用途的支出,包括拨付企业补贴和未指明具体用途的资金、中央对地方的一般性转移支付等。

2. 支付方式

按照不同的支付主体,对不同类型的支出,分别实行财政直接支付和财政授权支付。

(1)财政直接支付。由财政部门开具支付令,通过国库单一账户体系,直接将财政资金支付到收款人(即商品和劳务供应者)或用款单位账户。实行财政直接支付的支出包括:①工资支出、购买支出以及中央对地方的专项转移支付,拨付企业大型工程项目或大型设备采购的资金等,直接支付到收款人。②转移支出(中央对地方专项转移支出除外),包括中央对地方的一般性转移支付中的税收返还、原体制补助、过渡期转移支付、结算补助等支出,对企业的补贴和未指明购买内容的某些专项支出等,支付到用款单位(包括下级财政部门和预算单位)。

(2)财政授权支付。预算单位根据财政授权,自行开具支付令,通过国库单一账户体系将资金支付到收款人账户。实行财政授权支付的支出包括未实行财政直接支付的购买支出和零星支出。

就一个预算单位而言,既有直接支付方式的支出,也有授权支付方式的支出。实际操作中,财政直接支付和财政授权支付的具体支出项目,由财政部门在确定部门预算时列出。

3. 支付程序

支付程序是根据不同的支付方式设计的,它分为两类,一类是财政直接支付程序,另一类是财政授权支付程序。

(1)财政直接支付程序。预算单位按照批复的部门预算和资金使用计划,向财政国库支付执行机构提出支付申请,财政国库支付执行机构根据批复的部门预算和资金使用计划及相关要求对支付申请审核无误后,向代理银行发出支付令,并通知中国人民银行国库部门,通过代理银行进入全国银行清算系统实时清算,财政资金从国库单一账户划拨到收款人的银行账户。

财政直接支付主要通过转账方式进行,也可以采取"国库支票"支付。财政国库支付执行机构根据预算单位的要求签发支票,并将签发给收款人的支票交给预算单位,由预算单位转给收款人。收款人持支票到其开户银行入账,收款人开户银行再与代理银行进行清算。每日营业终了前由国库单一账户与代理银行进行清算。

工资性的支付,各预算单位人员编制、工资标准、开支数额等,分别由编制部门、人事部门和财政部门核定。支付对象为预算单位和下级财政部门的支出,由财政部门按照预算执行进度,将资金从国库单一账户直接拨付到预算单位或下级财政部门账户。

(2)财政授权支付程序。预算单位按照批复的部门预算和资金使用计划,向财政国库支付执行机构申请授权支付的月度用款限额,财政国库支付执行机构将批准后的限额通知代理银行和预算单位,并通知中国人民银行国库部门。预算单位在月度用款限额内,自行开具支付令,通过财政国库支付执行机构转由代理银行向收款人付款,并与国库单一账户清算。

上述财政直接支付和财政授权支付流程,以现代化银行支付系统和财政信息管理系统的国库管理操作系统为基础。在这些系统尚未建立和完善前,财政国库支付执行机构或预算单位的支付令通过人工操作转到代理银行,代理银行通过现行银行清算系统向收款人付款,并在每天轧账前,与国库单一账户进行清算。预算外资金的支付,逐步比照上述程序实施。

(四)监督约束机制

健全的监督约束机制可以保证国库集中支付的顺利进行,而我国的约束机制软化、监督乏力、互相扯皮的现象却是一个老大难问题,需要引起重视,建立多层次的监督体系。

(1)财政部门对国库资金运行的全过程进行监控,包括审核预算单位的年度预算安排和用款计划,制定财政资金管理的相关制度规定,对资金拨付的各个环节进行实时监控,对各种信息进行综合分析,及时发现问题并提出解决方案。

(2)人民银行国库对于国库单一账户的收付具有监督责任。除了本身要严格依照财政部门的拨付指令行事外,对其委托的商业银行有关财政资金拨付过程要加强管理和监督,每日都要核对国库单一账户余额。

(3)国家审计署对国库资金的运行情况进行审计,此谓外部监督。审计署的外部监督应客观公正,审计署每年定期组织专业人员对国库资金进行审计是财政内部监督的必要补充。

(4)政府支出部门和供应商要对银行资金结算速度和效率进行监督,检查商业银行是否有故意压票、延期付款或占用客户资金的违法行为,款项计算是否正确。政府部门还要监督有关机构是否及时、合法的审批预算单位的预算安排和用款计划,是否及时下达拨付指令并付款。

建立以国库单一账户体系为基础、资金缴拨以国库集中收付为主要形式的财政国库管理制度,是对财政资金的账户设置和收支缴拨方式的根本性转变,是一项十分庞大和复杂的系统工程,需要分步实施并做好相应的改革配套。主要的改革配套措施包括:进一步细化预算,推进预算编制改革;修订和制订相关法律法规和管理办法;建立财政管理信息系统和国库管理操作系统;建立健全现代化银行支付系统;建立财政国库支付执行机构和设计"国库支票"等。

第四节 政府预算执行的检查分析

一、政府预算的信息反馈系统

预算执行中的信息,就是预算执行中反映出来的一切客观实际情况,它是对国家预算执行情况进行检查分析的必不可少的依据。但是,信息的来源不是自发的,需要有一个严密完整的信息反馈系统。目前,我国已经建立了一系列的预算执行报表报告制度,组成了国家预算执行的信息体系。

(一)政府预算信息的类型

预算执行信息是显示国家预算执行情况的各类情报的总称,主要包括:

1. 数据信息

数据信息包括预算收支执行旬报、月报、季报、年报;税务会计、统计报表,企业财务、行政事业单位财务报表,国库报表等。

2. 文字信息

文字信息包括工作总结、报告、决议、计划、通知、预算收支执行情况及其动态分析等各种有关文字资料。

3. 语言信息

语言信息这是通过电话、谈话、广播、会议、录音等形式传递的预算执行信息。

政府预算信息管理的一般要求是:加强与有关部门的联系,做好资料的收集、整理和分析工作,掌握预算收支规律;通过政府预算信息系统,调节、控制预算资金活动,促进微观经济搞活;监督、检查预算资金活动情况,促进经济、文教、科学等事业的发展,有利于国家实施宏观调控。

(二)政府预算信息反馈系统的构成和运行情况

1. 地方各级财政机关逐级编制上报预算收支完成情况的报表和报告

总预算会计报表有旬报、月报和月份执行情况分析书面报告等。通过这些报告,可以掌握各级财政总预算的收支执行和完成情况,从而了解国民经济和社会发展计划的主要经济指标及事业指标执行进度与完成情况。

2. 行政事业单位向同级财政机关报送单位预算会计报表

单位预算会计报表,反映行政、事业单位在各该时期的支出情况以及事业进度。此表规定按月向主管部门编报,主管部门汇总后报同级财政部门汇入月份预算收支报表。

3. 各级国库编报的预算收支项目电报

各级金库编报的预算收支项目电报,是逐级上报国家总金库,由总金库汇总后报送财政部的,它反映中央预算在一定时期的预算收支的执行情况。

4. 国有企业填报的各种报表

国有企业月份、季度会计报表。主要有资产负债表、损益表、利润分配表等。它反映工业生产、产品销售、企业利润、产品成本、企业各种资金和企业留利,缴库利润以及欠缴利润等情况;反映商业利润总额、抵缴利润、应缴利润、交库利润和欠缴利润等数据;反映国有粮食企业利润或亏损总额、抵缴利润、应缴利润和应拨亏损,实际交库利润及实际拨补亏损等数据。

5. 工商税收统计报表

工商税收报表包括税收月报、旬报和税收统计月报。税收统计月报表包括:工商各税分项目、分经济类型统计月报表,企业所得税统计月报表等。

  6. 海关税收缴库月报表

  海关税收缴库月报表每月报送一次,反映关税收入中集中纳税和各口岸纳税的详细情况,并且反映进口税、出口税,以及海关其他收入、罚没收入和代征工商税收等。

  7. 农业税征收旬报表

  我国农业税每年分为三个征期,即每年1月1日～2月底为上年收入结转期;3月1日～9月底为夏征期;10月1日～12月底为秋征期。农业税收旬报表只在夏征和秋征期填报细粮入库数并按旬报送,在旬报表中的细粮入库数,还要按结算价格折合成货币,即成为农业税收入,作为财政部门掌握和分析农业税征收情况的依据。(我国已于2006年取消了农业税)

  8. 基本建设支出月报

  基本建设支出月报反映国民经济各部门,各地区基本建设支出数,可以据此掌握和分析基本建设计划的执行情况,以及国家基本建设拨款、贷款的执行情况。

  9. 国家预算收支执行情况旬报和月报

  国家预算收支执行情况旬报和月报,由财政部汇总编报。旬报(只报上、中旬)于每月终了后5日内编出。月份快报于每月终了后7日内编出,月份执行情况简报于月终了10日内编出,报送国务院。并抄送有关部委和各省(直辖市、自治区)财政部门。每季度终了,还要结合各项经济指标的完成情况,对预算执行情况作全面的分析检查,供领导决策参与。为此,要求预算执行情况报告数字准确、报送及时、分析深刻。

二、政府预算执行的检查分析

  政府预算执行情况的检查分析,是保证实现预算收支任务和加强预算管理的一个重要环节。通过检查分析,可以及时掌握国民经济和各项社会事业的发展变化情况,了解党和国家政策贯彻执行情况及其对预算收支的影响,分析研究预算执行中的问题及各种有利或不利的因素,预测预算收支的变化趋势,及时向领导机关和有关部门反映情况,并提出建议措施,供决策部门参考,以组织预算新的平衡,保证政府预算的正确执行,促进国民经济的协调发展。

  (一)政府预算检查分析的内容

  预算执行政策性强、涉及面广,在检查分析预算执行情况时,除了分析预算收支执行情况外,还要对影响政府预算收支发展变化的相关因素进行分析。重点应分析以下几项内容:

  1. 检查分析国家有关方针政策的落实情况

  政府预算资金是实现党和国家方针政策的财力保证。同时,国家的方针政策和重大经济措施的贯彻执行,对预算收支又有重大影响。因此,分析党和国家的方针政策,特别是预算政策,以及重大经济措施对预算收支的影响,应是预算检查分析的重点之一。在预算执行中,一方面要分析是否贯彻了党和国家的方针政策和重大措施;另一方面要分析贯彻了这些政策、措施后,对预算收支任务的完成有什么具体影响,以便于及时调整预算,组织预算新的平衡。

  2. 检查分析预算收支的完成情况

  检查分析预算收支的完成情况,主要是分析预算收入和支出总的完成情况,以及主要收入和支出项目的完成情况。重点是检查分析各项收入是否及时、足额地纳入国库,并按规定划归各级预算,有无少收、漏收、拖欠和挪用的情况;检查分析各项支出是否按照预算及时合理地拨付用款单位使用,用款单位的预算支出与各自的生产、建设事业是否相一致,并结合生产与事业发展、工程进度、人员编制、经费定额,以及人员支出、公用支出和对个人和家庭的补助支出等各项支出,检查分析资金使用效果及存在问题,如有违反国家财经纪律和制度的现象应及时纠正,酌情处理。

3. 检查分析预算管理和监督工作对预算收支的影响

预算管理与监督的松与紧,对预算收支的执行影响极大。预算管理和监督工作松弛,就会在收入上出现"跑、冒、滴、漏",支出上出现花钱大手大脚,不讲效益的现象。因此,预算执行情况分析要对预算管理和监督工作进行检查,分析其对预算执行情况的影响,从而促进抓紧预算管理工作,减少以至杜绝违反财经纪律的现象。

4. 检查分析预算收支平衡和综合平衡的态势

预算、信贷、外汇和物资四者之间有着密切的联系,涉及商品可供量与社会购买力之间的平衡,以预算收支平衡为核心的综合平衡是政府预算是否顺利执行的重要标志,因而是预算检查分析的工作重点。不仅要分析检查预算收支本身的平衡,还要根据国家政治经济发展的客观需要,结合银行信贷、外汇收支组织综合平衡;此外,在预算、信贷、外汇三方面收支平衡的前提下,组织它们与物资供求之间的平衡,以便进行调整,保证它们之间的协调和平衡。

(二)政府预算执行检查分析的形式和方法

正确运用行之有效的检查分析的形式和方法,是做好检查和分析的切实保证。

1. 预算执行检查分析的形式

(1)定期检查分析,也称定期全面综合分析。即预算执行了一个阶段后(如月份、季度或半年),在规定的期限内,对预算执行情况进行一次检查分析。定期检查分析的目的,是系统地、经常地了解预算执行的全过程,以利于找出规律性的东西和指导下一阶段的工作。定期检查的结果,应以文字报告和分析报表的形式上报。定期检查分析是预算执行检查分析的基本形式。

(2)专题检查分析。专题检查分析是对预算执行中出现的一些重大突出的问题——这些问题对预算执行有较大影响,要组织专门力量进行检查分析,并对分析结果提出处理意见,以专题报告的形式上报,供领导决策参考。专题检查分析是预算执行检查分析的补充形式。

(3)典型调查分析。这是指某些地方、部门或单位对在预算执行中发生的典型事例所进行的分析。运用这样的"解剖麻雀"的方法,可以起到以点带面的作用。

2. 政府预算检查分析的方法

预算收支指标表现的经济现象之间具有一定的因果关系,预算执行检查分析对这些因果关系不仅从本质上对预算资金的运动进行定性分析,还应进行定量分析。量的分析是建立在质的分析的基础上,最常用的是对比分析法和因素分析法。

(1)对比分析法。这是通常运用的最基本的方法。这种方法是以本期实际数为主,与有关的各期指标数字进行对比。一般从以下几个方面进行对比分析:

本期实际数与年度预算数比较,分析完成计划的进度,实际与计划的差异。

本期与上年同期比较,本月与上月比较,或历史同期最好水平进行比较。通过这种比较,分析检查预算收支发展变化情况及预测本期的发展趋势。

地区与地区、部门与部门、单位与单位之间,就同类性质指标进行对比。通过这种对比,分析各地区的特点和差距,以便进一步分析研究问题,推广经验。

(2)因素分析法。采用对比分析法确定了各种差异之后,还应分析引起差异的因素,衡量诸因素对差异的影响程度,如果某项差异是受多因素交叉作用影响的结果,则需用因素分析法确定各因素对差异的影响程度。

因素分析法是对某一事物分析其内在诸矛盾交叉作用影响程度的一种方法。它通过对组成某一经济指标诸因素的顺序分析,用数值来测定由于诸因素变化对产生差异的影响程度。只要顺次把其中一个因素视为可变,把其他因素视为不变,就会得到任何一种可能的组合结果。因素分析法的基本原理可概括为"依次替换,顺序分析",表示如下。

预　　算:$A \times B \times C = D$
一次替换:$A1 \times B \times C = D1$
二次替换:$A1 \times B1 \times C = D2$
三次替换:$A1 \times B1 \times C1 = D3$

$D1$ 与 D 比较,两者之差为 A 因素变动而产生的影响;
$D2$ 与 D 比较,两者之差为 B 因素变动而产生的影响;
$D3$ 与 D 比较,两者之差为 C 因素变动而产生的影响。
最后,提出判断性评语。

在实际操作时,事先要严格规定诸因素排列顺序,并在不同时期均按既定排列顺序分析,才具有可比性,才能得到正确的组合结果,否则,因素失真,得到的是错误的组合结果。

关键术语

政府预算执行　预算拨款数　收入划分与报解　预算调整　政府采购
国库集中收付制度

复习思考题

1. 关于预算收入退库范围的规定有哪些?
2. 简述预算拨款原则。
3. 简述政府采购的特点、原则。
4. 实行国库集中收付制度改革的意义是什么?
5. 国库单一账户体系包括哪些内容?
6. 政府预算执行检查分析的主要内容是什么?

第八章 政府决算的编制

政府决算是预算管理周期中继预算准备和编制、预算执行阶段之后的第三个阶段,其主要任务是对政府预算执行情况进行总结,编制政府决算草案报告,接受立法机关的审查和批准。

按照《预算法》的规定,我国的政府决算是由中央政府决算和地方各级政府决算组成,通常按照统一的政府决算体系自下而上逐级汇编出来,最终由各级财政部门汇编成本级政府决算。

《预算法》又规定,我国政府决算草案的审查和批准是由各级人民代表大会常务委员会进行的。中央政府决算草案由国务院财政部门编制并报国务院审定后,由国务院提请全国人民代表大会常务委员会审查和批准;地方各级政府决算由地方各级财政部门编制并报本级人民政府审定后,由本级人民政府提请本级人民代表大会常务委员会审查和批准。

本章的主要内容是:政府决算的意义和组成;编制政府决算的准备工作;政府决算编制程序和方法;政府决算的审查和批准。

第一节 政府决算的意义和组成

一、政府决算的概念和意义

(一)政府决算的概念

政府决算是按照法定程序编制,经立法程序审查批准的年度政府预算执行结果的会计报告,通常由决算报表和文字说明两部分构成。政府决算是政府预算执行情况的总结,反映了预算年度内政府预算收入和支出的最终执行结果,是政府活动范围和政策导向在财政上的集中表现。

(二)政府决策的意义

政府预算经立法机关审议批准后,即进入预算执行阶段。从理论上讲,精心编制的预算如果得以有效地执行,其执行结果必然与预算保持一致性。但是由于客观情况的变化以及其他方面的原因,政府预算执行的结果,不可能与预算完全一致。政府预算执行情况究竟如何,是否完成预算收支任务,预算收支是否平衡,只有通过政府决算才能准确地反映出来。因此,编制政府决算具有重要的意义和作用。具体表现在以下几个方面:

1. 政府决算是国家经济社会活动在财政上的集中反映

政府决算是国家经济社会活动在财政上的集中反映,体现了一个预算年度期间政府实际经济社会活动的范围和政府施政活动的方方面面。通过政府决算的编制,可以掌握年度政府预算的实际执行情况以及政府制定的多年期滚动计划在本年度的实际完成情况;全面、系统地了解政府施政政策和政策导向的贯彻执行情况以及预算年度内财政资金的实际流量、流向和结构。

2. 政府决算反映政府预算执行的结果

政府决算反映政府预算实际执行的结果。其中,政府决算收入反映年度预算收入实际规模、来源和构成,体现政府集中资金的程度和资金积累的水平;政府决算支出反映年度预算支出实际规模、方向和构成,以及各种重要的比例关系,体现着公共财政的发展方向和经济社会事业发展的规模和速度。

3. 政府决算为政府决策提供了依据

通过政府决算的编制与分析,可以从资金积累和资金分配的角度总结一年来各项经济社会活动在贯彻执行政府政策导向和施政理念方面的情况,为政府决策机构研究经济问题、进行公共决策提供信息资料和决策依据。

4. 政府决算便于增强财政透明度,促进财政民主

社会主义市场经济体制改革,已经使中国财政从"自产国家"转向"税收国家"的行列。"税收国家"的特征是:政府主要通过税收为其提供公共产品融资,客观上要求政府在其预算文件中,就公共支出的来源、取得、使用和使用结果做出说明,并承担相应的责任;纳税人对此拥有知情权。政府预算编制和执行结果都要接受纳税人的监督,从而形成有效的外部制约机制。通过政府决算的编制、审批和相应的信息披露制度,既有利于政府财政部门加强内部监管,又能增强财政透明度,有利于解决政府与纳税人之间的信息不对称问题,提高纳税人参政议政的意识,促进财政民主。

二、政府决算的组成

我国的政府决算由中央总决算和地方总决算组成。其中,中央总决算由中央部门汇总所属行政事业单位决算和企业财务决算、基本建设财务决算等组成;地方总决算由省(自治区、直辖市)总决算汇总而成。

各级政府的本级决算由所属各部门决算汇总而成;部门决算是由实行部门预算的政府各部门汇总所属行政事业单位决算、企业财务决算、基本建设财务决算等汇总而成;行政事业单位决算由部门下属执行单位预算的行政、事业单位编制。

第二节 政府决算编制的准备工作

一、财政部拟定和下达政府决算的编报办法

为了提高政府决算的质量,每个预算年度终了前(一般在第四季度),财政部都要在认真总结上一年政府决算编制工作经验的基础上,根据本年度预算执行的情况、财政经济政策、政府预算管理体制、管理制度和企业财务管理体制以及当年预算执行中存在的问题,提出本年度编制政府决算草案的基本要求和具体办法,一般包括编制决算草案的原则、方法、要求和报送期限;制定和颁发中央各部门决算、地方决算及其他有关决算的报表格式。政府决算编报办法以通知的形式下达给中央各部门和各省、自治区、直辖市,并逐级补充,作为编制政府决算草案的指导性文件。其具体内容一般包括:

(一)提出增收节支和平衡预算的基本要求

针对当年政府预算执行的具体情况和运行特点,本着提高预算管理工作水平的要求,提出

进一步抓紧做好增收节支和平衡预算的措施和要求。

(二)做好年终收支清理工作,核实当年各项收支数字

根据收支清理的具体要求,财政、税务和国家金库密切配合,做好对账工作。各级政府预算收入以当年12月31日缴入基层国库的预算收入数列报,政府预算支出以12月31日各级财政拨款数列报。

(三)加强编报决算草案的组织领导,提出决算编审重点和原则

每年决算草案编审办法提出的重点和原则各有侧重,但主要包括中央和地方之间的收入分成、上解、补助以及借垫款项等的结算办法,地方预算年终结余处理,允许结转下年继续使用的支出项目,以及其他需要明确规定的具体问题等。对此,在决算编审办法中要提出当年编审重点和原则,并就相关具体问题提出处理意见或建议。

(四)对决算草案编审工作的组织领导要求

为了保证决算草案的及时、完整和正确编制,应通过有效的领导体系来组织落实,并要求认真组织专业审查和群众审查。

(五)决算草案报送的期限和份数

各省(自治区、直辖市)总决算草案,一般要求在年度终了后三个月内,以一式五份报送财政部。中央主管部门的汇总单位决算在年度终了后三个月内以一式两份报送财政部。中央主管部门所属单位决算,各省(自治区、直辖市)本级的单位决算以及所属市(州)、县(市)总决算的报送期限和份数,在保证及时汇总上报的原则下,可自行规定。

二、进行年终收支清理

为了正确反映预算年度预算执行的结果,保证决算数字的准确和完整,便于及时编制决算草案,各级财政部门和行政事业单位、企业单位、基本建设单位,在年度终了时要对全年的预算收支、会计账目、财产物资及其有关财务活动等,进行一次全面的核对、结算和清查。年终收支清理工作是编制决算的前期准备工作,是编好决算草案的重要前提条件。年终收支清理工作主要包括以下几方面内容:

(一)核对年度预算收支数字

预算数字是考核决算和办理收支结算的依据,也是进行财政、财务决算的基础数字。核对的内容主要有:各级财政总预算、部门和单位预算本身的全年预算收支数字;各级总预算之间、各级政府总预算与部门和单位预算之间、单位预算的上下级之间全年预算收支数字;年度终了前,各级预算执行单位之间的预算追加追减、科目流用、预备费动用、预算划转等调整。为便于年终收支清理工作的顺利进行,每年的12月份不再办理预算的追加追减和预算划转手续,本年经费限额的下达,也截止到12月25日。

(二)清理本年预算应收应支款项

预算收支清理是为了核实收支,做到预算收入应收尽收,预算支出应拨尽拨。在年终前应对年度内各项应缴库的预算收入进行认真清理,及时足额地缴入国库;应由当年弥补的计划亏损,要按政策要求审查核实后及时办理退库手续;应在本年度列支的支出也要在年终前办理完毕。

(三)结清预算拨借款

各级财政部门之间、财政部门和主管部门之间、主管部门和下属单位之间的拨借款项,都应当在 12 月 31 日之前结算清楚。各级财政部门之间的预算补助款和预算上解款,应按政府预算管理体制的有关规定和最后确定的收入留解比例,结合借垫款项进行结算,多退少补。

(四)清理往来款项

在预算执行中,各级财政部门、企业、基建、行政、事业等单位暂存暂付、应收、应付等往来款项,要在年终前进行清理结算。一切往来账款在编制决算时原则上应无挂账。

(五)清理财产物资

所有预算执行单位,在年终前应对固定资产和库存材料等所有财产物资进行清理盘点,做到账实相符;对库存现金也要进行清查核算,做到账款相符;对财产物资的各种账目也要进行认真核对,做到账账相符。

(六)核对决算收支数

对于决算收入,各级财政部门、国家金库、企业利润监缴机关,必须会同预算缴款单位进行年终对账,经核对相符后填制对账单办理签证后,分别按系统上报。对于决算支出,各级财政部门要会同主管部门、用款单位和开户银行,将决算支出数字共同核对一致,按规定程序逐级进行年终对账签证后,按规定的程序逐级上报。

三、制定和颁发决算表格

财政部在下达决算草案编审办法的同时,还要制定和颁发各省(自治区、直辖市)财政决算统一表格、中央各部门决算表格及其他有关决算表格。县级以上地方政府财政部门根据财政部的部署,在部署编制本级政府各部门和下级政府决算草案编审办法的同时,也要结合本地区、本部门的具体情况,制定和颁发本级政府各部门决算、下级政府决算及其他有关决算的报表格式。

决算表格是政府决算数字的载体,它把决算数字及有关资料和核算根据等科学地安排在一定的表格中,可以总括而清晰地反映政府决算的全貌。决算表格是编制决算的重要工具,主要反映当年政府决算收支数字。它是在上年度决算的基础上,根据本年度预算管理体制及其他制度变化情况,本着有利于总结全年预算收支执行情况,符合预算管理的要求制定的。通常,政府决算表格每年要修改一次。制定决算表格应遵循的原则:一是应有利于总结全年预算执行情况以及兼顾本年度决算和下年度预算设计的要求;二是应有利于保持主要决算表格形式的相对稳定,一般要在上年决算表格基础上进行修订,保持决算表格的项目、内容和格式的统一,保证政府决算的连续性和统一汇编;三是表格既要满足需要,又要简便易行。

决算表格按预算财务系统可划分为财政总预算表格、行政事业单位决算表格、企业财务决算表格和基本建设财务决算表格。决算表格按使用范围划分为两种:一是各级财政部门使用的总决算表格;二是各级主管部门和所属预算单位使用的部门、单位决算表格。

决算表格反映的主要内容包括决算收支表和资产负债表以及反映全年预算收支执行结果和预算资金活动结果的会计数字表等。具体分为四类:

(一)决算收支表和资金活动情况表

这类表主要指用来反映预算收支实际执行结果和年终预算资金活动结果的会计报表,是根据财政总预算或单位预算会计账簿编制,包括全部政府性资金的收支总表和明细表。如一般预算收支、政府基金收支、预算外收支的总表、明细表、变动情况表及其分级收支与平衡。支出明细表分别设置功能分类和经济分类表,适当突出功能分类表格。

(二)政府资产和债务情况表

这类表主要指用来反映各级总预算和单位预算的财务收支情况和执行结果的报表,按相应预算会计制度要求编制,包括一般预算收支、预算外收支的资产负债表和政府性债务报表等。作为财政总决算的补充表,以完整反映政府的资产和负债情况。

(三)基本数字表

这类表主要指用来分别反映各项行政事业单位的机构、人员、开支标准等定员定额执行情况和事业成果的财务统计报表,由各预算单位根据财务统计和业务统计资料整理编制。此外,基本数字表还应包括用于反映预算外、政府基金等收支范围人员情况表,作为一般预算收支人员情况表的补充表,从而使基本数字更加全面。

(四)其他附表

这类报表主要是指上述各类决算表的补充资料。其内容根据每年预算执行情况和决算分析需要,由财政部制定相应的附属表格。这类表格按其内容基本上可以分为两种:一是属于决算各表的明细资料;二是属于报告一些与预算收支有关的资料。

第三节 政府决算编制程序和方法

预算年度终了,政府决算的准备工作结束后,就可以进行政府决算草案的正式编制工作。政府决算草案的编制必须依据一定的程序和方法进行。

一、政府决算的编制程序

《预算法》规定,决算草案由各级政府、各部门、各预算单位在每一预算年度终了后按照国务院规定的时间编制。决算草案是指各级政府、各部门、各单位编制的未经法定程序审查和批准的预算收支的年度执行结果。编制决算草案的具体事项,由国务院财政部门部署。政府决算草案的编制程序是从执行预算的基层单位开始,自下而上层层编制、审核和汇总,由各级财政部门汇编成本级政府决算草案。财政部在收到中央主管部门报送的汇总单位决算和各省(自治区、直辖市)报送的总决算草案后,首先进行全面的审核和检查,然后根据中央各主管部门报送的汇总单位决算,汇编为中央总决算草案;根据各省(自治区、直辖市)报送的总决算,汇总为地方总决算草案;最后,根据中央总决算和地方总决算汇编成国家决算草案。

二、政府决算的编制方法

(一)单位、部门决算的编制方法

单位决算草案是执行单位预算的行政、事业单位编制的决算,是构成各级政府总决算的基础。编制好单位决算是保证政府决算质量的关键。因此,年度终了后,各基层预算单位都应当在搞好年终清理、结清账目的基础上,正确、完整、及时地编制单位决算草案,填报单位决算报表数字。

单位决算报表数字是单位决算的重要内容,主要有三类:

1. 预算数字

预算数字是考核预算执行情况和事业计划完成情况的依据,是按年终清理核对后的年度预算数填列的。

2. 会计数字

会计数字反映全年预算执行结果的决算数,它是根据年终结账后的会计账簿中有关科目的年终余额或全年累计数填列的。

3. 基本数字

基本数字反映行政事业单位的机构、人员状况以及事业发展计划的完成情况,用以考核事业规模和预算资金的使用效果。它是根据相关财务统计和业务统计资料的数字填列的。

单位决算草案编成后,应编写决算说明书。决算说明书应根据决算收支数字、事业计划完成情况以及平时积累的调研资料编写而成,是年度单位预算执行和预算管理工作的书面总结。作为决算的重要组成部分,决算说明书的主要内容包括：

(1)单位预算执行的主要情况以及收入超收和短收,支出超支或结余的原因；

(2)业务计划完成情况及其原因分析；

(3)各项事业发展的成果和费用开支水平,定员定额的比较分析；

(4)预算管理、财务管理等方面采取的主要措施,取得的经验和存在的问题,以及提出的改进意见和措施等。

基层单位决算草案编成后,连同单位决算说明书,经本单位负责人审阅盖章后正式报送上级单位。上级单位对所属单位决算进行审查后,汇入本单位决算报上级主管部门。主管部门在审核汇总所属各单位决算草案基础上,连同本部门自身的决算收支数字汇编成本部门决算草案,并附有决算草案详细说明书。部门行政领导签章后,在规定期限内报同级财政部门,作为财政部门汇编财政总决算的依据。

（二）财政总决算的编制方法

财政总决算是各级政府总预算的执行结果,由各级财政部门在收到同级主管部门报送的汇总单位决算后,连同总决算会计账簿的有关数字进行汇总编制。其中,地方各级总决算的汇编从乡(镇)级开始,自下而上逐级汇编,最后汇编为省(自治区、直辖市)总决算；中央总决算由财政部根据中央各主管部门汇总的所属行政、事业单位决算、企业财务决算、基本建设财务决算以及国库年报、税收年报等汇编而成；最后,由财政部将中央总决算和地方总决算汇编成国家总决算草案。

各级财政总决算报表的数字也分为三部分：

1. 预算数字

预算数字是考核各级总预算执行情况的依据。预算数字分为"年初预算数"和"最后预算数"。其中,"年初预算数"根据上级财政机关年初下达预算数填列；"最后预算数"根据执行中经调整后的数字填列,即在年初预算数的基础上,加上中央专项调整数(如企业上下划转等)、上年结转使用数、本年动用地方上年财政结余数、动用本级预备费、预算科目之间进行调剂等项数字。

2. 决算数字

决算数字反映各级总预算执行结果,分为决算收入和决算支出两部分。决算收支数,根据总预算会计预算收、支明细账的全年累计数填列。总会计预算支出明细账的全年累计数应该与主管部门汇总的单位决算报表数字、基本建设决算的全年基建支出数字一致。

3. 基本数字

基本数字是反映全国或地方各地区行政事业单位的机构、人员状况和事业计划完成情况及效果的数字。它根据所属各地方、各主管部门决算的基本数字各表汇总填列。

各级财政部门编制完决算草案后,必须编写决算说明书。地方总决算说明书即年度总预算执行和预算管理的书面报告,主要内容为:

(1)收入情况的分析说明。这是对预算收入执行情况的总结,它通过结合年度预算安排及国民经济和社会发展计划指标完成的情况,分析收入超收或短收的原因;分析成本费用水平、资金积累水平、资金运用和改善经营管理的情况;分析税收政策的执行情况以及税源的变化情况。

(2)支出情况的分析说明。这是对预算支出执行情况的总结,它通过结合年度预算安排与各项事业计划、基本建设计划、定员定额等,分析各项主要支出的结余或超支的主要原因,分析成本费用水平、资金运用和改善管理等情况,说明决算支出数字的编制基础涉及主要经济效果和存在的主要问题。

(3)结余情况的分析说明。分析全年总预算的结余情况、原因,决算收支平衡情况和存在的问题。

(4)预算执行中的调整情况的分析说明。说明总预算在执行过程中的预备费动用、上年结余动用情况、预算的追加追减、预算划转和科目流用等对预算变动的影响情况。

(5)总结预算年度对各项财政方针政策、管理体制、规章制度贯彻执行的情况与问题,总结预算管理的经验、教训并提出加强预算管理与预算监督的意见及措施。

(6)其他情况的分析说明。分析其他情况,如物价和工资调整、经济体制和财政体制改革等因素对预算收支的影响。

(7)决算编制的经验总结。总结决算编制过程中的主要经验和存在问题,以进一步提高决算编制水平和提高预算决策水平。

第四节 政府决算的审查和批准

政府决算草案汇编完成后,即进入法定程序进行审查和批准,它是政府预算管理工作的重要环节,也是政府决算编制质量的重要保证。

一、政府决算的审查

(一)政府决算审查的层次及其机构

为了维护国家法律,保证政府决算数字准确无误,必须在各个环节上加强政府决算审查工作,做到逐级审查,层层负责。政府决算的审查层次和机构自下而上进行:一是上级对下级决算草案进行的审查,包括上级单位对下级单位决算草案的审查和上级财政对下级财政总决算的审查;二是财政部门对同级部门决算草案的审查;三是政府审计部门对政府决算草案的审计;四是各级立法机关对同级政府总决算草案的审查。

在上级对下级、财政对部门的决算草案审查中,决算草案审查工作和决算草案汇编工作交叉进行。

(二)政府决算审查的形式和方法

决算审查的方法一般可分为就地审查、书面审查和派人到上级机关汇报审查三种。其中,书面审查是审查的主要方法,就地审查和派人到上级机关汇报审查两种方法通常作为书面审查的补充,有时也交叉使用。

决算的审查形式有自审、联审互查和上级审查三种。自审是指预算单位组织力量对本单位的决算进行审查,一般是单位财会部门自审与职工群众进行审查有机结合,从而对决算进行广泛的审查,通过审查可以总结经验与教训,并提出相应的改进措施。联审互查,是指由财政部门或主管部门组织同类型的企业、行政事业单位,对本部门的单位决算或本地区的财政总决算进行审查。这种形式有利于经验的交流,并对提高决算质量、加快决算汇编进度有积极的作用,一般运用于基层单位。上级审查是指由上级财政部门或上级主管部门对所属地方决算或所属企业、行政事业单位的决算进行审查,从而有利于提高监督的力度,保证下级决算的质量。

(三)政府决算审查的内容

对政府决算主要从以下两个方面进行审查。

1. 政策性审查

政策性审查是对贯彻执行国家各项方针政策、财政制度、财经纪律等方面进行审查分析。政策性审查的具体内容主要有以下几个方面。

(1)收入审查。收入审查着重审查以下内容:审查决算所列的预算数是否与上级核定数一致;审查上年结余数和上年决算的年终结余是否一致;属于本年的预算收入是否按政策、按预算管理体制和缴款办法及时、足额地缴入各级国库,并编入本年的决算;审查各级总预算之间的分享比例计算、上解下补是否到位;审查预算内收入和预算外收入资金的界限是否划分清楚;审查收入退库项目是否符合国家的规定;审查决算收入数是否与12月份预算会计报表所列全年累计收入数一致等。

(2)支出审查。支出审查着重审查以下内容:审查决算中的预算支出数是否与上级核定的预算支出数相一致;审查年度支出的时间界限是否符合规定;根据决算数和预算数的对比差距,审查结余和超支的主要原因,审查支出科目总预备动用、上年结余动用是否符合规定,审查有无挤占挪用资金情况;地方预算调整数同上级核定的预算数之间的差额是否与调入资金和上年结余一致;审查决算支出数与12月份预算会计报表所列全年累计支出数是否一致;审查国家决算支出与地方财政专户的预算外支出是否划分清楚,有无挤占预算内资金;审查决算支出是否编列齐全,有无该报未报的情况,已报决算支出是否逐级汇总,有无估列代编情况等。

(3)结余审查。结余审查着重审查以下内容:单位决算年终的预算拨款结余除另有规定者外,是否已如数缴回财政总预算,有无将结余列入决算报销转作单位的其他存款情况;总决算结余中按规定结转下年继续使用的资金是否符合规定;结转项目是否超过规定的范围;总决算的金库存款开户情况,审查有无违纪现象,私设"小金库"等。

(4)资金运用审查。资金运用审查着重审查以下内容:审查单位决算"银行支取未报数"是否正常合理,库存备用金是否符合规定额度;库存材料有无积压损失;暂付款是否清理完毕以及未结清的原因;固定资产是否记账。审核各级财政总预算之间、总预算与单位预算之间的拨借款项,是否结算清楚,借垫款项未结清的原因;审核暂存、暂付等其他各项往来款项是否符合规定,有无应清未清或应作本年决算收入、支出的款项,防止截留预算收入等。

2. 技术性审查

技术性审查主要是对决算报表的数字关系方面进行审查。技术性审查的具体内容主要有以下几个方面。

(1)数字关系审查。数字关系审查的具体内容主要有以下几个方面:审查决算报表之间的有关数字是否一致;审查上下年度有关的数字是否一致;审查上下级财政总决算之间、财政总决算与部门、单位决算之间的有关上解、补助和拨借款数字是否一致;审查其他决算与财政总决算的有关数字是否一致;审查各业务部门的统计年报与财政总决算的有关数字是否一致。

(2)决算完整性和及时性审查。决算完整性和及时性审查的具体内容主要有以下几个方面:审查规定的各种决算报表是否填报齐全,有无缺报、漏报情况;已报的决算各表的栏次、科目、事项填列是否正确完整;各类数字填列的计算口径是否符合规定;决算说明书的编写是否符合条例要求;决算是否经过法定程序审核签章;决算报送时间是否超过规定期限等。

政策性审查和技术性审查是互相补充、相辅相成的,各有其侧重点,政策性的问题有时就是从技术性审查的数字关系中发现的。对于决算审查中发现的问题,要严格按照政府决算制度和有关财经纪律、制度规定进行及时处理。属于政策性的问题,如少报收入,多列支出的,原则上应当收交或剔出;属于技术性的差错,应当查明更正;属于应当补充的问题,应当限期补报。总之,通过决算审查,要保证政府决算草案的及时、准确和完整。

3. 财政决算结算单

财政部在对省(自治区、直辖市)总决算进行审查后,要按照《中央财政与地方财政结算办法》及其说明填制财政决算结算单,办理中央与各省、自治区、直辖市财政之间的资金结算事项。财政决算结算单是财政部审定并批复下级财政决算收支总数和中央财政与地方财政全年资金结算的依据。

财政决算结算单的内容一般包括:

(1)审定地方财政决算收支总数,计算收入超收、短收和支出结余、超支总数。

(2)计算并确定收入上解比例,并确定收入应上解或应补助数。

(3)考核地方财政总决算平衡情况,列明资金来源、资金使用情况,计算出年终滚存结余,列出其中净结余的数字,计算出最后平衡结果。

(4)结清中央财政和地方财政全年的预算资金账。记录上解、补助款的预算数和实际数的差额,各项借垫款数字,计算出预算资金的多退少补的最终差额,结清全年预算资金账。

二、政府决算草案的批准

《预算法》第 61 条规定:各部门对所属各单位的决算草案,应当审核并汇总编制本部门的决算草案,在规定的期限内报本级政府财政部门审核。决算草案的审核主要包括对企业、事业、行政单位和基本建设财务决算草案的审核。

《预算法》第 62 条规定:国务院财政部门编制中央决算草案,报国务院审定后,由国务院提请全国人民代表大会常务委员会审查和批准。县级以上地方各级政府财政部门编制本级决算草案,报本级政府审定后,由本级政府提请本级人民代表大会常务委员会审查和批准。乡、民族乡、镇政府编制本级政府决算草案,提请本级人民代表大会常务委员会审查和批准。

各级政府决算草案经批准后,即成为正式的各级政府决算,财政部门应当向本级各部门批复决算。中央各部门的决算批复事宜,由国务院财政部办理。地方各级政府应当将经批准的决算,报上一级政府备案。

国务院和县级以上地方各级政府对下一级政府依照预算法规定报送备案的决算,认为有同法律、行政法规相抵触或者有其他不适当之处,需要撤销批准该项决算的决议的,应当提请本级人民代表大会常务委员会审议决定;经审议决定撤销的,该下级人民代表大会常务委员会应当责成本级政府依照本法规定重新编制决算草案,提请本级人民代表大会常务委员会审查和批准。

[专栏 8-1]　　全国人大常委会关于批准 2010 年中央决算的决议

第十一届全国人民代表大会常务委员会第二十一次会议,听取了财政部部长谢旭人受国务院委托作的《国务院关于 2010 年中央决算的报告》和审计署审计长刘家义受国务院委托作的《国务院关于 2010 年度中央预算执行和其他财政收支的审计工作报告》。会议结合审议审计工作报告,对《2010 年中央决算(草案)》和中央决算报告进行了审查。会议同意全国人民代表大会财政经济委员会提出的《关于 2010 年中央决算审查结果的报告》,决定批准《2010 年中央决算》。会议要求,要切实改进预算编制管理,规范预算执行,完善财政转移支付制度,加强资金管理和监督,防范和化解地方政府性债务风险,充分发挥财政职能作用,更好地促进经济社会又好又快发展。

一、中央公共财政收支决算情况

2010 年,中央公共财政收入 42 488.47 亿元,完成预算的 111.6%,比 2009 年(下同)增长 18.3%。加上从中央预算稳定调节基金调入 100 亿元,使用的收入总量为 42 588.47 亿元。与向第十一届全国人民代表大会第四次会议报告的预算执行数比较,中央公共财政收入增加 17.95 亿元,主要是在决算清理期间,增加了一些专项收入、行政事业性收费等非税收入。中央公共财政支出 48 330.82 亿元,完成预算的 103.6%,增长 10.3%。其中,中央本级支出 15 989.73 亿元,完成预算的 99.6%,增长 4.8%;中央对地方税收返还和转移支付支出 32 341.09 亿元(相应形成地方财政收入和支出),完成预算的 105.7%,增长 13.2%。加上用于补充中央预算稳定调节基金 2 257.65 亿元,支出总量为 50 588.47 亿元。与向第十一届全国人民代表大会第四次会议报告的预算执行数比较,中央公共财政支出增加 8.3 亿元,主要是根据有关规定,增加了全国社会保障基金支出。决算数比预算执行数增收增支相抵,净增收 9.65 亿元,用于补充中央预算稳定调节基金。中央公共财政收支总量相抵,赤字 8 000 亿元,比预算减少 500 亿元。2010 年末中央财政国债余额 67 548.11 亿元,控制在年度预算限额 71 208.35 亿元以内。

二、中央预算执行中存在的问题

2010 年,各地区、各部门按照第十一届全国人民代表大会第三次会议和第十一届全国人民代表大会常务委员会第十五次会议有关决议,以及十一届全国人大财政经济委员会审查意见的要求,优化转移支付结构,严格预算执行,加强预算支出绩效考核,严格政府债务管理,推进财政体制改革,贯彻落实积极的财政政策,努力服务于改革发展稳定大局。在促进经济协调稳定发展、努力保障和改善民生、积极推动经济结构调整和构建有利于科学发展的体制机制等方面取得较大进展。

在看到成绩的同时,我们也清醒地认识到,预算管理中还存在不少突出问题:代编预算规模仍然较大,预算编制仍不够细化,基本建设等支出项目预算的年初到位率不够高;预算支出进度不够均衡,部分专项支出进度偏慢;专项转移支付规模仍然较大,县级基本财力保障机制还不够完善;财政管理仍然比较粗放,资金使用效益还不够高,财政监督力度还不够强。审计情况也表明,2010 年中央预算执行情况总体较好,但也存在中央部门归口管理的部分本级支出预算年初到位率偏低、国有资本经营预算制度不够完善、政府性基金预算管理不够规范等问题。对此,国务院已要求中央有关部门认真按照全国人大有关决议要求和审计意见,采取有力措施切实进行整改。

三. 进一步做好财政预算工作的建议

针对当前存在的问题和不足,我们将在不断完善财税体制和运行机制的同时,继续加强科学化精细化管理,努力提高预决算管理水平。

(一)加强预算编制管理

进一步规范预算编制程序,细化预算编制内容,切实减少代编预算规模,提高预算年初到位率,并严格部门预算管理。加强统筹协调,将预算编制与预算执行、结余结转资金管理、行政事业单位资产管理等有机结合起来。健全部门预、决算相互反映、相互促进的机制。进一步规范转移支付制度,逐步扩大一般性转移支付规模,降低专项转移支付所占比重。继续完善县级基本财力保障机制。细化政府性基金预算,完善政府性基金预算管理制度及使用管理办法,指导地方规范政府性基金预算编制。继续扩大中央国有资本经营预算实施范围,逐步提高中央企业国有资本收益收取比例,加快推进地方试编国有资本经营预算步伐。研究完善社会保险基金预算制度。

(二)狠抓预算执行管理

建立健全预算支出责任制度,完善激励和约束机制。加强对预算执行的动态监控,完善预算支出执行通报机制。进一步改进收入预算编制方法,规范超收收入使用管理,超收收入除依法安排当年部分重点支出外,原则上转入预算稳定调节基金,留待以后年度预算安排使用。加强库款调度管理,减少上下级预算解缴和拨付的资金规模,保障基层政府预算支出的资金需要。完善以收定支和据实结算项目支出方式,提高预算执行的均衡性。强化管理基础工作和基层建设,完善部门基础信息数据库,健全支出标准体系,完善政府收支分类科目体系,充实基层财政职能。

(三)强化财政资金管理

加强财政专户管理,切实做好财政专户清理整顿工作,取消违规设立的各类专户。强化部门和单位银行账户管理,凡不符合规定设置的账户一律撤销。加强对部门银行账户的监控。规范账户开设代理银行选择方式,增强公开性和透明度。继续完善非税收入收缴管理制度,规范非税收入执收行为。进一步扩大国库集中支付制度的实施范围,2012年底前所有预算单位的财政性资金全部纳入国库集中支付范围,建立覆盖各级财政的预算执行动态监控体系。完善各级财政部门内设机构之间,上下级财政部门之间,财政部门与预算单位、人民银行国库、财政专户开户银行之间的对账制度。加强监控制度建设,加快构建财政资金风险防控机制,健全内部监督制度,落实财政资金安全责任制。

(四)稳步开展预算绩效管理

逐步建立"预算编制有目标、预算执行有监控、项目完成有评价、评价结果有反馈、反馈结果要运用"的预算绩效管理模式。进一步扩大绩效评价试点范围,合理确定绩效评价试点项目,将民生项目和具有较大经济社会影响的重大项目作为绩效评价的重点。逐步扩大上级对下级转移支付的绩效评价试点。建立绩效评价结果反馈制度,研究绩效评价结果与预算资金安排有机结合的机制,逐步实行绩效问责和评价结果公开,促进部门改善预算管理,优化资源配置,提高财政资金使用效益。

(五)加快推进预决算公开

进一步细化预算公开,2011年中央公共财政预算的部分重点支出和2010年度中央财政总决算公开到"项"级科目。2011年经全国人大审查批准的部门预算和部门决算向社会公开。经全国人大常委会批准后,中央财政2010年度行政经费支出决算总额和"三公"经费决算总额由财政部向社会公开;中央各部门2010年度"三公"经费决算数和2011年"三公"经费预算,由本部门向社会公开。同时,推动地方做好财政预决算、"三公"经费等公开工作。

（六）严格财政监督

牢固树立综合监督理念,建立财政监督机构与预算管理机构之间的工作协调机制和信息共享制度,健全覆盖所有政府性资金和财政运行全过程的监督机制,提升财政监督合力。做好有利于转变经济发展方式重大财税政策实施情况的专项检查,保障政策有效落实。建立完善财政监督信息披露和公告制度。完善基础制度,加强纵横沟通,强化定期核查。继续推进"小金库"专项治理,切实抓好调整经济结构资金、强农惠农资金和重点民生资金管理使用的监督检查。切实加强地方政府性债务管理,加快构建地方政府性债务规模控制和风险预警机制,努力防范财政风险。

规范财政管理,对于促进经济社会健康发展关系重大。我们要在以胡锦涛同志为总书记的党中央领导下,坚持以邓小平理论和"三个代表"重要思想为指导,深入贯彻落实科学发展观,诚恳接受全国人大常委会的指导和监督,大力推进财政发展改革,切实完善财政科学管理,充分发挥财政职能作用,为促进经济社会又好又快发展做出积极贡献。

资料来源: "全国人民代表大会常务委员会关于批准2010年中央决算的决议"（2011年6月30日第十一届全国人民代表大会常务委员会第二十一次会议通过）和中新网"财政部发布2010年中央决算报告",本文收录时略作调整。

思考提示: 政府决算草案、政府决算审查与政府决算批准的主要内容。

<h2 style="text-align:center">关键术语</h2>

政府决算　中央政府决算　地方总决算　决算草案　年终清理　决算表格　政府决算审批

<h2 style="text-align:center">复习思考题</h2>

1. 为什么要编制政府决算？其意义何在？
2. 说明我国政府决算的组成。
3. 编制政府决算需要做好哪些准备工作？
4. 简述编制政府决算的程序和方法。
5. 说明政府决算审查的方法、形式和内容。

第九章 预算外资金管理

财政性资金不仅包括预算内的,还包括预算外的。我国的预算外资金是在过去计划经济的条件下,随着社会主义建设事业的发展,以及财政、财务管理体制的改革,逐步建立和发展起来的。在它由小到大的发展过程中,对弥补预算内资金的不足、调动地方收支积极性等方面都起到了很好的作用。但不可否认的是,近几年来有的地方违反《预算法》和国务院的有关规定,擅自将财政预算资金通过各种非法手段转为预算外资金,有些部门和单位擅自设立基金或收费项目,导致国家财政收入流失,预算外资金不断膨胀。同时,由于管理制度不健全,预算外资金的使用脱离财政管理和各级人大监督,乱支、滥用现象十分严重。

本章主要阐述了预算外资金的性质、作用、内容,以及对预算外资金的管理措施。通过本章的学习,应重点掌握我国预算外资金的财政性本质、涵盖的范围、在社会经济生活中的利弊,以及为趋利避害而必须执行的管理措施。

第一节 预算外资金的性质和作用

一、预算外资金的特点

预算外资金是指国家机关、事业单位和社会团体为履行或代行政府职能,依据国家的法律、法规和具有法律效力的规章而收取、提取和安排使用的未纳入政府预算管理的各种财政性资金。预算外资金作为我国经济领域的一个特有范畴与预算内资金相比较,有其自身的特点:

(一)财政性

预算外资金是国家财政分配的辅助渠道,也是一种财政资金,不是单位和部门所有,预算外资金的项目、收费标准、提留比例、使用方向、开支范围及标准等,都要由国家明确规定,各方面必须按照国务院和财政部规定的制度办法执行,并且接受财政部门的监督与管理。预算外资金应按规定上缴财政专户管理,并核拨给有关部门和单位使用。

(二)专用性

预算外资金的产生,很重要的一个目的就是为了保证地方、部门、企事业单位的某些专项支出的需要。因此,预算外资金大部分具有特定的用途,要求专款专用,不能随意截留滥用,以使国家的一些事业发展有固定的资金来源。特别是未经批准,不能将预算外资金挪用于基本建设、发放人员工资、奖金和福利。

(三)分散性

预算外资金来源渠道多,项目复杂,而且分布范围广泛,资金分散在各地区、各部门和各单位,使用方向也千差万别。收入上缴和支出核拨工作量大,需要得到各部门和单位的支持和配合。预算外资金的这种分散性的特点,有利于调动各地区、各部门、各单位的积极性,因地制宜,因事制宜地解决自己的各种问题。

二、预算外资金的性质

预算外资金的来源同国家税收一样,体现了国家意志和政府行为。根据国务院(1996)29号文件《关于加强预算外资金管理的决定》规定,预算外资金是国民收入通过财政实行再分配的一部分,它既不是信贷资金、社会资金,也不是部门和单位的自有资金,而是一种国家财政性资金。

预算外资金之所以是一种国家财政性资金,这是由于:首先,从征收依据来看,预算外资金是凭借国家或政府权力,按照国家有关法律、法规和制度规定而收取和提取的;其次,从分配对象来看,预算外资金主要来自国民生产总值的剩余产品部分和一部分补偿基金,与预算内资金之间具有此消彼长的关系和相互转化的关系;第三,从调控手段来看,预算外资金的收取是国家宏观调控的手段,但如果预算外资金管理和使用不当,就会成为干扰宏观调控的重要因素。

预算外资金和预算内资金同属于财政资金,但二者还有区别之处,主要表现在:

(一)预算外资金是预算内资金的必要补充

预算内资金是通过国家权力集中起来并用以满足国家全局利益需要的资金,是维持国家机器和国家进行经济建设、文化建设、国防建设的主要财力保证,是财政体系中的主导环节,容易控制管理;而预算外资金分散在各地区、各部门、各单位,是由其自行掌握使用的财政资金,是预算内资金的必要补充,不易进行控制管理。

(二)预算外资金计划不提交人民代表大会批准

预算内资金实行指令性计划,其计划的编制事先要下达控制指标,各级预算要根据控制指标编制计划,最后编成的国家预算必须提交全国人民代表大会批准,批准后的国家预算具有法律效力。而预算外资金实行指导性计划,其计划的编制事先不下达控制指标,由各地方、各部门、各单位在国家有关规定的范围内,根据国民经济和社会发展计划以及自己掌握的信息,结合具体情况编制计划。预算外资金计划不提交人民代表大会批准,但需经过各级政府审核,接受财政部门的指导和监督。

(三)预算外资金的使用更多地考虑微观经济效益

预算内资金通常用于保证全国重点经济建设和文化建设,以及满足公共需要的基础设施建设。这些支出对整个社会的发展是必不可少的,更侧重于宏观经济效益。而预算外资金的使用更多地考虑微观经济的效益,通常用于符合地方、部门和企事业单位利益需要的建设和收益比较快的建设。

三、预算外资金的作用

(一)预算外资金的积极作用

预算外资金产生于传统的计划经济体制,其设置的目的主要是为了在高度集中体制下,给地方、部门和企事业单位一定的财务自主权,以调动其理财的积极性。新中国成立以来,我国预算外资金由小到大,成为国家财政资金的重要部分,对国民经济的发展起到了重要的作用。

1. 弥补预算资金不足

多年来,中央财政负担一直很重,地方财政也超负荷运转,收入和支出矛盾比较突出。在这种情况下,预算外资金可以满足某些零星支出及专用支出的需要,不仅有利于这些事业的发展,而且有利于减轻预算内安排的困难,弥补预算内资金的不足。预算内资金负担减轻以后,就可以集中部分资金用于一些重点建设。

2. 调动增收节支积极性

预算外资金是根据国家规定所设立的,虽然所有权归国家,但是地方、部门、单位享有一定的使用权。这部分资金集中和分配状况直接关系着本地区、本部门、本单位的切身利益,因而有利于促进其增收节支,从而提高财政资金的使用效益。

3. 保障专项事业发展

预算外资金的产生,很重要的一个目的就是为了保证地方、部门和企事业单位的某些专项支出需要。各项预算外收入一般都规定专款专用,通常具有专用性,特别是依据国务院或财政部门审批的项目和标准向企业单位和个人征收、募集或以政府信誉建立的有特定用途的各种基金(资金、附加收入)。这部分资金要按照中央的方针政策和国家规定的用途使用,专款专用,收支挂钩,收支结合,多收可以多支。这样,就使专项事业的发展有了可靠的资金保证,从而有利于加快专项事业发展的步伐。

4. 促进地方事业建设

我国地域辽阔,各地经济发展状况存在很大差异,集中性的国家预算资金很难满足这种千差万别的需要,而把一部分收入留给地方作为预算外资金管理,则可以使地方因地制宜,根据本地的情况发展地方事业。

5. 综合平衡社会财力

预算外资金作为政府预算内资金的重要补充,是社会财力的一个重要组成部分。因此,在宏观上要求预算外资金必须纳入综合财政计划,在微观上要求预算外资金的提取和使用也必须同预算内资金一样具有预算的法律性,这样才能使预算内资金同预算外资金有机地结合起来,既做到统筹规划,又综合平衡。因此,预算外资金有利于促进社会财力的综合平衡,推动国民经济的健康、稳定发展。

6. 增强政府对公众的责任心

合理的收费是政府收入的重要来源,当政府参与市场交易活动时,价格必然对政府收入产生重大影响,而当政府希望能够在更大程度上支配社会资源时,公共定价又往往成为它获取收入的一种手段。收费将公共服务的成本直接分摊到受益者身上,会使公众更加关心政府公共服务的水平和质量,并向政府施加一种积极的外在压力,促使政府更加关注公众对公共服务的需求和偏好,提高资源的配置效率。

(二)预算外资金的消极作用

多年来,由于在预算外资金性质上存在模糊认识,过分强调自主性,使预算外资金产生了一些消极作用。

1. 加剧了财政困难,削弱了财政的调控能力

预算外资金的膨胀使政府财力分散,形成了预算内经费紧张,各部门自行创收,预算外资金增大,侵蚀预算内收入,政府财力不足的恶性循环。政府预算难以筹集足够的资金支持基础产业,提供公共产品,从而影响了国家产业政策的贯彻,削弱了税收的宏观调控功能,不利于整个国民经济的协调发展。

2. 扰乱了财政分配秩序,容易滋生腐败

多主体对预算外资金进行的分散性配置,导致权力部门和单位滥收滥支预算外资金。大

量合理或不合理预算外资金项目的设置,为各级行政、事业单位以及社会团体乱收费、乱摊派、乱罚款提供了庇护所,使得预算外资金成为滋生腐败的土壤,影响廉政建设。

3. 预算外资金使用效率的低下造成了资源的严重浪费

在预算外资金所有权和管理权归属于收入单位,部门预算外收支一体化的传统管理体制下,预算外资金缺乏有效的管理和引导,导致非生产性基本建设和用于奖励、福利的消费基金增长过快,并助长了重复建设。资金使用效率的低下造成了国家资源的严重浪费。

4. 加重了企业的负担,不利于企业的公平竞争

在税收之外收取各种各样的费、基金,必然会增加企业的开支项目,提高企业的成本费用,降低企业的收入水平和盈利水平,从而会削弱企业的发展后劲,相应地侵蚀税基,减少国家的税收收入。同时,由于不同地区、行业之间的收费、基金的项目、标准也存在很大的差异,这就加剧了地区、行业之间的不平衡,不利于国内企业的公平竞争,从而会影响经济的运行秩序,形成国民经济的低效运转。

第二节 预算外资金的内容

预算外资金的产生和发展,同国家经济管理体制特别是财政管理体制的改革有着密切关系,而我国预算外资金包括的范围也经历了一个变化发展的过程。

一、改革开放前的预算外资金内容

(一)国民经济恢复时期

在建国初期,预算外资金的项目很少,数量也很少,主要有机关生产收入和通过征收地方附加公粮的农村乡自筹。这两项收入由各地方、各部门、各单位自收自支,自行管理,用于补充机关经费和举办农村公益事业,如农村文教、卫生、行政经费开支等。公用事业附加由地方因地制宜,全国没有统一规定。

(二)第一个五年计划时期

国民经济经过三年的恢复以后,从 1953 年开始,我国进入了第一个五年计划建设时期。但当时财权、财力高度集中统一的管理体制与大规模的经济建设显得很不相适应,因此,财政体制进行了改革,由高度集中转入统一领导的分级管理。为调动地方的积极性,给地方必要的机动财力,使各地区、各部门能够因地制宜地解决某些特殊需要,经 1953 年全国财经会议决定,从 1954 年起,允许地方开征工商税附加作为地方自筹资金,列入预算外,用于城市公用设施的维护。同时,还允许一部分零散收入划到预算外,规定用途,由各单位自收自支,单独管理,如公路养路费、养河费、育林留成收入、中小学杂费收入以及各行政事业单位的零星杂项收入等。另外,企业开始设置奖励基金、福利基金、大修理基金并作为企业专项基金放在预算外管理。这样,在第一个五年计划期间,我国预算外资金的范围开始扩大,但资金的数额还很小。

(三)"大跃进"时期

1958 年开始的"大跃进"时期,为满足大批企业下放的形势需要,国家对工业、商业和财政管理体制作了重大改革,即下放了财权和管理权,增加了地方机动财力;对国营企业实行全额利润分成和超计划利润分成制度,企业从分成中提取的资金放到预算外进行管理;允许各地区、部门以自筹资金兴建企业,这些企业的实现利润在一定时期可以不纳入国家预算等。由于

实行利润留成制度,同时,国务院还决定将城市公用设施附加由预算内转到预算外。这样,预算外资金的范围和数额进一步扩大。

(四)国民经济调整时期

由于"大跃进"时期经济工作指导上的失误及自然灾害的影响,我国国民经济出现了暂时的严重困难。中央决定对国民经济进行调整,加强中央的集中统一。当时在财政管理和财政体制方面存在的问题主要是在扩大企业自主权的同时,一些必要的规章制度也被废除或遭到破坏,财政管理偏松,财权和资金使用过于分散。因此,对预算外资金进行了整顿,采取了"纳、减、管",即有的纳入预算,有的减少数额,并且都要加强管理。通过整顿,将全民所有制企业全部纳入国家预算,实行统一管理,并停止实行企业利润留成制度,取消了一些不合理的预算外资金项目。经过整顿,预算外资金的范围缩小了。

(五)"十年动乱"时期

"十年动乱"时期,政治上的动乱使财政、财务管理也受到冲击,管理也比较混乱。当时,企业、事业单位下放很多,财权也相应下放,预算外资金的范围又有所扩大。从1967年开始,国营企业的基本折旧基金由全部上交国家预算改为全部留给企业和企业主管部门,用于企业的四项费用和固定资产的更新改造。另外,从1970年开始,县办"五小"企业实行利润留成,将实现利润的60%纳入预算,40%留给县财政,列入预算外。这些扩大企业和地方财权的措施,调动了企业和地方的积极性,但由于受政治上的无政府主义影响,财政制度也遭到了破坏,很多地方和单位巧立预算外资金项目,乱摊派、乱收费、划预算内为预算外的现象非常普遍,这些情况使得预算外资金迅速膨胀。

二、改革开放后的预算外资金内容

党的十一届三中全会以后,我国进入了现代化建设的新的历史时期。财政管理体制为了适应形势需要,进行了多项重大改革,调整了中央和地方的分配关系,变一灶吃饭为分灶吃饭,扩大了地方的财权、财力;调整了国家与企业、事业单位的分配关系。例如,对国营企业恢复实行企业基金制度,实行多种形式的利润留成制度,实行了两步利改税,以及对企业实行各种形式的经营承包责任制。又如,改进了预算管理体制,调整了中央与地方的财权。再如,对一些事业单位陆续采取了收入留用,经费包干等制度。这一系列的改革措施,使得一部分预算内资金转到了预算外,地方和企事业单位的财权、财力不断扩大,预算外资金急剧增长。在1993年以前,我国传统意义上的预算外资金的项目和范围主要包括以下几部分:

(一)地方财政部门管理的预算外资金

这部分资金主要包括各项税收附加和公共事业附加、集中的企业资金、统管的事业收入和其他杂项收入等,主要用于城市维护、农村公益事业、企业挖潜、革新、改造支出等。

(二)行政、事业单位管理的预算外资金

这部分资金主要包括工交商部门事业收入、农村水利气象事业收入、文教科卫事业收入、社会福利事业收入、工商管理收入、公检法及行政机关收入等,分别用于相应的事业支出。

(三)国有企业及其主管部门集中的各项专项资金

这部分资金具体包括:国有企业的折旧基金、大修理基金、固定资产变价收入、由企业留利建立的几种专项基金(生产发展基金、新产品试制基金、后备基金、职工福利基金和职工奖励基金)、企业单项留利、主管部门集中的各项基金。

(四)地方和中央主管部门管理的预算外资金

这部分资金主要包括交通部远洋船队的盈利、以港养港收入,以电养电的小水电收入,地方小铁路收入,中央及地方主管部门所属全民制的预算外企业收入,以及名为集体实为全民的企业收入。

从 1993 年开始,政府逐步加强了对预算外资金的规范和管理,首先是这一年度实行的《企业财务通则》和《企业会计准则》规定企业专用基金不再纳入预算外资金管理。随着改革的不断深入,政府在规范预算外资金管理方面又先后采取了四大措施:一是将原在预算外的 83 项行政性收费纳入了预算内管理;二是将一些部门和地方征收的政府性基金(收费)13 项纳入预算管理;三是将地方财政收取的各项税费附加纳入地方预算管理;四是将国有企业税后留利和事业单位的经营、服务性收费从预算中剥离出来,依法接受税务部门的管理。

三、现行的预算外资金范围

1996 年国务院发布了《关于加强预算外资金管理的决定》(以下简称《决定》),这是目前管理预算外资金的基本法规,对于深入持久地开展反腐败斗争,促进国民经济持续健康发展产生了深远的影响。为完善财政预算分配制度,保证国家预算的完整性和统一性,《决定》规定从 1996 年起,13 项凭借政府权力取得的、在一定程度上具有准税收性质的政府基金或收费(约 1 500 万元)纳入财政预算管理,按规定专款专用,不得挪作他用,也不能用于平衡预算。按照《决定》的规定,现行的预算外资金,其范围主要包括:

(1)法律、法规和具有法律效力的规章所规定的行政事业性收费、基金和附加收入等。

(2)国务院和省、自治区、直辖市人民政府及其财政、计划(物价)部门审批的行政事业性收费。

(3)国务院以及财政部审批建立的,向企事业单位和个人征收、募集或以政府信誉形成的具有特定用途的各种基金和附加收入等。

(4)主管部门从所属单位集中的上缴资金。

(5)用于乡(镇)政府开支的乡自筹和乡统筹资金。乡自筹资金是指乡(镇)政府按照国家政策规定筹集的,用于本乡(镇)经济建设、事业发展、公共福利等方面的资金。主要包括乡(镇)企业上缴的利润、事业单位上缴的收入和向个人筹集的费用等。统筹资金是乡(镇)政府按规定收取、提取和统筹的资金,如乡(镇)提留和集中的村组提留、民兵训练费等。

(6)其他未纳入预算管理的财政性资金。主要包括以政府名义获得的各种捐赠资金,财政拨款有偿使用回收资金中未纳入财政预算管理的部分,国家行政机关派驻境外机构的非经营性收入,财政专户利息等。

(7)社会保障基金。在国家财政建立社会保障预算制度以前,先按预算外资金管理制度进行管理,专款专用,加强财政审计监督。

第三节 预算外资金的管理

归并与疏导预算外资金,建立统一的政府财政预算管理体系是社会主义市场经济发展的必然要求,也是我国预算外资金发展的目标模式。可以说,逐步缩小预算外资金的规模,直至全部取消是预算外资金的发展趋势。但由于现有的种种困难与阻力,改革不可能一蹴而就。

在过渡过程中,对现有的预算外资金加强管理,有利于堵塞漏洞、防范腐败、理顺分配秩序、增强宏观调控能力、完善财政法治、促进依法理财。

一、预算外资金管理的原则

(一)非营利性原则

公共部门的存在以国家(政府)的公共权力为基础,以提供公共商品为目的,具有明显的公共性。非营利性是公共商品提供成本和收费数量相比较基本持平所体现的一种经济利益联系。公共收费不以营利为目的,就是要求收费标准合理,强调执行标准的严肃性,收费标准可因地制宜,以适应各地区、部门成本的差异性。

(二)合理安排和节约资金的原则

对该支的预算外资金,地方财政一定要及时支付,以保证地方财政预算外资金更好地为经济建设和各项事业发展服务。同时,又要贯彻节约原则,不许乱发奖金、实物,乱增福利标准等,还要严格遵守财经纪律,坚持专款专用,不得互相挤占、挪用。

(三)先收后用、量入为出的原则

所有预算外资金依据其不同来源与去向,实行先提后用,先留后支,做到项目收支、计划安排和来龙去脉清楚。单位对预算内、外资金进行统一核算,财政预算内、外资金收支计划要在各自平衡的基础上实现综合平衡。

(四)稽查监督制度化的原则

从中央财政到地方各级财政,都必须根据"预算外资金是国家财政性资金内,不是部门和单位的自有资金"之规定,实行预算外资金的财政管理和人大监督,审计部门也要及时通报经常性审计、定期审计和专项审计中发现的各种问题,并提出具体的意见和建议。

(五)依法治理的原则

法制化是建立科学合理的预算外资金管理制度和监督机制的基本保障,预算外资金的性质、范围、来源、使用,以及主管部门的管理职责、管理方式、日常或定期检查监督、法律责任、违规处罚等都必须通过法制形式加以规范,做到有法可依,依法行政。

二、预算外资金管理的范围

(一)继续推进费改税

将规模过大的一部分预算外收入纳入财政预算管理,需要以费改税为主攻方向。也就是说,将一部分稳定、可控性强的收费和基金项目转为税收,规范政府的收费行为。其中,对由国务院及有关部门批准实际上具有税收特征的收费、基金等,应通过立法开征新税种取而代之,如将公路养路费、公路建设基金、车辆过路过桥费、公路客货运附加费、公路运输管理费等合并开征燃油税;将教育费附加、中小学教育基金归并为教育税;将排污费改为环保税。有些收费可以并入现行税种,纳入税收管理,如将土地使用费并入耕地占用税,将矿产资源费、水资源费并入资源税,将耕地占用费并入耕地占用税,将城市基础设施配套费、施工管理费、城市增容费、规划设计费等并入城市维护建设税等。

[专栏 9-1] 税与费的区别

税收是国家为满足社会公共需要,依据其社会职能,按照法律规定,强制地、无偿地参与社会产品分配的一种形式。费是指国家机关向有关当事人提供某种特定劳务或服务，按规定收取的一种费用。税与费的区别主要有：

1. 看征收主体是谁。税通常由税务机关、海关和财政机关收取；费通常由其他税务机关和事业单位收取。

2. 看是否具有无偿性。国家收费遵循有偿原则，而国家收税遵循无偿原则。有偿收取的是费，无偿课征的是税。这是两者在性质上的根本区别。

3. 看是否专款专用。税款一般是由国家通过预算统一支出，用于社会公共需要，除极少数情况外，一般不实行专款专用；而收费多用于满足收费单位本身业务支出的需要，专款专用。因此，把某些税称为费或把某些费看作税，都是不科学的。

资料来源：http://www.chinatax.gov.cn，国家税务总局，2007年2月26日

思考提示：费改税是取消收费吗？

(二) 严格控制预算外资金规模

各地区、各有关部门要在全面检查现有收费、罚款和集资项目的依据、标准、范围、资金用途和执收执罚单位管理的基础上，认真整顿收费、罚款、集资项目和执收执罚机构、现行规章、票据、执法纪律，严禁地方政府及部门越权擅自立项、自定标准违法收费。在清理整顿时，要条块结合，以块为主，密切配合，协调进行。国务院有关部门和各省、自治区、直辖市人民政府要倾听群众的呼声和意见，带头清理整顿。各部门、各单位要先进行自查，并按规定报上级主管部门和当地政府处理。国务院和地方政府要组织力量，对群众和企事业单位反映强烈的部门和单位进行重点检查。通过清理整顿，取消不合理、不合法、纯属乱收费的项目，合并或取消重复设置的收费项目，降低过高收费标准，解决"滥、散、乱"的问题。

[专栏9-2]　　　　　　　　广东南海向行政事业零收费迈进

被称为"广东四小虎"之一的广东佛山市南海区，近日在国内县级政府中率先实行行政事业性收费基本为"零"，使这里的投资环境优势进一步凸显。

按照这一政策，南海原有的包括城市基础设施配套费、房地产权登记费、卫生许可证费、使用流动人员调配费等39项区属收费项目全部取消，21项省市所属收费项目同时减收。此次减免，涉及企业负担收费项目多达60项。

在免收区属行政事业收费的同时，南海还利用信息化手段对所有省市收费项目进行监管，从源头上杜绝乱收费的现象。今年8月，南海正式推出"非税收入管理信息系统"。在南海区财政局，一打开电脑，各种收费项目和标准一目了然，所有的收费、罚没标准都根据国家规定在系统中统一设定，对于乱收费、乱罚款行为，系统将拒绝出票。收费单位想要巧立名目乱收费、抬高标准乱罚款从此"无门"。

行政事业性"零收费"以提高南海政府行政效率和服务质量，降低企业商业成本为主要内容。

资料来源：http://cache.baidu.com，人民法院网，2003年9月26日

思考提示：行政事业性收费基本为"零"的意义是什么？

(三) 禁止将预算资金转移到预算外

各级人民政府要严格按照《预算法》和财政法规的要求，切实加强对财政预算资金和预算

外资金的管理,完善对财政资金的监督检查制度。任何地区、部门和单位都不得隐瞒财政收入,将财政预算资金转为预算外资金。财政部门要严格按照"控制规模、限定投向、健全制度、加强监督"的原则,加强财政周转金的管理。各部门、各单位未经财政部门批准,不得擅自将财政拨款转为有偿使用,更不得设置账外账和"小金库"。财政部门尤其不能设立"小金库"。

三、预算外资金管理的措施
(一)深化"收支两条线"管理改革
1. 预算外资金财政专户的设置

财政专户管理是国家强化行政事业单位预算外资金管理的一种行政性手段,具有强制性的特点。所谓预算外资金财政专户,就是指财政部门在银行开设的统一专户,用于预算外资金收入和支出的管理。财政专户分为中央财政专户和地方财政专户,分别办理中央和地方预算外资金的收缴和拨付。财政专户由财政部门在银行统一开设,部门和单位的预算外资金必须纳入同级财政专户,实行"财政专户存储、计划管理、财政审批、银行监督"的管理办法。这样,政府和财政就可以真正掌握预算外资金的规模和分布情况,从而有利于提高政府对预算外资金的调控能力,便于财政管理。

各级财政部门要按预算级次在专业银行统一开立预算外资金专户,用于对本级各部门和单位的预算外资金收支的管理。未经财政部门审核同意,银行不得为部门和单位开设预算外资金账户,也必须取消部门和单位擅自在银行开设的过渡性账户,从根本上杜绝多头开户的现象,确需开立预算外资金账户的,经财政部门审核同意,可在指定的一家银行设立一个预算外资金支出账户,确有必要的,也可再开设一个预算外资金收入过渡性账户。因为部门和单位如果在银行开户过多、过滥,就会给挪用、截留、坐支国家预算外资金提供可乘之机,使大量的预算外资金滞留在财政专户外,不能及时上缴财政,也就达不到对预算外资金管理的目的。

2. 财政专户管理的基本运作方式

部门和单位的预算外收入必须上缴同级财政专户,支出由部门和单位提出用款申请后,同级财政部门根据年度预算外资金收支计划、单位财务计划和预算外资金收入上缴财政专户情况,从财政专户中及时核拨资金,实行收支两条线管理。根据国务院转发财政部深化收支两条线改革意见,各级财政首先要将国家明确规定应纳入预算管理的行政事业性收费和政府性基金不折不扣地全部纳入预管理,相应支出通过预算予以安排。预算外收入要全部纳入专户管理,相应支出由财政统筹安排。

行政事业单位预算外资金缴入财政专户的形式有三种:一是全额上缴,即部门和单位收取的预算外资金全额上缴财政专户;二是按比例上缴,即部门和单位收取的预算外资金按规定的比例,一部分上缴财政专户,另一部分直接留用;三是预算收支结余上缴,即单位取得的预算外收入可先由单位直接安排预算外支出,只是将预算外收支结余上缴财政专户。一般来讲,全额上缴是主要形式,只是少数有特殊需要的费用开支经财政部门核定收支计划后,方可按规定的比例或按收支结余上缴。

对部门和单位的预算外资金收支按不同性质实行分类管理。国家机关和受政府委托的部门、单位统一收取和使用的专项用于公共工程和社会公共事业的基金、收费,以及以政府信誉强制建立的社会保障基金等,收入全额缴入同级财政专户,支出按计划和规定用途专款专用,不得挪作他用,收支结余可结转下年度专项使用;各部门和各单位的其他预算外资金,收入缴入同级财政专户,支出由财政结合预算内资金统筹安排,其中少数费用开支有特殊需要的预算外资金,经财政部门核定收支计划后,可按确定的比例或按收支结余的数额定期缴入同级财政专户。预算外资金结余,除专项资金按规定结转下年度专项使用以外,财政部门经同级政府批准可按隶属关系统筹调剂使用。

在预算外资金收入的缴拨过程中,财政与银行不能各自为政,要增强配合意识,切实开设专户管理网络和建立统一的财政专户制度,部门和单位上缴的预算外资金,应按新的会计制度进行核算,不得转移、截留、拖欠和坐收坐支。

(二)对预算外资金实行收支计划管理

在实行收支两条线管理的同时,还应实行预算外资金收支计划管理和预决算管理,编制预算内外收支综合财政计划。对各种专项基金,要严格按照规定的使用渠道单独编制收支计划,专款专用,自求平衡;对其他预算外资金,要按照预算内外结合的要求编制综合财政收支计划。

1. 单位预算外资金的计划管理

每一个财政年度,各行政事业单位要根据自己的实际情况,编制年度预算外资金收支计划。计划的编制要遵循"量入为出、收支平衡、略有结余"的原则,在收入计划中,以收费项目为基本依据,对收费范围、标准反复测算,并考虑各种变动因素的影响,力求计划接近实际;在支出计划中,支出的编制要符合国家规定的开支范围和标准。

行政事业单位应当把预算外资金纳入单位预算实行计划管理,其预算应该包括预算内外的一切资金收支计划。各单位用款时,应按规定的使用范围编报季度用款计划,经财政部门审核批准后拨款,由银行监督支付。年度计划编制以后,单位要认真执行、落实,及时进行调整,保证计划的圆满实现。将单位预算外资金纳入单位预算可以保障预算的完整性,缓减单位资金管理中预算内资金一头紧,预算外资金一头松的状况。

2. 地方财政预算外资金的计划管理

地方财政专户的预算外资金计划管理主要通过预算外资金收支计划的编制、执行和决算编制实现。财政部门要在认真审核单位预算外资金收支计划和财务收支计划的基础上,编制本级预算外资金收支计划,报经同级人民政府批准后组织实施。年终,财政部门要审批单位的预算外资金收支决算,编制本级预算外资金收支决算,并报同级政府审批。

3. 实行综合财政预算

综合财政预算是指统一编制、统一管理、筹措安排各单位预算内、外和其他收支的预算管理办法。

财政部门在各部门、单位预算的基础上要编制包括预算内、外收支的综合财政计划,汇总编制的综合财政预算报经政府部门审批后,对其中预算内部分报同级人代会审批,财政部门再将经过批准后的综合财政预算统一批复到各部门、各单位。编制综合财政零基预算可以实现预算内、外资金的统筹使用,可以解决管理上的"两张皮",也可以提高财政性资金的整体效益,增强政府调控能力。

编制综合财政收支计划应该遵循以下原则:一是量力而行,有多少财力办多少事。要在促进生产发展和提高经济效益的基础上,把能够筹集的资金及时筹措上来,在摸清各部门、各单位家底的基础上,再按主次先后顺序安排好积累和消费等重大比例关系。同时,把主观和客观、需要和可能紧密结合起来,坚持做到量入为出,收支安排不留缺口。二是统筹安排,综合平衡。综合财政计划是财力平衡表,是协调财政预算内、外资金之间关系的行动方案,是保证整个国民经济计划顺利实现的重要文件。编制计划必须坚持通盘考虑、综合平衡的原则,适应经济和社会发展的需要。三是不作部门间的预算外资金调剂。如果将综合财政计划作为国家筹集资金的手段,任意抽调资金,会严重挫伤各地区、部门和单位的积极性,违背物质利益规律的要求,所以对部门的预算外资金和其他资金不作部门间的调剂,即不进行直接调控。

(三)加强票据管理,实现收缴分离、票款分离

收费票据是资金监管的源头,票据管理是预算外资金管理工作的一个值得重视的环节,也是收费管理的源头。收费票据管理要集中统一到财政部门,票据的购买、管理要在单位财务部门统一办理。各部门、单位包括税务、交警、土地等"条管"部门在收取预算外资金时,都必须按隶属关系使用中央或省级财政部门统一制发的收费票据。中央或省级财政部门要严格管理,认真履行收费(基金)票据的印制、监制、发售、核销和稽查工作,并建立各种制度加以制约。省以下同级财政部门要做好票据的发放、核销工作,对各单位领取的收费票据进行验证、审核、结算,通过验证把收取到的各种预算外资金划转到财政专户。要严格票据的审批、领用、缴销和监督,对非中央或省级财政部门印制的票据一律予以取消。要以省为单位使用统一的票据进行收费,否则,任何单位和个人都有权拒付,并予以法律保护。另外,票据种类要越少越好,样式要简单大方,并向公众公布,以便于监督。

要加快票款分离的步伐,做到罚没收入和行政性收费的开票与收缴相分离,从严控制和逐步减少单位直接征收的项目,除法律、法规规定可以当场收缴罚款的以外,全面实行罚款决定与罚款收缴相分离的办法,执罚人员开罚款通知单,受罚者到指定银行缴纳罚款。要利用现代科学技术手段赋予财政票据信息功能,再借助收费单位、代收银行、财政三家之间强大的网络管理系统,彻底建立起一个"单位开票、银行代收、财政统管"的预算外资金征管体系。由于所有收费通过银行代收,不仅便于财政性资金集中纳入财政管理,增强财政调控能力,使财政专户发挥"准国库"的功能,而且通过银行代收,还可构建财政部门与执收单位间高效的收费票据领购、核销管理模式,大大提高财政部门对执收单位收取预算外资金的监控力度,有力地遏止自立收费项目、自定收费标准等乱收费行为。

[专栏9-3]　　　　山东学校全面推行"票款分离",杜绝乱收费

山东省学校从2000年7月1日起开始推行"票款分离"制度。"票款分离"简单说就是学校开票、银行收钱。各学校的银行收入过渡账户将被清理、撤销,只保留支出账户,不再负责收取资金。省财政厅对学校的收费项目实行统一的计算机编码,并提供给学校和各代收银行网点。对学校越权设立的收费项目一律不予编码,从项目上认真解决乱收费问题。学校向学生开具专用的缴款通知书,学生持缴款通知书到银行任一代办网点交费,在校生可按班级集中到银行交费。银行按学校提供的交费名单逐一打印收费票据,并将代收的款项直接上划省财政专户。

通过这一制度规定,山东省境内的普通高等学校、成人高等学校、广播电视大学学生的学费(包括培养费、培训费)、住宿费;高中学生的学杂费、初中和小学学生的杂费、学生借读费等,都统一纳入"票款分离"范围,有效地杜绝了学校乱收费的现象,是事业单位加强预算外资金管理的重要举措。

资料来源:http://www.people.com.cn,人民网,新华社黄晋鸿,2000年08月17日

思考提示:"票款分离"制度能否彻底解决乱收费问题?

(四)加大审批、监督和处罚的力度

预算外资金管理涉及方方面面,是一项比较复杂的系统工程,仅靠财政部门一家是不够的,需要政府有关部门协调配合,才能形成管理的合力。

1. 严格预算外资金立项审批制度,统一审批权限

行政事业性收费要严格执行中央、省两级审批的管理制度。收费项目按隶属关系分别报国务院和省、自治区、直辖市人民政府的财政部门会同计划(物价)部门批准;确定和调整收费标准,按隶属关系分别报国务院和省、自治区、直辖市人民政府的财政部门会同计划(物价)部门批准。省、自治区、直辖市人民政府批准的行政事业性收费项目和收费标准报财政部、国家纪委备案。省、自治区、直辖市以下的各级人民政府(包括计划单列市)及其部门无权审批设立行政事业性收费项目或调整收费标准。

同样,政府性基金也必须严格按照国务院规定统一报财政部审批,重要的要报国务院审批。基金立项的审查和批准要以国家法律、法规和中央、国务院有关文件规定为依据,否则一律不予立项。地方无权设立基金项目,也不得以行政事业性收费的名义变相批准设立基金项目。对地方已经设立的基金项目,必须按照国务院的有关规定进行清理登记,由财政部负责审查处理,重要的报国务院审批。

2. 严格按计划使用预算外资金,加强对预算外收支的监督

预算外资金的使用方向和支出范围都有明确的规定,各部门、各单位要严格按国家规定和经财经部门核定的预算外资金收支计划以及单位财务收支计划使用预算外资金。专项用于公共工程、公共事业的基金和收费,以及其他专项资金,要按计划和规定用途专款专用,由财政部门审核后分别拨付资金;用于工资、奖金、补贴和福利等方面的支出,必须严格执行财政部门核定的项目、范围和标准;用于固定资产投资的支出,要按国家规定立项,纳入国家固定资产投资计划,并按计划部门确定的国家投资计划和工程进度分期拨付;用于购买专项控制商品方面的支出,要报财政部门审核同意后,按国家有关规定办理控购审批手续。

预算外资金的管理和使用也是人大监督的重点,各级人大要把预算外资金管理和使用情况的监督检查作为对财政监督的一项重要内容。一是通过对政府采购、收支两条线等制度的监督检查,积极推进和完善国库集中收付制度,扩大政府采购的规模和范围,减少中间环节,节约财政资金;二是加强对重大项目建设和重点工程的监督。各级财政部门要加强对预算外资金收入和支出的管理,建立健全各项收费、基金和稽查制度,并会同人民银行共同做好预算外资金账户的开设和管理工作。各级审计、监察等部门要根据国家政策和宏观管理的要求,与财政部门协调配合,对同级各部门和下级政府预算外资金的财务管理进行监督检查,促进资金的合理使用。

3. 加大对违反预算外资金管理规定者的处罚力度

对违反预算外资金管理规定者,要依照国家法律、法规予以处罚。首先,对隐瞒财政预算收入,将预算资金转为预算外的,要将违反规定的收入全部上缴上一级财政,同时要追究有关部门和本级政府领导人的责任,依据情节轻重给予处分直至撤销其职务。其次,对违反国家规定擅自设立行政事业性收费、基金项目或扩大范围、提高标准的,违法金额一律没收上缴财政。同时,追究有关领导的责任,依据情节给予处分直至撤销其职务。再次,对用预算外资金私设"小金库"、搞房地产等计划外投资、从事股票、期货交易和不按要求开设预算外资金账户等违反规定的活动,以及滥发奖金和实物的,除责令追回资金上缴同级财政外,还要依照有关规定

予以处罚,并依据情节轻重给予当事人和有关领导处分。还有,对擅自将财政预算拨款挪作他用或转为有偿使用的,其资金一律追回上缴上一级财政,并相应核减以后年度的财政预算拨款,同时给予有关责任人相应的处分。最后,要求财政、计划(物价)、银行等部门工作人员在预算外资金管理工作中要忠于职守,秉公办事;对玩忽职守的,由所在单位或上级主管部门给予行政处分。

[专栏9-4]　　　　　学校"小金库"的含义、危害及处理办法

一、"小金库"的含义

根据财政部、审计署、中国人民银行《关于清理检查"小金库"的具体规定的通知》(财监字[1995]第29号)和教育部《关于高等学校进一步强化管理,坚决制止"小金库"有关意见的通知》(教财厅[1999]11号)规定:凡违反国家财经法规及其他有关规定,侵占、截留、隐匿各种应交收入,或以虚列支出、资金返还等方式将资金转移到本单位财务账外的资金,私存私放,不将资金纳入学校预算管理,不将收支列入学校会计账内的行为,均属"小金库"行为。具体收入内容包括:

1. 各项生产经营收入。包括销售收入、营业收入、出租收入、出售残次品和边角废料收入、处理报废固定资产变价收入、逾期押金收入、销售不动产收入、发售股票等申请表售表收入、股票发行费收入等。

2. 各项服务和劳务收入。包括加工、维修、运输和代理业务收入、服务业收入、广告收入、出版发行收入、技术转让、技术咨询、技术服务、技术培训收入等。

3. 各项价外费用。包括价外收取的基金、集资费、返还利润、补贴、违约金、手续费、包装费、储备费、优质费、运输装卸费、代收款项及其他形式的价外收费。

4. 各种集资、摊派、赞助、捐赠等收入。

5. 股票、债券等投资收益。

6. 图书、教材等购买过程中的回扣和佣金。

7. 其他设备、材料等购买行为的回扣和佣金。

8. 各项行政事业性收费。包括学费、住宿费、培训费、辅导费、报名费等。

9. 各项罚没收入。

10. 各类协会、学会的会费收入等。

11. 其他应列入本单位财务会计部门账内或应交存财政专户的收入。

二、"小金库"的危害

各单位私设"小金库"的目的,是为了谋取小团体或个人利益,逃避财务监督和群众监督,从事违规、违法活动。其危害十分巨大:

1. 造成学校收入流失,财力分散。

2. 不利于党风廉政建设,腐蚀人们思想,成为贪污、腐败的温床。

3. 导致消费基金的非正常增长和经济秩序的混乱,影响学校整体发展。

4. 造成个人经济犯罪。

5. 在社会和政治等方面给学校造成不良的影响。

三、对"小金库"的处理

对查出"小金库"问题的单位,除应按规定调整账目、补交后全额上缴财政或如数扣减财政

拨款外,还要处以相当于查出"小金库"资金数额1～2倍的罚款。清理检查出"小金库"资金已支用数中用于职工奖励、补贴、津贴和发放实物的部分,应如数记入个人所得额,按规定征收个人所得税。

除给予单位经济处罚外,还要给予单位主要负责人和有关责任人员党纪、政纪处分;构成犯罪的,应及时移交司法机关处理。

资料来源:http://today.hit.edu.cn,哈尔滨工业大学,2005年3月4日

思考提示:如何杜绝"小金库"?

[专栏9-5]　　　　　　**捉住伸向学生的"黑手"**
——广州办查处化州教育系统私分千万元教育经费事件

"一边是化州农村简陋的教学条件,一边是化州市教育局耗资794万元建成的气派的办公大楼。"对比如此鲜明的场景并非仅仅是《焦点访谈》中的画面,它更触及了化州教育系统存在的诸多触目惊心的问题:1 000多万元中小学生的学杂费、体检费被集体和个人私分;2 900万元中小学生的学杂费被截留、挪用于平衡本级财政及教育局兴建办公大楼等。上述问题是审计署驻广州特派办在对广东省化州市2002至2003年6月基础教育经费管理、使用情况进行专项审计调查时发现的。此案以审计要情上报后,引起党中央和国务院领导的高度重视。目前,共有10名涉案人员受到党纪政纪处分,其中2人被追究刑事责任。

化州,一个广东西部的县级市,经济并不发达。2003年10月,广州办按照审计署的统一部署,开始对该市基础教育经费的管理、使用情况进行审计调查。根据审前调查掌握的情况结合社会关注的焦点问题,审计组一开始就将重点锁定在教育收费上。

审计过程中,该市教育局账上一笔小小的会计分录引起了审计人员的注意:2002年10月,账上"其他应付款"科目有一笔红字冲账,摘要反映资料费错账冲销。按规定,广东省2002年7月实行"一费制"后,教育局(包括学校)不允许再代收学杂费以外的任何资料费。为何教育局的账上会有这样一笔会计分录呢?是真的如他们解释的写错摘要,还是该局实际仍在违规收费?

带着上述疑问,审计组走访了部分学生和家长,虽然大部分家长或闪烁其词或避而不答,但也正是他们躲闪的表情更加重了审计人员的怀疑。既然从教育局无法得到线索和证据,能否从下一级教办或学校入手寻找线索?审计组决定兵分两路,一组仍在教育局进行全面调查,另一组则从全市24个教办、600多所中小学中筛选出3个教办、3所中学和5所小学进行重点抽查。而事情也在审计组来到某一乡镇教办查阅资料时出现了转机。

审计人员在翻阅该教办提供的财务资料时,在其办公室堆放的大量报纸、刊物和杂志中,意外地发现了一张由市教育局发出的2003年全市中小学统一征订教辅资料的目录清单。这张毫不起眼的清单至少表明化州教育局仍在统一征订教辅资料。审计人员迅速作出决定,对该教办进行突击盘点。

在出纳抽屉里几张皱巴巴的纸片上,零散地记载了该教办奖金的发放情况。审计人员追问奖金的来源,出纳承认是教育局发放的,至于其他则一问三不知。审计组推断,既然教育局给所属教办发奖金,一定有其资金来源。这来源极有可能就是资料回扣款,且大头应在教育局。

没费太大的周折,教育局交出了一套专门记录资料征订款及回扣款的账外账。但显然,交

出这套账仍然只是在制造假象。因为该账上虽有回扣入账,但金额小,回扣低,品种少,回扣全部是在结账时就留在本单位账上的分成,未发现供货单位的返还回扣。而且整个账簿记录非常混乱,对全市中小学订购资料的品种、数量及收付款金额反映不全。审计人员决定将与该局资金往来较为频繁的供货商作为下一步调查的重点,以此查找新线索。

为避免被审计单位与延伸审计单位串通,同时防止被审计单位得到风声后与供货商统一口径,审计组在非常保密的情况下,有意识选择化州以外的单位进行延伸审计。但审计组走访了多家提供教辅资料的单位,结果发现,这些单位基本都是私人企业,根本没账,即使有账也是现金交易,无有效证据证明资金的去向。在审计人员询问有关问题时,这些私人业主出于自身利益,大都不正面回答,有的干脆避而不见,根本无法核实教育局在该单位征订资料的情况。因此,审计组再次调整调查对象,他们通过筛选排查与该局有现金往来的单位,发现一家单位虽与教育局无直接供货关系但单笔资金往来额度较大。审计组迅速组织人员前往 70 公里外的该单位进行调查,终于找到了一张该单位返还教育局的现金回扣 20 多万元且有化州教育局财务股正副股长签收的收据。由此证实了审计人员对教育局资料回扣没有全部入账的怀疑是完全正确的。

审计组取得有力证据的当天下午,即巧施调虎离山计,有意安排对审计较为排斥且喜欢狡辩的该局财务股长陪一组审计人员到比较偏远的乡镇去延伸审计,而对副股长及出纳则采取分组的方法同步进行询问,并将重点锁定在出纳身上。从下午 4 点开始,审计人员对出纳或敲山震虎、或政策攻心,当时针指向子夜 12 点时,这位出纳的心理防线最终被彻底攻破。他终于承认还有一套资料回扣流水账和存折放在家里。审计人员立即出发并于凌晨 2 点多拿到了这套至关重要的账册。至此,化州市教育局通过虚开发票等方式套现 1300 多万元,涉嫌集体私分、个人贪污的问题彻底浮出水面。

资料来源:李菁,肖菲,《捉住伸向学生的"黑手"——广州办查处化州教育系统私分千万元教育经费纪实》,《中国审计报》,2005 年 7 月 7 日

思考提示:应该如何有效加强我国预算外资金的管理?

(五)切实完善配套措施和法规建设

预算外资金管理改革是一项政策性强、难度大的工作,它不仅关系到单位原有权力、利益调整,而且涉及单位性质、经费供给以及内部减员等现实问题。因此,只有把它与财政管理制度改革、政府机构改革以及经济体制改革等结合起来,才能切实贯彻执行国家的财经法规,并达到相互促进的作用。

近年来尽管我国出台了大量的财政法规,但相对于我国市场经济发展而言仍处滞后状态,加之财政法规层次较低,财政法律、法规之间,以及同其他法律之间在涉及财政经费投入和财务管理方面存在冲突和矛盾,影响了法律的严肃性。因此,要尽快建立、发展和完善市场经济条件下的财政法制体系。鉴于预算外资金收入收缴在预算外资金管理中的重要性,建议修订《中华人民共和国国家金库条例》及《中华人民共和国国家金库条例实施细则》、《中央预算单位银行账户管理暂行办法》、《行政事业单位预算外资金银行账户管理的规定》、《中央预算外资金财政专户管理暂行办法》等有关规定;同时,要研究制定《中央单位预算外资金收入收缴管理改革试点办法》,规范财政部门、主管部门及所属执收单位、中国人民银行和代理银行等在预算外资金收入收缴管理中的职责,为改革提供法律保障。

另外,要通过舆论宣传澄清对预算外资金性质的模糊认识,争取全社会的理解和支持,扭

转"三权不变"和"谁收谁用"的运行惯例,为进一步推动综合预算管理创造良好的社会氛围。

关键术语

预算外资金　费改税　收支两条线　财政专户管理　综合财政预算

复习思考题

1. 简述我国预算外资金的特点。
2. 我国预算外资金的性质是什么?
3. 简述我国现行预算外资金的管理范围。
4. 我国预算外资金的管理应当遵循哪些原则?
5. 说明预算外资金收支两条线管理的基本内容。
6. 试分析说明我国建立综合财政预算的必要性与可行性。

第十章 政府预算监督

政府预算监督的实质是一个国家以价值形式对公共财政资源的筹集、分配和使用方面的经济活动进行考核、审查和监督,是预算管理工作的重要组成部分。从政治角度讲,政府预算监督是对公共权力的授权与责任的约束和制衡行为,是国家监督的一个重要组成部分。

各国政府预算监督的经验表明,有效的预算监督机制和制度安排对于实现政府预算决策民主化和科学化,及时反映财政预算法规、制度和政策执行情况及偏差,维护财政预算法规、制度和政策的权威性和严肃性,保证政府施政目标的顺利实现,促进政府及其公共部门提高效率,保证政府廉洁,避免腐败和浪费等方面都有积极的现实意义。

预算监督主体应该包括立法机关监督、司法机关监督、审计部门监督、财政部门监督、社会中介机构监督和社会公众舆论监督等六个层次。

政府预算监督模式可以分为立法型预算监督、司法型预算监督和行政型预算监督等三种模式。不同模式各有利弊,采用何种模式因国情不同而异。

对政府预算的监督应贯穿于预算周期的各个阶段,监督检查方法主要有事前监督、日常监督和事后监督三种。

第一节 政府预算监督概述

一、政府预算监督的基本认识

(一)政府预算监督的含义

就现代政府预算而言,政府预算监督是预算监督主体对各级政府、部门和预算单位的预算编制、预算执行、预算调整以及决算活动的合理性、合法性和有效性实施的监察和督导。预算监督职能是政府预算从产生发展到现在所具有的一个基本职能,现代政府预算制度的发祥地英国的预算产生发展史就可以说明这一点。从1215年英国颁布《大宪章》限制国王的部分征税权到1789年英国颁布《总基金法案》,标志着现代政府预算制度产生,英国的政府预算制度伴随着立宪政治制度的形成和发展历程经历了数百年的形成与发展阶段,其最初的目的就是为了控制和监督封建王室的政府财政收支计划,使预算公开、透明,从而维护新兴资产阶级的经济利益,政府预算本身就包含着监督的职能。在此后的二百多年间,伴随着政治民主制度的发展和创新,政府预算制度不断发展和完善,使政府预算监督的内涵和外延不断发展和完善,形成了现代意义上的政府预算监督机制和制度安排。政府预算监督是政府预算管理活动的重要内容,也是构成国家监督体系的重要组成部分。它通过若干个预算监督主体对各级政府、部门和预算单位的预算编制、预算执行、预算调整以及决算活动的合理性、合法性和有效性实施监察和督导,为实现政府预算管理目标而建立的一种约束政府及其公共部门预算主体行为的机制。因此,政府预算监督体现了预算管理的本质属性,它寓于政府预算管理活动当中,与政府预算管理周期活动同步进行,其主要功能就是及时纠正政府预算编制、执行中的偏差,促进政府预算决策民主化和科学化;维护财政预算法规、制度和政策的权威性和严肃性,保证政府施政目标的顺利实现;促进政府及其公共部门提高效率,保证政府廉洁清明,避免腐败和浪费等。

政府预算监督有广义和狭义之分:广义预算监督是指各类国家机关和公众媒体依法对政府预算活动进行的广泛、全面的监督,亦即国家立法机关、司法机关、行政执法机关、社会组织以及公民和社会舆论依法对政府预算决策、预算编制、执行和评价等活动所实施的全方位、整体性的监督;狭义预算监督是指政府财政部门对政府预算资金的筹集、分配、使用等相关业务活动进行的考核、监察和督促。本章所关注的是广义的政府预算监督。

(二)政府预算监督的理论依据

政府预算监督的理论依据可以从政治学、经济学和行政学三个角度进行分析。

政治学中的宪政分权学说,又称为"三权分立"学说,是西方宪政理论的核心,其根本出发点是为了防止公共权力的滥用,保障公民权利。该学说认为,公共权力只有相互分立和相互制约才能实现有效的监督。其代表人物孟德斯鸠是18世纪法国的启蒙思想家,他提出的三权分立与制衡学说可以说是集西方分权思想之大成的一个完整体系。概括起来,其基本内核包括三点:一是公共权力应当分立;二是公共权力之间应当相互监督制衡;三是人民享有最高权力,并由代议制机构具体负责行使[①]。就政府预算而言,预算决策权、编制权、执行权和预算调整权以及对上述权力的监督等都属于国家权力的核心内容,是预算相关利益者维护自身利益的核心所在。不论政府预算权力如何分配和行使,为了保障绝大多数人的公共利益,一个健全和完善的政府预算监督机制和制度安排都是必不可少的。为此,预算管理中的分权和制衡极为重要。这需要做到:第一,形成一种有效的政府预算分权结构。要在立法机关、司法机关和行政机关之间进行合理的权力分配,从而形成一个相互制约的权力运行结构体系,便于各权力机构之间相互制约形成有效的外部监督约束机制;其次,形成一种相互制衡与协调的预算运行机制。要在政府预算各体系之间、各体系内部及其体系内部各职能部门之间建立制衡机制,既便于实行外部监督控制,又有利于实行内部监督控制;最后,形成一套有效的预算监督制度。通过制度建立和完善,使预算相关利益者都有表达各自意愿、参与公共选择的权力和行使监督政府预算的权力,从而提高政府预算管理的透明度,防止政府预算权力的滥用。

从经济学的角度而言,运用新制度经济学委托—代理理论框架分析广义预算监督具有特别重要的意义。委托—代理理论首先起源于对私人企业的观察,现代企业制度的特点是所有权和经营权的分离,股东是企业的所有者,处于委托人的角色,企业的主要经营管理者处于代理人的角色,两者之间建立了委托—代理关系。由于委托者和代理人之间的利益目标不一致,两者之间的信息不对称等原因,容易产生委托—代理问题,即"逆向选择"和"道德风险"问题。委托—代理问题的实质是,处于信息劣势的一方即委托人不得不对处于信息优势一方的代理人的行为后果承担风险。解决委托—代理问题的思路和路径有两个:一是设计和建立激励机制;二是设计和建立监督机制。这样就会形成代理成本,选择何种机制取决于代理成本是否小于两权分离给所有者带来的企业收益增加值。

---

① 彭键著.政府预算理论演进与制度创新.中国财政经济出版社,2006.393

委托—代理理论虽然起源于私人企业,但这种分析视角同样适用于政府及其公共部门。按照公共财政学的理论,政府存在的必要性源于市场失灵,即政府提供市场机制所不能足够供给的公共物品、市场机制所不能有效供给的准公共物品或混合公共物品。政府提供以上公共产品和服务,本质上是社会公众委托政府来提供私人部门无法通过市场机制而实现的有效供给。因此,政府实际上就是社会公众的代理人,承担着公共受托责任;同时,社会公众在消费政府所提供的公共产品和服务时,需向政府纳税和缴费,以此来弥补公共产品和服务的成本,而且这种资金分配是通过政府预算实现的。按照委托—代理理论的观点,政府预算体现为一种委托代理关系。但是,和市场中私人企业所表现出的委托代理关系相比,政府预算所表现出来的委托代理关系有其特殊性:第一,委托层次复杂,代理链条长,容易产生委托—代理问题。在现代民主制条件下,政府预算组织体系表现为多层次的委托代理关系。社会公众作为初始委托人首先通过其代议制立法机关将社会公共事务委托给各级政府来办理,各级政府又将公共事物委托给其所属各职能部门来具体实施,由此形成了社会公众对立法机关、立法机关对政府、政府对公共支出机构、上级对下级和各机构对所属人员等多极委托代理关系。政府预算委托层次越多,代理链条也就越长,委托代理关系不确定性越强,使得代理人偏离委托人目标的风险要远远大于市场中企业的委托代理风险,甚至出现代理人追求个人利益目标而损害社会公众利益的现象。第二,委托代理关系中存在"所有者虚位"和"激励不足"等问题。私人企业委托代理关系中,股东是真正的所有者,不存在"所有者虚位"问题,股东追求利润最大化。有了明确单一的目标,股东就有办法、有能力通过"激励相容"机制约束和规范代理人的行为,使两者的目标保持一致。在政府预算运行中,由于社会公众利益的模糊性且利益目标的多元化,导致谁是委托者即所有者很难确定,出现"所有者虚位"问题。加之预算资源产权的非排他性、非可分割性和消费上的非竞争性,代理人追求自身利益的最大化,这就在很大程度上削弱了激励的内在动力,出现"激励不足"问题,容易导致公共资源在运行中被侵蚀而得不到有效的保护,具体表现为使用中的"公共的悲剧"、消费中的"搭便车"、生产中的"偷懒"和"内部人控制"等问题。综上所述,政府预算中委托代理关系的实质要求在尚未解决上述问题的情况下,应主要依靠建立和完善政府预算监督体系,通过有效的内、外部监督机制,使代理人对公共资源的来源、使用和结果方面承担起相应的公共受托责任,并接受其委托人,即社会公众及其代理人立法机关的授权和监督,保证公共资源使用的经济性、效率性和有效性。

公共管理学认为,公共权力来源于宪法和法律的明确规定和授权。从授权的角度讲,公共管理的主要任务是如何确保政府及其公共部门拥有管理政治、经济和社会必要的权力,使其成为维护国家利益,维护公众利益,从而确保回应、公正、灵活、诚实、负责和能力等目标的实现;从控制的角度讲,如何确保所授予的权力用于实现公共管理目标,而不是用于其他目标的实现,需要对公共权力进行必要的控制[①]。这就是说,要在公共权力授权与控制之间找到一个平衡点,一方面,国家把公共管理作为社会变革的重要手段,力图通过政策和管理活动的变革来适应经济社会的发展,所以要给与政府及其公共部门充分的授权;另一方面,要在制度层面对公共权力在运行过程中可能出现导致公共部门偏离国家和公共利益的行为实施必要的监督和控制。传统的公共行政学继承了近代民主制和权力分立制的宪政学说和原理,对政府行政活动实施的监督是依照宪法结构而确立的制度性监督:其一是存在于政府行政外部的机关进行

---

① 尤建新等编著.公共管理研究.同济大学出版社,2006.150

的监督,如立法机关、司法机关和独立于政府外部的审计机关实施的监督,称为制度性的外部监督;其二是存在于政府行政机关内部的监督,如上级机关对下级机关的监督或职能部门对支出部门的监督等,称为制度性的内部监督。

从20世纪80年代开始,发达国家普遍推动了从传统公共行政向现代公共管理模式转变的"新公共管理"运动。因此引发了"以政府再造为主要内容的西方发达国家(主要是OECD国家)政府公共治理改革"[①]。其变革的主题是:通过政府治理结构的变革,督促政府依法承担和切实履行公共受托责任,即通过建立政府对公民、行政对立法、政府上下级及政府内部的责任机制和制度安排,加强控制监督和绩效考评,从而构建一个法治、负责、高效和透明的公共治理结构和运行机制。由此看来,"公共治理是基于公共行政和公共管理之上的一种更高层次的社会管理过程,它主要是通过各种正式和非正式的制度安排,对公共事务进行管理、整合和协调的持续的互动过程"[②]。由于公共管理活动对社会公众中的各种群体进行利益分配的功能被强化,因此政府及其公共部门在日常公共活动的开展中都要与公共活动客体、公共活动目标群体以及公共服务利害关系者保持频繁的接触,彼此间形成了一种良性的互动关系。政府及其所属部门的公共活动作用于上述各利益群体,上述各利益群体又作用于政府及其公共部门,彼此间的相互关系是要求、期望相互转递的过程,如果彼此间完全无视对方的诉求,就无法形成良性的互动关系。这样,公共管理活动事实上就会受制于上述各利益群体所做出的反应。为了保持政府与各利益群体之间的良性互动关系,就必须使后者参与到政策的规划、决策、实施和评价过程中。如果我们把这种互动关系和反应约束力称为现代社会的民主监督的话,那么它显然不同于上述各种制度性监督,即这种监督对政府及其公共部门不具有法律上的约束意义,属于"软"约束性质的监督。为此,美国公共行政学家查尔斯·吉尔伯特将其称为非制度性监督。非制度性监督也分为外部监督和内部监督。公共活动目标群体以及公共服务利害关系者的监督属于外部监督;而与此相对的政府及其公共部门内部做出的反应、其它相关利益部门以及公务员做出的反应等就属于内部监督。

政府预算与公共管理之间存在着密切的关系。公共管理通过政府预算编制作为公共受托责任的起点;政府预算执行是公共管理活动获取和使用公共资源,实现公共管理目标的过程,也是履行公共受托责任,实现财经纪律与总量控制、资源分配与配置效率和营运管理与营运效率等政府预算管理关键目标的过程;最终以实现政府预算和公共管理的绩效目标,提供政府决算报告,完成公共受托责任并接受审计和绩效评估作为终点。两者的关系清楚地表明:政府预算管理的核心是公共资源的"获取和使用"问题,这种公共权力源于宪法和法律的明确规定和授权;公共管理的核心是依照法律授权而行政,切实维护国家和社会公众的最根本利益,换句话讲,就是依法行政,执政为民,维护社会公众的根本利益。如何使两者目标一致,加强对政府预算监督尤为必要,它是实现公共管理目标的有力保证。

二、政府预算监督体系的组成

政府预算监督理论分析说明,政府预算监督体系涉及许多利益相关主体,从初始委托人到

---

① 安秀梅.公共治理与中国政府预算管理改革.中国财政经济出版社,2005.2
② 安秀梅.公共治理与中国政府预算管理改革.中国财政经济出版社,2005.1

最后代理人之间多层次的预算监督主体应该包括立法机关监督、司法机关监督、审计部门监督、财政部门监督、社会中介机构监督和社会公众舆论监督等六个层次。

(一)立法机关监督

立法机关(议会、国会或人民代表大会)对政府预算监督是基于立法权和审议批准权以及调查权等。依据立法权实施监督,其内容包括两个方面:一是宪法层面;二是一般法规层面。前者是根本性的和立法机关特有的监督权,因为宪法直接决定了立法机关和其他监督机构的地位和权限;后者是指财政预算相关法规的立法权监督,包括财政法规、预算法规的立法以及年度政府预算、政府决算和拨款法案等一般法案的立法。依据审议批准权的监督是指通过审查、批准政府预算和政府决算,对政府预算执行的监督以及审议过程中的质询和立法听证等监督形式。

(二)司法机关监督

司法机关监督是指国家司法机关依照法定权力与法定程序对政府及其公共部门机关、公务人员的预算管理行为合法与否而进行监督,它包括检察机关的监督和审判机关的监督两个方面,是依据司法权对政府预算实施的监督。

(三)审计部门监督

独立、专业的审计部门是辅助立法机关或政府行政机关监督政府预算活动的重要机构,在政府预算监督中发挥着重要的作用,尤其是西方市场经济国家。现代政府审计制度是从经济监督角度出发对政府行政进行的一种制衡。由于世界各国政治制度和具体国情的差异,审计部门的组织结构呈现出多样性特征。

(四)财政部门监督

政府财政部门作为政府行政机关中具体负责财政资金分配、公共资源配置的职能部门,其职能本身即赋予财政部门在预算管理周期的各个阶段和环节对政府及其预算部门和预算单位的监督职责。财政部门依照法定权限和程序,履行对各级政府、政府部门和预算单位预算活动的合法性、真实性和有效性实施全方位、全过程的监督、稽核检查,从而确保预算资金科学分配、高效使用。是政府预算监督的重要力量。

(五)社会中介机构监督

社会中介机构(如注册会计师事务所、审计师事务所等)的监督权力来源于立法机关、政府行政机关和财政部门预算监督权的部分让渡以及政府部门和所属预算单位内部预算监督社会化的要求,履行社会监督职能。是审计监督和财政监督的有益补充。

(六)社会公众舆论监督

政府预算关系社会公众的公共利益,社会公众对政府及其公共部门履行公共受托责任的结果期待值越高,监督政府预算的动机也就越强,积极性也就越高。随着现代民主制度以及公共治理结构不断发展和变迁,社会公众舆论对政府预算的监督作用越来越明显了。社会公众作为监督主体行使监督权的方式主要有两种:一是作为选民进行公共选择间接参与对政府预算的监督;二是社会舆论监督的方式,包括新闻媒体的监督。这种监督方式虽然不具有权威性和法律效率,但可以将监督的范围从所有代理人和各个层次的监督主体代理人都囊括其中,监督的过程范围涉及政府预算周期的所有环节,贯穿于政府预算监督的各个层次。

市场经济国家政府预算监督体系的监督主体基本包含上述几个层次,因为它基本符合委托代理理论、宪政分权理论和现代公共管理理论对政府预算监督体系的设计要求。对于如何构建一个国家完整的政府预算监督体系和框架,体系框架中包含哪些要素,如何实施监督,以何种监督为主导机制和制度设计,需结合各国的具体国情和政治制度等条件。一般而言,市场经济国家对政府预算的监督是沿着正式的制度性监督/非制度性监督,组织内部监督/外部监督的两个标准来划分和建立的(参见表10-1)。在现代代议制民主政治体制下,制度性的外部监督至少要分立为立法机关(议会或国会)、司法机关和隶属于立法机关或司法机关的审计机关的监督;制度性的内部监督也要分为政府行政系统组织的执行管理监督、政府财政部门组织的管理监督、隶属于政府的审计机关组织的审计监督以及被监督对象政府所属部门和预算单位内部实施的内部控制机制等,而且,随着公共治理结构的不断变革,非制度性监督呈现多样化的趋势。

表10-1 市场经济国家政府预算监督基本框架图①

	制度性监督	非制度性监督
外部监督	立法机构 司法机构 外部审计机构	社会公众的舆论与评价 新闻媒体 信息公开请求 咨询机关、专业团体评价
内部监督	政府上级机关 财政部门 内部审计机构 内部控制机制 内部监察	职业道德和规范 公共道德 公务员评价

三、政府预算监督的模式

为了加强政府预算监督,市场经济国家普遍建立了政府预算监督机制和制度。政府预算监督贯穿于预算编制、预算审批、预算执行和预算评估和决算等各个环节。同时政府预算监督又涉及众多监督主体的共同参与,依法对政府预算实施全方位、严密的监督是市场经济国家的普遍做法。但是世界各国政治、社会、历史和文化传统的差异很大,所以,各国政府预算监督机制和制度设计呈现出多样性的特征,从而形成了各种各样的政府预算监督模式。

(一)立法型预算监督模式

立法型预算监督的特点是在各监督主体中突出立法机关的核心地位和权力,对预算的监督最集中体现于议会或国会对政府预算的审议和批准上;审计机关独立于政府,隶属于国会或议会,负责对预算进行审计监督,并向其报告工作;政府财政部门对预算进行全方位的财政监督。这种模式的理论基础和制度前提是奉行议会至上主义和宪政分权学说以及公共权力相互制衡的基本理念,立法机关在管理公共事务中具有绝对的权威。目前美国、英国、加拿大、澳大利亚、新西兰等大多数国普遍实行这种模式,其中,美国是立法型监督模式的典型代表。

---

① 本表根据[日本]西尾胜著:《行政学》,中国人民大学出版社,2006年9月,第324页表格编制。

美国是一个联邦制政体的国家,公共权力在立法机关、司法机关和行政机关之间有明确的分工。美国总统作为行政首脑在政府预算执行方面具有至高无上的权力,但是作为立法机关的国会在预算的决策和监督方面的权力也是毋庸置疑的。从监督机制和制度安排方面来看,国会的作用贯穿于政府预算周期的各个阶段和环节。其一,国会对政府预算的监督权来自于联邦宪法和其他立法的明确授权,如1921年《预算与会计法案》、1974年《国会预算与扣押管理法案》、1985年《预算平衡和紧急情况赤字控制法案》、1990年《预算实施法案》和《政府绩效和结果法案》[①]等主要的预算法律。其二,国会对政府预算的审议、修正和批准权。由总统提交的预算咨文出于立法监督的需要,国会将花近9个月的时间来完成对预算的审议、修正和批准。根据美国现行的法律,对预算的审议是以参众两院的拨款委员会和预算委员会为主,经各自的拨款委员会和预算委员会详细审议之后再提请参众两院的全体会议审议和批准,最终形成预算法案,经总统同意签字后,预算由草案变成法律。预算一旦变成法案,必须严格执行,任何未经国会批准而擅自改变预算的行为,都将视为违法。在审议过程中,各委员会或拨款小组还要举行各种形式的听证会以广泛征求意见,据此对预算进行修正。国会修改预算的法定权力是不受行政首脑即总统的约束,体现了国会的预算审议权所具有的实质意义。其三,在预算执行过程中,通过拨款法案授权政府行政进行预算支出,政府预算执行中调整或追加追减的权限也在国会,充分体现了国会对预算执行过程的监督和约束。其四,通过审计机关对政府预算进行监督。美国国家审计总署是根据1921年《预算与会计法案》建立的审计机构,隶属于国会,主管联邦政府的部委和政府机构的会计活动。作为联邦政府的外部审计机构,主要对行政机构的会计活动进行监督和对政府绩效进行评价,向国会负责,并向其提供审计报告。总审计长作为国家审计总署的首长,由总统提名并报国会参议院审批,任期为15年,非正当理由,其职位不能动摇。其五,财政部门的监督是通过财政总监制度来体现的。美国联邦财政部内设一名由总统任命的财政总监,负责监督政府预算的执行和财政政策的执行,处理财政税收方面的违法问题,既对总统负责,同时也对国会负责,可以直接向国会报告工作;联邦各部委内部也设立一名财政总监,由总统直接任命并向总统和联邦财政部负责,所在部门的每一笔开支均经过其签字才能拨付。

(二)司法型预算监督模式

司法型预算监督模式的特点是由国家司法机关依照法定权力与法定程序对政府及其公共部门机关、公务人员的预算管理行为合法性和有效性进行监督,处于预算监督主体的核心地位。它包括检察机关的监督和审判机关的监督两个方面。目前法国、德国、意大利、西班牙等国采用这种监督模式,其中,法国是司法型预算监督模式的典型代表。

法国是一个单一制的中央集权制的国家,虽然公共权力在立法机关、司法机关和行政机关之间也有明确的分工,预算监督体系也是由议会、财政部门和审计法院组成。但是,宪法赋予审计法院的职责是协助议会和政府监督财政法的执行,使得审计法院对政府预算实施的司法监督独树一帜、别具特色。审计法院是法国最高的经济监督机构,既独立于立法机关又独立于政府行政机关,属于司法范畴。审计法院的主要职责是审计监察中央政府、公共机构和国有企业的账目和管理。地方政府、地方公共机构和国有企业的账目和管理由地方审计法院或审计法庭负责审计。审计法院主要通过以下方式来实施对政府预算的监督:一是审查政府决算,对

---

① [美]约翰·L·米克塞尔.公共财政管理:分析与应用.第6版.中国人民大学出版社,2005.90

政府预算实施事后监督;二是对公共会计进行法律监督,通过再监督的方式确保其履行监督职责;三是监督政府预算开支决策人;四是监督国有企业遵守有关财政法规。除此之外,法国还通过公共会计、财政监督专员和财政监察总署等三种方式和渠道实施对政府预算的监督,监督过程涉及政府预算的全部环节和预算周期的各个阶段。2005年1月1日,法国新的预算法正式生效。新预算法的突出特点是进一步强化了立法机关的权力和以绩效管理为核心的制度安排,以实现对政府预算的有效监督[①]。

司法型监督模式具有法定性、独立性、强制性、程序性和直接性等突出特点,是依法行政的最终保证;审计机关属于司法体系,拥有司法权,其审计法院的设置及其职权的规定尤具特色,权威性很高。实践表明,司法监督运用司法审判程序对各种违法违规行为进行独立、客观、公正的审判和处罚,对规范和约束政府预算行为,无疑是最具约束力和威慑力的一种监督机制。

(三)行政型预算监督模式

行政型预算监督的特点是,监督主体和监督制度的确立是以政府行政为主导,即除了立法机关的预算监督制度以外,作为专设的预算监督机构隶属于政府行政机关,一般由政府财政部门内设机构或与财政部平行的政府机构承担。这些监督机构依照国家法律法规对政府及其所属公共部门和相关机构的预算管理活动和行为实施监督,并向政府行政或立法机关负责。其主要特点是强调政府的内部约束和监督。目前,瑞士、瑞典及部分东欧国家采用这种模式,其中,瑞典是这种模式的典型代表。

在瑞典,根据宪法规定和授权,政府设置了相对独立的国家审计办公室,下设年度审计司和效益审计司,分别负责审计政府机构、公共部门及中央对地方的补贴性转移支付、国有企业或国有参股企业的年度财务报告以及财政资金的运营效果。其中,年度审计司主要负责对所有政府机构及公共部门(包括国有企业)年度报告的公开性、真实性进行审计;效益审计司主要负责对财政资金的运营效果进行审计,一般采用抽审方式。审计结束后要出具若干项高质量的审计报告,并对被审计单位提出改进管理的意见和建议。瑞典议会根据宪法规定参与预算监督,设立议会审计办公室,主要负责监督政府内阁和政府所属各机构对财政资金和国有资产的有效使用以及资源分配的合理性和效果。议会审计结束后也要出具若干项审计报告,经媒体予以公开发布并广泛征求意见后提交议会审议,最后经议会全体会议表决通过并通知政府内阁和政府所属各部门。政府各部门对照议会的审计报告提出的意见和建议进行整改,并接受议会和公众的监督。议会审计办公室和政府审计办公室每年都要进行沟通,以避免重复审计。此外,瑞典政府还单独设置了相对独立的国家税务总局,隶属于财政部,是全国税收征管的最高权力机构。税务总局内设税务征管司和税务稽查司,分别负责税收征管和税收稽查。

行政型预算监督模式的监督主体是各级政府及其所属部门和机构、政府财政部门或政府预算管理机构以及审计部门。其特点在于:专业性、针对性强;事前、事中和事后监督相结合;审计机关隶属于政府行政机关,是政府的一个职能部门,一般在政府首脑的领导下实施预算审计,并对其负责并报告工作,具有内部审计监督的性质;行政型预算监督侧重于对支出机构、预算单位等微观主体及其行为的监督。其不足之处在于:一是行政监督的合法性和权威性相对较弱;二是政府内部的监督机构与立法机关监督机构的职责范围不够清晰,分工不明确;三是无法形成有效的监督制约机制;四是审计监督独立性较差,"内部人控制"色彩较重,监督力度

[①] 林玲.法国新预算法简析.中国财政.2005(9).61

不强。

通过上述市场经济国家不同预算监督模式的分析和比较,可以归纳总结出如下共同特征:一是预算监督的法制化程度高。以法律和法规形式规范预算监督机构的监督权力、被监督对象的预算行为、违法违规处罚条款以及审计标准和指导原则等,使政府预算监督有法可依、有法必依和违法必究落到了实处。如在美国,除了上述内容中介绍的重要法律法规外,与预算监督有关的法律法规还有:1978年《总监察长法案》、1982年《联邦管理者财务正直法案》、1990年《财务长法案》、1996年《联邦财务管理改进法案》以及由联邦审计总署颁布的《公认政府审计标准》等法律法规。美国预算监督的法律约束力之强,堪称市场经济国家之最。二是预算监督主体层次分明,预算监督权力配置合理,注重预算监督权力的制衡。崇尚和奉行预算监督权力之间的合理配置和相互制衡、"掌舵"与"划桨"之间的绝对分离是市场经济国家有效实施预算监督的一大特色[①]。如在法国,议会对政府预算和决算进行监督、财政部门对财政收支进行监督、财政监察专员对部门和大区进行监督、公共会计对公共支出拨付进行监督、财政监察总署进行专项监督、国家监察署对国有企业进行监督、税收机关对纳税人进行监督,审计法院对公共会计、公共支出决策人、国有企业财务管理者的高层进行再监督等,都体现了监督权力之间的合理分工和相互制衡,有效地防范和控制了政府预算运行中的制度风险。三是预算监督贯穿预算周期全过程,预算监督范围涵盖内容全面。市场经济国家预算监督是针对政府及其公共部门在预算编制、预算执行、预算调整以及政府决算活动的合理性、合法性和有效性实施的监督,贯穿了预算周期的全过程。监督范围涵盖了政府、政府部门、预算单位和国有企业等所有受托责任对象,涉及政府预算收支、预算外收支和政府资产与债务以及与政府预算相关的所有财政财务活动等内容。注重对"受托责任人"和对"预算监督客体"监督相统一;事前防范、事中控制和事后追踪相结合;既注重外部控制,更注重内部控制,内外部相协调;既注重合规性监督,又注重绩效评价和审计,有效地提高了预算监督的力度和监督效率。四是独立、专业的审计机构是提高预算监督效率的关键。市场经济国家不论预算监督的模式有何不同,但都建立了独立性很强的审计机构和相应的审计制度。现代政府审计制度是从经济监督角度出发对政府行政权力的一种制衡机制,是保障公共权力分立与制衡原则和民主政治、民主监督原则得以实现的不可或缺的制度安排,成为辅佐立法机关对政府预算实施监督的重要机制和制度。

四、我国政府预算监督的实践

(一)政府预算监督的特点

从本质上讲,我国的政府预算监督与市场经济国家一样,都是由上述监督主体和监督制度要素共同构成一定的监督模式。但是由于社会制度的不同,政体组织结构以及社会、文化和习惯的差异,我国的政府预算监督有其自身的特点。

《中华人民共和国宪法》(以下简称宪法)规定:"中华人民共和国的一切权力属于人民。人民行使国家权力的机关是全国人民代表大会和地方各级人民代表大会。人民依照法律规定,通过各种途径和形式,管理国家事务,管理经济和文化事业,管理社会事务。"第3条规定:"中华人民共和国的国家机构实行民主集中制的原则。全国人民代表大会和地方各级人民代表大会都由民主选举产生,对人民负责,受人民监督。国家行政机关、审判机关、检察机关都由人民

---

① 安秀梅.财政学.中国人民大学出版社,2006.230

代表大会产生,对它负责,受它监督。"由此推断出我国公共治理结构中的委托—代理关系是通过"人民选举人大代表—人大代表组成各级人民代表大会—人民代表大会作为最高权力机构选举和产生人民政府,并依法授权于政府—人民政府依法行政,执政为民,履行公共受托责任—人民代表大会及其常委会依法监督政府行政,并最终向人民负责"这一责任关系链条而形成的。依据宪法的规定,我国是以人民代表大会的形式来体现社会主义民主的,社会公众对政府预算的监督也是通过人民代表大会及其常委会的决议权和监督权体现的。这和大多数市场经济国家政府预算监督制度构建在"三权分立"的政体结构之上有本质的区别,体现了中国预算监督的特色。

1. 人民代表大会及其常委会的监督

根据我国宪法和《预算法》等相关法律规定,各级人民代表大会及其常委会行使政府预算立法权、审批权和监督权。因此,对政府预算编制、预算执行、预算调整以及决算情况实施有效监督是各级人民代表大会对政府行为的一项最重要的监督制度。宪法和预算法明确各级人民代表大会的职权有:①政府预算、决算的审批权;②政府预算与决算的监督权;③对政府预算、决算不适当决定的撤销权(即各级人民代表大会全体会议有权改变或者撤销本级人民代表大会常委会做出的对预算、决算的不适当决定);④预算外资金使用情况的监督权。宪法和预算法明确各级人民代表大会常委会的职权有:①政府预算执行的监督权;②预算调整方案的审批权;③政府决算的审议批准权;④对政府预算、决算不适当决定的撤销权(即有权撤销本级人民政府和下一级人民代表大会关于预算、决算的不适当决定)。

2. 政府财政部门的监督

根据我国《预算法》、《中华人民共和国预算法实施条例》以及其他相关法律法规的规定,政府财政部门的预算监督权包括:①对本级政府所属部门、预算单位和下一级政府的财政部门所编制的预算、决算的合理性、合法性、真实性和准确性进行监督检查;②根据本级政府的授权对下一级政府预算执行情况进行监督检查;③对本级政府所属部门、预算单位的预算执行情况、预算外收支管理情况进行监督检查;④对本级政府所属部门、预算单位发生的财政收支、财务收支情况以及资金利用效益情况进行监督检查;⑤对政府所属部门、预算单位执行国家的财经纪律和法规、行政法规、规章制度以及党和国家政策的情况进行监督检查。中央政府财政部门实施预算监督还设立了驻各省、自治区、直辖市的中央财政监察专员办事处就地监督外,还在财政部内部设立了财政监察部门,各级地方政府财政部门也设置了相应机构,依法履行上述监督职责和实施内部监督。各级政府部门、预算单位必须依照法律和国家规定接受政府财政部门的监督。

3. 政府审计机关的监督

根据《预算法》、《中华人民共和国审计法》以及其他相关法律法规的规定,政府审计机关的预算监督权包括:①对本级政府预算执行情况进行审计监督。其中,国家审计署负责对中央政府预算的执行情况进行监督,各级地方政府审计机关负责对本级政府预算执行情况进行监督。②对本级政府各部门和下一级政府预算执行情况和政府决算以及预算外资金的管理和使用情况进行审计监督。③对国家投资建设项目预算的执行情况和决算进行监督。④各级政府应当每年向本级人大常委会提出审计机关对预算执行和其他财政收支的审计报告。

4. 政府行政监督

根据《预算法》及其《中华人民共和国预算法实施条例》的相关规定,县级以上各级政府负责监督下级政府的预算执行;下级政府应当定期向上一级政府报告预算执行情况。由此看来,在我国,各级政府也是预算监督的主体之一,拥有预算执行监督权和对预算、决算方面不适当决定的撤销权(即各级政府有权改变或撤销本级政府各部门和下级政府关于预算、决算的不适当决定)。但在具体实施预算监督的过程中,县级以上各级政府除接受下级政府报告预算执行情况时履行监督职责外,一般授权本级政府财政部门对下一级政府预算执行情况实施具体的监督。

5. 社会公众舆论的监督

社会公众舆论监督包括各民主党派、社会团体、社会公众和媒体以多种形式、多种手段和各种渠道积极主动地参与政府预算活动而实施的一种民主监督。我国宪法明确规定"中华人民共和国的一切权力属于人民"。各民主党派拥有参政议政的权利,并依法实施民主监督等项内容,社会公众舆论监督在政府预算监督体系中占有重要的地位,属于社会主义民主政治的重要组成部分。

(二)我国政府预算监督的制度创新和完善

改革开放以来,特别是随着近年来我国政府预算管理改革力度的不断加大,我国政府预算监督体系基本形成,相关法律法规不断完善,政府预算监督制度建设走上了快车道。由于缺乏相应的理念和理论支持,即使政府预算监督制度框架建设日趋形成和不断完善,政府预算监督的力度和效果还有待进一步提高。

我国政府预算监督制度创新和完善,需要借鉴西方发达市场经济国家的成功经验,同时也要结合我国国情和社会主义政治民主制度的特色。在政府公共治理理念和各种政府预算监督理论的指导下,按照"委托—代理关系"链条所涉及的层次和方面,重塑各利益相关主体共同治理的政府预算监督框架体系,从而整合现有政府预算监督各方面的力量,建设具有中国特色的政府预算监督体系和制度安排,对于实现《中共中央关于完善社会主义市场经济体制若干问题的决定》中提出的"改革预算编制制度,完善预算编制、执行的制衡机制,加强审计监督"的改革目标,提高政府预算监督力度和效率都具有非常紧迫的现实意义。第一,建立健全预算监督的法律法规,逐步实现预算监督的法制化和规范化。以法律和法规形式规范预算监督机构的监督权力、被监督对象的预算行为、违法违规处罚条款以及审计标准和指导原则等,使政府预算监督有法可依、有法必依和违法必究落到实处,从而确保其权威性和严肃性。第二,强调古典预算原则的宗旨,强化人民代表大会对预算的监督制约作用。虽然市场经济国家已经从强调立法监督机关制约监督的古典预算原则走向强调以政府行政为主导的现代预算原则。但是结合我国政府预算管理实践和具体国情,强调古典预算原则,强化人民代表大会对政府预算的监督制约作用,更能够体现构建中国政府预算利益相关各方共同治理结构的发展方向。第三,适时推进立法型审计监督改革,逐步实现审计监督独立、客观和公正。现代政府审计制度是从经济监督角度出发对政府行政运用公共权力的一种制衡机制,是保障公共权力被恰当而有效运用以及民主监督原则得以实现的不可或缺的制度安排,成为辅佐立法机关对政府预算实施监督的重要机制和制度,对此我国也不应例外。第四,逐步建立健全政府预算监督机制。政府预算监督是国家监督的重要组成部分,立足我国国情和政体结构,逐步实现人民代表大会宏观监督、财政部门日常监督和专项监督、审计机关事后监督和绩效监督、社会公众舆论全程监督的政府预算监督机制。第五,将政府预算监督贯穿于政府预算管理周期的各个环节。第六,加强预算监督配套制度建设,充分发挥社会公众舆论监督的作用。细化预算编制是加强预算民主监督的基础,提高政府预算的透明度是实施民主监督的关键,客观公正的新闻媒体是实施民主监督的有效途径。对此,需要加强政府预算监督的配套制度建设,从而真正形成相关利益主体共同参与、共同治理的预算监督体系。

[专栏 10-1]　　　　新《财政法组织法》与法国财政预算监督

法国 2001 年 8 月 1 日颁布了新的《财政法组织法》,随着 2006 年该法予以实施,以议会、财政部门、税务部门、预算单位和审计法院等部门共同构成的财政预算体系进一步得到充实和完善。在这一监督体系中,法国财政部门扮演着重要的角色,财政监督贯穿于预算周期的全过程,具有监督层次多样、监督与管理同步和监督执法严格等诸多特征,在法国财政管理和社会经济管理中发挥着重要作用。

财政部门内设监督机构、人员及其监督职责

法国财政部门通过内设的相关司局、财政监察员、公共会计、财政稽查总署、经济财政监察总署、税务稽查等机构和人员履行监督职责。主要包括:财政监察员负责支出承诺、结算、支付指令的事前核准,公共会计负责支付环节的审核与记账,财政稽查总署负责进行事后监督检查,经济财政监察总署负责对国有领域的监督和公共管理咨询,税务部门对纳税人进行税务稽查等。

财政部门对政府预算的监督过程和做法

预算案经议会通过之后,就进入了财政预算的额度分配、支付执行、监控使用等环节,财政部门在每一个环节都实施严密的监督,以确保预算资金的规范、安全和有效。

1. 预算额度的分配程序。总理在 12 月 31 日以前通过法令形式将议会通过的各项预算拨款指标分配到各部门。预算拨款的分配必须严格按照议会通过的预算进行,财政部门既不能改变预算拨款,也不能将其留作储备或机动。

2. 支付执行程序与控制。决策与执行相分离是法国预算执行的一项重要原则,所有预算支出都要经历承诺、清算、发出支付指令、支付四个阶段,其中前三个阶段构成支出决策的过程,由支出决策者(或管理者)做出,第四阶段由公共会计执行。通常由各部部长授权本部门的支出管理人员作出支出决策,开具拨款凭证,经过财政监察员核准签字后,将拨款凭证送达公共会计由其支付和记账。在此过程中,财政部通过在各部和大区设置的财政监察员和公共会计实现对支付执行全过程的控制。

从 2006 年 1 月起,在政府各部整合设置了部预算财会监督办公室(简称 CBCM),领导两个财政官员即财政监察员和部财会部主任。在 26 个大区设置由公共会计厅厅长领导,配备 1 名财政监察员的监察机制。也就是说,目前财政监察员有三个上级,第一个是政府各部预算财会监督办公室负责人或财政厅长,第二个是预算司,是业务主管,第三个是经济财政监督总署,是人事组织主管,工资由财政部发,由财政部长直接任命。在监督重点上,将转向项目实施对议会预算许可的遵守和支出的可承受性评估,不再对除人员工资之外的事项进行合规性审核。对审核事项,财政监察员一般要在 15 天之内签署意见。如果支出部门对财政监察员拒绝签字有意见,可以通知财政部长,由财政部长决定是否给予支付。

公共会计在监督检查中只负责执行支付的责任,核查拨款是否有预算、是否有财政监察员签字等。如果出现差错,责任由公共会计个人承担。为避免风险,大多数公共会计都将收入的一部分投保,其他人一般不可强制支付,如果公共会计上级强制其支付,责任由强制者承担。随着新《财政法组织法》的实施,公共会计在履行原有职责的基础上,引入了两种新的监督方法,一种叫分级监督,就是以支出的性质、频率、风险等为标准将支出分为不同等级,根据等级不同决定对某项支出进行事前逐笔审核、事前随机抽查审核或事后监督三种方式;另一种叫平级监督,即对支出决策者的操作程序进行分析,对那些有良好内部监督机制的支出,监督相应减少。两种监督形式互为补充,事后还要对选择是否正确进行检查。

3. 资金使用的监督。财政部门对资金使用的监督主要通过内设的财政稽查总署进行。它的任务是通过检查或评估,促进公共财政健康和有效的管理。财政稽查总署针对公共开支进行监督检查,设财政总监和财政稽查员,有权检查任何使用公共资金的部门,这使它超越其性质和名称所限,享有名副其实的跨部权限,工作更多涉及财政系统以外部门。财政稽查总署还随时根据部长指示对涉及国家财政收支的活动及其他有关事项进行专项检查或调查。不少财政稽查员还可能被赋予在政府机关和各类机构担任项目主管和在必须达成广泛共识的公共政策分析建议委员会里担任报告人的任务。

此外,财政部还通过内设的经济财政监察总署(改革于国家监察署)一方面负责财政监察员的人事组织工作,另一方面负责对国家持股至少50%的企业、有权征收费税的行业机构、工商性质的公共事业单位以及经政府批准的全国性社会保障机构、受国家资助的全资私有企业、法定接受国家监察的机构控股的子公司等实施经济财政监察。对纳税人的税务稽查由财政部门内设的税务机关进行,主要是通过查阅计算机中纳税人的档案来审查纳税人的申报是否正确和税务外勤检查,依法严格税收监督。

财政部门实施政府预算监督的特点

1. 法国财政部门的监督是一种融入式监督。每一笔预算支出的每个环节都要经过监督审核同意,否则这笔支出就不能支付。财政部门设置的监督机制融入了预算支出执行的全过程。预算支出管理的过程就是支出执行监督的过程。

2. 法国财政部门的监督充分重视预算的事前审核和拨付审核两个环节。为提高预算管理效率,法国财政部在各部和大区都派驻机构和人员,通过财政监察员和公共会计的工作,既代表财政部发挥事前监控的作用,又及时掌握预算执行中的信息和问题,以便应对。

3. 法国财政部门非常注意各类监督机构的相对独立和相互制衡。首先,支出的决策者与执行者相互独立,保证了财政部门的监督不受被监督部门的制约。其次,财政部门内部各监督机构分工明确,相互协调。财政监察员由财政部经过严格选拔产生,具体监察业务管理工作由预算司专门负责。无论公共会计为哪个部门、单位或地区服务,都由财政部公共会计机构纵向管理。财政稽查总署直属于财政部长。经济财政监察总署由财政部设立,并直接对财政部长负责,但各部门的工作又是协调配合的。

4. 法国财政部门监督与审计监督分工明确,相互协调。法国财政部门监督是围绕预算收支管理展开的。侧重于事前事中进行,是日常性的和连续性的,目的是避免问题并及时发现问题,保障财政管理水平。法国审计监督属于司法范畴,主要在事后进行,目的是检查管理水平和资金使用效益。由于两者实施监督的阶段和方式不同,所以交叉重复现象很少出现。

资料来源:《法国财政部门实施全过程监督的做法及其借鉴》,载《中国财政》2007 年第 2 期,法中公共财

政监督研讨会中方代表团供稿。

思考提示：法国财政预算监督的经验对我国财政预算监督的启示与借鉴意义。

第二节 政府预算监督的内容和方法

一、政府预算监督的内容

我国《预算法》所指的预算监督，是指对预算、决算的监督，具体说就是对各级政府、部门和预算单位的预算编制、预算执行、预算调整以及决算等过程和活动的合法性、有效性实施的监督。由此看来，政府预算监督的内容非常复杂和广泛。从预算监督的主体的角度看，预算监督的内容随监督主体的不同而有所不同；从预算监督对象的角度看，预算监督的内容又随监督对象不同而有所不同；预算周期的各个阶段其监督内容和重点又有所不同。

（一）人大及其常委会预算监督的内容

1. 政府预算编制监督

人大及其常委会对预算编制监督的内容，首先是对政府总预算收支规模的科学性、可靠性和合理性进行监督，这是立法监督的关键内容；其次是对总预算结构的合理性和有效性进行监督，包括预算收入结构和预算支出结构两部分，重点是预算支出结构。前者检查收入的可靠性和质量，后者审查预算分配的方向、范围是否合理有效；再次是监督政府部门预算编制的合理性和正当性，主要是监督部门预算编制是否符合法律法规和政策要求，是否科学、合理。

2. 政府预算执行监督

财政决算是政府年度预算的执行结果，对政府预算执行过程的监督具体体现在政府预算执行过程和政府决算中。人大及其常委会对预算执行的监督主要分为两部分：一是日常监督，主要是监督政府预算资金的拨付。鉴于预算资金拨付的实际控制权由财政部门负责，人大及其常委会监督的内容主要是检查预算资金拨付进度以及是否按照批准的预算进行拨款。其次是了解情况、搜集信息，为政府决算审查做好准备。同时，在检查的过程中发现问题，进行督促和建议。二是政府决算审查。政府决算审查的内容包括：其一是总预算执行情况。通过政府预算收支实际完成情况与政府预算进行对比分析，评价政府总预算完成的规模和质量。其二是部门预算执行情况。通过部门预算实际执行情况与批复的部门预算进行对比分析，审查政府各部门是否按预算政策和法律规定执行、执行结果是否与预算相一致、预算执行结果是否真实、可靠和准确、部门预算支出是否实现了预期的经济效益和社会效益等。其三是预算储备资金和机动财力的使用情况。主要是审查这些资金的使用是否符合法定用途和法定事项以及是否符合法定程序等。其四是预算收支平衡和政府债务收支情况的监督。

3. 政府预算调整监督

政府预算收支平衡是预算编制和预算执行的基本原则，由于不可预见因素的出现，对政府总预算、部门预算和项目预算在执行中进行调整是在所难免的。但是这并不代表政府预算调整可以不受人大及其常委会的监督和制约。政府预算调整监督的重点内容是审查政府预算调整范围是否合理合法、手续是否完备、程序是否符合法律规定等。

（二）财政部门预算监督的内容

在政府预算管理的委托代理关系中，政府财政部门作为具体负责公共资源配置、政府预算管理的政府职能部门,其职能本身即赋予财政部门在预算资金分配、使用和管理过程中对政府各部门、预算单位的监督职责,从而确保预算编制科学合理,预算执行规范有效。财政部门作为在政府预算监督过程中连接政府与政府所属部门的中间环节,其预算监督的内容主要体现在两个方面:

1. 预算管理控制内容

(1)总额控制。预算总额控制不仅构成对预算编制的财政资源总量约束,而且对预算执行过程都具有强大的约束力。总额控制的具体内容包括政府预算收入总额、政府预算支出总额、政府预算收支差额和国债发行总量。其中,政府预算支出总额控制是最核心的内容。

(2)部门预算限额控制。总量预算限额确定后,必须分解为政府部门支出限额,反映了政府预算资源的配置结构,是对政府部门预算编制的总量约束,也具有强约束性。

(3)程序控制。主要是对政府预算执行过程中资金支付运行的控制,包括预算资金流程控制和政府会计账户控制等内容。

(4)财政部门内设监督机构实施的内部控制。目前,我国财政部门内部控制的主要内容仅限于财政部门及政府所属部门的内部审计,而没有对政府各部门支出行为实施实质性控制,即对预算资金支付不具有实质性的审核权。

2. 政府部门预算监督内容

政府部门预算监督的内容随监督对象的不同而有所不同。政府部门预算监督的对象涉及面广,既包括政府所属部门以及部门所属预算单位,又包括预算收入征收部门和部门预算支出部门、机构以及项目建设单位等。政府财政部门对上述部门预算监督的重点有所不同,但其监督的主要内容包括:

(1)监督部门预算编制、执行是否符合政府的政策、施政目标和批准的政府预算,部门预算编制是否科学、合理,预算执行是否规范、有效。

(2)监督检查政府部门预算执行和各项经济、社会事业计划以及预算收支任务的完成情况;检查预算执行进度和支出效果,以保证政府的方针、政策、计划和制度的有效实施,从而实现社会经济规划目标。

(3)监督政府各部门是否及时、足额地完成收入预算,改进征收管理工作,降低征管成本,提高征管效率,实现应收尽收。

(4)监督部门是否依法批复预算、预算资金使用是否合理,从而确保部门绩效的实现。

(5)监督和查处违犯财政预算法律、法规和财政预算制度的行为,保证预算资金的安全和部门预算的依法有效执行。

(6)通过对政府部门预算有效监督和检查,加强部门预算编制和预算执行过程中的信息反馈和交流,及时发现和解决部门预算编制、执行过程中存在的问题,不断提高预算管理水平。

(三)审计机关预算监督的内容

在政府预算管理的委托代理关系中,审计制度是为社会公众代理人(立法机关)获取财政预算活动信息而设计的,目的是解决社会公众代理人与受托人(行政机关)信息不对称而导致的"委托—代理"问题,有利于提高政府预算监督制度整体效能。审计机关预算监督的内容因各国国情、审计制度设计以及预算原则的区别而有所不同。1994年《中华人民共和国审计法》的颁布实施,标志着我国政府预算审计进入制度化、法制化轨道,初步搭建起社会主义市场经济审计监督的基本框架。随着近几年我国经济转轨速度的不断加快和政治民主化进程的推进,审计监督在政府预算监督体系中的地位不断提升。但由于制度设计上的缺陷,审计监督的内容目前还停留在合规性审计阶段,审计监督的效能还没有完全发挥出来。如何借鉴发达市场经济国家的成功经验,并结合我国国情进行审计制度的创新,充实政府预算审计监督的内容具有积极的现实意义。下表(表10-2)是美国联邦政府预算审计的内容和目的,从中显现出政府预算审计监督的主要内容,对我国审计监督制度完善有一定的借鉴意义。

表10-2 美国联邦政府预算审计内容及目标①

审计目标分类	审计内容
1. 财务审计	
(1) 财务报表审计	确定:1.被审计单位的财务报表所呈现的财务状况、运营结果、现金流动和财务状况变动等财务信息,是否符合一般会计准则;2.被审计单位所从事的可对财务报表造成实质性影响的交易和事件,是否遵守了法律规章。
(2) 相关财务审计	确定:1.是否公允地提供了财务报表以及会计要素、账目、资金等相关内容;2.财务信息的提供,是否依据了既有的会计标准;3.被审计单位是否坚持了特定的财务要求。
2. 绩效审计	
(1) 经济与效率审计	确定:1.政府机构是否经济、有效地取得了经济资源(如人员、财产和场所),并加以了保护和使用;2.导致无效率和不经济的原因;3.在经济和效率方面,被审计机构是否遵守了相关的法律和规章。
(2) 程序审计	确定:1.立法机关或其他授权单位所规定的目标和福利的实现情况;2.组织、计划、活动或功能的有效性;3.被审计单位是否遵守了适用于该计划的法律和规章。

表中政府预算审计内容是根据审计目标进行分类的。财务审计通过对财务记录的审查来确定政府预算执行:预算资金支出是否合法,收入记录和控制是否恰当,财务记录和财务报表是否完整可靠,预算执行中是否有舞弊行为等。这些审计内容集中反映了政府预算法案的遵从情况,以及预算运营机构所准备的财务报表是否准确、可靠。绩效审计所关注的是预算资金使用效益情况。绩效审计是确定政府、政府部门和预算单位是否以经济、效率和有效性的方式获取和使用公共资源;预算绩效目标的实现程度;什么因素和原因不利于绩效目标的实现;要达到绩效目标是否可能有其他选择等问题。古典预算原则强调预算的财务审计,即合规性审计,而现代预算原则强调预算的绩效审计,两者不可偏废。

二、政府预算监督的方法

政府预算监督内容的广泛性和复杂性,决定了预算监督方法的多样性。要使政府预算监

---

① 本表根据[美]约翰·L·米克塞尔:《公共财政管理:分析与应用》(第6版),中国人民大学出版社,2005年11月,第55页内容编制。

督取得较好的效果,也必须有正确的监督方法。对政府预算的监督应贯穿于预算周期的各个阶段,监督检查方法主要有事前监督、日常监督和事后监督三种。

(一)事前监督

事前监督是指各级政府预算年度总预算、政府部门预算和单位预算成立之前,对预算编制、审核和批准的过程进行的监督检查。事前监督的目的在于确保预算编制的合法性、合理性、科学性和可靠性。为此,预算监督工作要从审核政府、部门和单位预算编制入手,监督检查各级政府预算草案形成过程中是否符合党和国家的方针、政策;政府预算收支安排是否符合国民经济和社会发展规划指标;政府预算支出安排是否与政府活动范围和政府政策导向相衔接;预算收支的安排是否符合现行预算管理体制的要求;预算编制的内容是否符合编制预算草案的指示精神和基本要求等。政府预算草案完成后要提交各级人民代表大会,接受立法机关的质询、审议和批准,最终完成公共选择的过程。

事前监督是政府预算监督的关键环节和方法。由于政府预算的精心准备和编制是预算有效执行的前提条件。所以,对政府预算实施事前监督是损失最小,效益最大的监督。事前监督有利于政府、部门和单位正确编制财务计划和预算,优化公共资源分配结构,杜绝预算资金的浪费和不合理使用等现象,以保证党和政府的各项政策、预算法律和法规的有效执行。

(二)日常监督

日常监督也称事中监督,是指在各级政府财政总预算、部门预算和单位预算以及各项财务收支计划执行过程中的监督。它是从预算经立法机关审批成立产生法律效力起到预算年度结束止,对预算执行全过程进行的经常性监督工作。日常监督的目的在于及时发现和分析影响政府预算顺利执行的各种因素,随时检查、考核预算和各项财务收支计划执行情况,及时采取措施解决预算执行中存在的问题,以保证预算有效地执行,实现预算的预期目标。日常监督主要从预算执行全过程入手,主要对预算执行目标、收入征收、支出周期各环节管理、财务控制、会计核算、购买性支出管理等各个环节进行细化监督。监督政府、部门和预算单位严格按照计划和批复的预算使用预算资金,按支出项目和细化的支出分类进行内部控制,提高资金使用效益和政府绩效。

日常监督是政府预算监督的核心环节和方法。预算收支能否取得预期的效果,各项预算收支任务能否顺利完成、政府预算目标能否实现,关键在于预算的执行。因此,加强预算日常监督,是政府预算监督的关键环节。

(三)事后监督

事后监督是指在政府预算、部门预算和单位预算、财务收支计划的收支事项发生后,对其执行结果进行的定期或不定期监督检查。事后监督的目的在于发现问题,揭露矛盾,总结政府预算管理中的经验教训,纠正预算及财务收支计划执行中的偏差,对违反财政预算法律法规和制度的错误行为和当事人进行依法处理,以实现政府预算管理的法制化、民主化、制度化和规范化。事后监督注重分析检查收入预算完成情况及其影响原因、支出预算执行情况和执行效果及其原因;监督检查预算执行中财务会计记录、财务报告是否真实准确;对预算执行效果进行评估和审计,真实反映受托人的经济责任。在事后监督检查的基础上,及时总结经验,进一步改进政府预算编制、预算执行等管理工作,提高政府预算管理的整体水平。

事后监督是政府预算监督的一个最后环节,它能够对政府预算执行情况和执行效果进行综合分析和评价,相对于前两个环节而言,虽然是事后监督,但其涉及的内容更加丰富和全面,了解到的情况更加详尽和广泛,因而能够监察到预算周期各阶段、各环节存在的问题和不足。所以说事后监督对前两个环节和方法起着拾遗补缺的重要作用。

综上所述,事前监督、日常监督和事后监督是分别处于预算周期不同阶段的监督行为,各自的监督内容和重点也不相同。事前监督是对预算编制、审核和批准过程实施的监督,预防作用最明显;日常监督以预算执行的全过程为范围实施经常性监督,监督的内容和任务最重,但其效果也最明显;事后监督是对预算执行结果进行监督,是对事前、日常监督的进一步补充和完善。三种监督方法在分工的基础上有着十分密切的内在联系,其工作环节是相互衔接的,监督内容相互渗透和交叉的,由此形成了相辅相成的统一监督整体。事前监督是前提,日常监督是关键,事后监督是补充。三种预算监督方法各有优势和不足,在实际的监督过程和工作中,应充分发挥各种方法的作用,形成优势互补的监督效能,取得预期的预算监督效果,完成预算监督任务。

[专栏 10 - 2] 　　　　　　　　构建中国政府预算监督制衡机制
对花钱的随意性说不——代表委员细说预算监督

每年两会期间,财政部部长所作的预算报告,都是代表们锁定的"焦点"。

财政预算,是国家机关、团体和事业单位等对于未来一定时期内的收入和支出的计划,是一本政府公开的"财务大账":过去的一年收了多少钱,钱投到哪里去了,今年的钱该怎么用,这些钱是不是"取之于民,用之于民",每年都要接受人大代表的监督和审查。

"其实,预算及预算监督问题不仅仅是一个财政问题,它涉及了公民与政府、纳税人与公共产品的提供者之间的内在关系。政府使用了纳税人的钱,就应该让人民知道钱花到哪儿去了。"来自河北的代表张成起说。

然而,长期以来,由于财政预算编制较粗,"外行看不懂,内行看不清",预算的透明度不高,造成了很多部门预算游离在人大监督范围之外。同样,在预算执行方面也不尽如人意,缺乏有效的监督制约办法,对每年人代会批准的财政预算,执行随意性大。由于预算资金没有落实到具体的项目上,造成执行难的问题。往往部门申请多、找领导批条子多、临时性支出多,变成"一年预算,预算一年",然后再报人大常委会做出调整预算的决议。

为此,在近年各地的人代会上,代表对财政预算的监督力度明显加大。如:广东省十届人大二次会议上,代表们对预算中"拨 2 000 万元给机关幼儿园"、"事业单位的行政编制外人员每人每年补贴 3.2 万元"等问题提出了质疑;浙江、四川等省的预算报告也明显加厚,列支项目也更加详尽,以利于人大代表的监督。

西方有一句名言:"权力导致腐败,绝对权力绝对导致腐败。"正因为财政部门掌握着纳税人的钱,责任重大,所以尽管各国社会制度不同,政权组织各异,但对财政预算的监督,都是从严要求,不敢放松。"人民代表为人民",每年两会上代表们对政府预算报告讨论"热度"的升高,是一件利国利民的大好事。

逐步构建和完善中国政府预算监督制衡机制

回顾《预算法》颁布施行以来的 10 多年历程,中国政府预算管理改革的进程,始终是与立法监督机构密不可分的。早在 1995 年,全国人大财经委就制定了《关于加强预决算审查及监督预算执行情况的意见》。1998 年 12 月成立了全国人大常委会预算工作委员会。1999 年 12 月,作为对《预算法》的完善,全国人大常委会通过了《关于加强中央预算审查监督的决定》。将

《预算法》中有关预算审查方面的要求进一步具体化,对解决预算中的突出问题规定了有较强针对性和可操作性的办法,并由此启动了中国新一轮政府预算改革的进程。10多年来,通过各级立法监督机构对预算管理流程的全方位介入,按照依法理财的原则,以预决算审查报告为制度平台,已经初步构建起了预算编制、执行、监督相互分离又相互制衡的、与中国具体国情相适应的预算管理监督制衡机制(高培勇、马蔡琛,2004)。

资料来源: 安秀梅著:《财政学》,中国人民大学出版社,2006年8月第1版。本文引用时已作修改。

思考提示: 如何进一步完善我国政府预决算审查监督制度?

[专栏10-3]　　　　中央单位"三公"支出汇总情况首次公布

据报道,74个中央部门2010年集中"晒账本",首次向社会公开了部门预算收支总表和财政拨款支出预算表。然而,对于公众一直千呼万唤的"三公"(出国出境经费、车辆购置及运行费、公务接待费)经费,却迟迟不肯露面。过高的行政成本,因缺乏透明度,显然难以令人满意。

2010年,国务院多次召开会议,要求继续压缩中央部门"三公"经费预算,并要求2011年6月会将中央本级"三公"经费支出情况向社会公开。此后,科技部曾对外公开"三公"支出情况。

2011年6月,财政部向全国人大常委会报告的决算报告,在中央公共财政支出决算情况的说明中,以文字形式公布了汇总的"三公"支出情况。

根据决算报告,汇总2010年中央行政单位(含参照公务员法管理的事业单位)、事业单位和其他单位用于财政拨款开支的出国(境)经费、车辆购置及运行费、公务接待费支出合计94.7亿元。另外,决算报告还公布了汇总2010年中央行政单位(含参照公务员法管理的事业单位)履行行政管理职责、维持机关运行开支的行政经费,合计887.1亿元。

这次是财政部按照国务院的有关要求,首次向全国人大公布汇总的"三公"支出情况。

资料来源: 国家财政部网站有关资料整理而成

思考提示: 如何进一步控制"三公"支出,完善预算监督制度?

关键术语

预算监督　　内部监督　　外部监督　　事前监督　　日常监督　　事后监督　　监督体系　　监督模式

复习思考题

1. 简述政府预算监督的含义和意义。
2. 对委托—代理框架下预算监督的必要性作出理论分析。
3. 你认为应该如何构建和完善我国的预算监督体系?
4. 合规性审计与绩效审计的内容有什么不同?
5. 简要作出不同预算监督模式类型的国际比较分析说明。

主要参考文献

[1] 安秀梅.财政学[M].北京:中国人民大学出版社,2006.
[2] 刘有宝.政府部门预算管理[M].北京:中国财政经济出版社,2006.
[3] 王家林.发达国家预算管理与我国预算管理改革的实践[M].北京:中国财政经济出版社,2006.
[4] 李友志.新政府收支分类应用指南[M].长沙:湖南人民出版社,2006.
[5] 中华人民共和国财政部制定.2007年政府收支分类科目[M].北京:中国财政经济出版社,2006.
[6] 中华人民共和国财政部预算司.政府收支分类改革问题解答[M].北京:中国财政经济出版社,2006.
[7] 彭键.政府预算理论演进与制度创新[M].北京:中国财政经济出版社,2006.
[8] 财政部预算司.政府收支分类改革问题解答[M].北京:中国财政经济出版社,2006.
[9] 财政部预算司.政府收支分类改革方案.2006.
[10] 尤建新,等.公共管理研究[M].上海:同济大学出版社,2006.
[11] 樊勇明.公共经济学[M].上海:复旦大学出版社,2006.
[12] 李炳鉴,王元强.政府预算概论[M].天津:南开大学出版社,2006.
[13] 马俊.中国公共预算改革——理性化与民主化[M].北京:中央编译出版社,2005.
[14] 邓子基.财政学[M].北京:高等教育出版社,2005.
[15] 谭建立,昝志宏.财政学[M].北京:中国财政经济出版社,2005.
[16] 安秀梅.政府公共支出管理[M].北京:对外经济贸易大学出版社,2005.
[17] 安秀梅.公共治理与中国政府预算管理改革[M].北京:中国财政经济出版社,2005.
[18] 陈工.政府预算与管理[M].北京:清华大学出版社,2004.
[19] 刘明慧.政府预算管理[M].北京:经济科学出版社,2004.
[20] 马海涛.国库集中收付问题研究[M].北京:经济科学出版社,2004.
[21] 课题组.财政国库集中收付制度研究[M].北京:经济科学出版社,2004.
[22] 武彦民.财政学[M].北京:中国财政经济出版社,2004.
[23] 李燕.政府预算理论与实务[M].北京:中国财政经济出版社,2004.
[24] 苏明.财政理论与财政政策[M].北京:经济科学出版社,2003.
[25] 财政部国际司.外国财政管理与改革[M].北京:经济科学出版社,2003.
[26] 李炳鉴.政府预算管理学[M].北京:经济科学出版社,2003.
[27] 马海涛.政府预算管理学[M].上海:复旦大学出版社,2003.
[28] 陈纪瑜.政府预算管理[M].长沙:湖南大学出版社,2003.
[29] 项怀诚,等.中国政府预算改革五年[M].北京:中国财政经济出版社,2003.
[30] 马蔡琛.如何解读政府预算报告[M].北京:中国财政经济出版社,2002.

[31] 楼继伟.中国政府预算:制度、管理与案例[M].北京:中国财经出版社,2002.
[32] 王雍君.公共预算管理[M].北京:经济科学出版社,2002.
[33] 李武好,等.公共财政框架中的财政监督[M].北京:经济科学出版社,2002.
[34] 财政部国库司.财政国库管理制度改革试点培训资料汇编[M].北京:中国财经出版社,2001.
[35] 项怀诚.中国财政管理[M].北京:中国财经出版社,2001.
[36] 包丽萍,刘明慧,贺蕊莉.政府预算[M].2版.大连:东北财经大学出版社,2001.
[37] 王金秀,陈志勇.国家预算管理[M].北京:中国人民大学出版社,2001.
[38] 张弘力.公共预算[M].北京:中国财政经济出版社,2001.
[39] 邓子基,邱华炳.财政学[M].北京:高等教育出版社,2001.
[40] 麦履康,黄挹卿.中国政府预算[M].北京:中国财经出版社,1999.
[41] 张国庆.行政管理中的组织、人事与决策[M].北京:北京大学出版社,1999.
[42] 陈共.财政学[M].成都:四川人民出版社,1999.
[43] 楼继伟.政府采购[M].北京:经济科学出版社,1998.
[44] 李保仁.国家预算理论与实务[M].北京:北京经济学院出版社,1996.
[45] 陈大杰.国家预算[M].北京:中国财经出版社,1996.
[46] 麦履康,韩壁.国家预算[M].北京:中国财政经济出版社,1987.
[47] 国家预算教材编写组.国家预算[M].北京:中国财政经济出版社,1980.
[48] [日]西尾胜.行政学[M].北京:中国人民大学出版社,2006.
[49] [美]米克塞尔.公共财政管理:分析与应用[M].北京:中国人民大学出版社,2005.

图书在版编目(CIP)数据

政府预算管理/李兰英主编.—2版.—西安:西安交通大学出版社,2014.5(2019.8重印)
ISBN 978-7-5605-6196-7

Ⅰ.①政… Ⅱ.①李… Ⅲ.①国家预算-预算管理-中国 Ⅳ.①F812.3

中国版本图书馆 CIP 数据核字(2014)第 095848 号

书　　名	政府预算管理(第二版)
主　　编	李兰英
责任编辑	魏照民　武美彤
出版发行	西安交通大学出版社 (西安市兴庆南路1号　邮政编码 710048)
网　　址	http://www.xjtupress.com
电　　话	(029)82668357　82667874(发行中心) (029)82668315(总编办)
传　　真	(029)82668280
印　　刷	陕西金德佳印务有限公司
开　　本	787mm×1092mm 1/16　印张 15.125　字数 359千字
版次印次	2014年5月第2版　2019年8月第4次印刷
印　　数	16001～17000
书　　号	ISBN 978-7-5605-6196-7
定　　价	29.90元

读者购书、书店添货,如发现印装质量问题,请与本社发行中心联系、调换。
订购热线:(029)82665248　(029)82665249
投稿热线:(029)82668133
读者信箱:xj_rwjg@126.com

版权所有　侵权必究